国家“双高计划”水利水电建筑工程高水平专业群活页式教材

水利工程安全监测

（活页式）

主　编　杨春景　胡全舟　白宏洁
副主编　曹京京　柯俊涛
主　审　陈学理

中国水利水电出版社
www.waterpub.com.cn
·北京·

内 容 提 要

本教材共分七章，主要阐述了安全监测工作的意义、展望安全监测的最新发展技术、安全监测仪器设备的原理、安全监测的原理与仪器设备安装、安全监测设计的基本思路、安全监测资料的整理，同时列举了安全监测技术工程的相关资料，收集大量的工程信息，列出多幅成果图片的发展历史。

本教材可作为水利水电工程和其他相近专业的学习教材，也可供从事水利水电工程领域设计、施工、运行管理的技术人员使用。

图书在版编目（CIP）数据

水利工程安全监测 / 杨春景，胡全舟，白宏洁主编. -- 北京 : 中国水利水电出版社，2024.11

国家“双高计划”水利水电建筑工程高水平专业群活页式教材

ISBN 978-7-5226-1679-7

Ⅰ. ①水… Ⅱ. ①杨… ②胡… ③白… Ⅲ. ①水利工程－安全监测－高等职业教育－教材 Ⅳ. ①TV5

中国国家版本馆CIP数据核字(2023)第141843号

书　　名	国家“双高计划”水利水电建筑工程高水平专业群活页式教材 **水利工程安全监测** SHUILI GONGCHENG ANQUAN JIANCE
作　　者	主　编　杨春景　胡全舟　白宏洁 副主编　曹京京　柯俊涛 主　审　陈学理
出版发行	中国水利水电出版社 （北京市海淀区玉渊潭南路1号D座　100038） 网址：www.waterpub.com.cn E-mail：sales@mwr.gov.cn 电话：（010）68545888（营销中心）
经　　售	北京科水图书销售有限公司 电话：（010）68545874、63202643 全国各地新华书店和相关出版物销售网点
排　　版	中国水利水电出版社微机排版中心
印　　刷	北京市密东印刷有限公司
规　　格	184mm×260mm　16开本　11印张　261千字
版　　次	2024年11月第1版　2024年11月第1次印刷
印　　数	0001—1000册
定　　价	**39.00**元

前言

大坝安全监测是最近几十年中发展起来的一门新兴的边缘技术学科。20世纪70年代以前称为大坝原型观测，20世纪30年代初美国利用卡尔逊式仪器开展了大坝的内部观测。自此以后，欧洲、日本和苏联等国也相继开展了原型观测工作。70年代以来，各国均致力于大坝监测技术的发展，各类新型的监测仪器大量涌现，大坝安全监控的理论和方法不断完善。随着现代科技的进步，大坝安全监测和管理的自动化、现代化也获得了空前的进展，大坝安全监测事业正在经历一个前所未有的发展时期。

本教材的任务是使学生掌握水利工程安全监测的原理、仪器设备安装及使用、监测数据的分析与处理等基本知识和基本技能，为从事水利工程技术管理工作打下基础。因此本教材既重视基本理论知识的阐述，又重视实用技能的培养。为了联系工程实际，教材编写中在满足教学要求的前提下，尽量取材于实际工程资料。

本教材共分七章，由黄河水利职业技术学院杨春景、黄河勘测规划研究院设计有限公司胡全舟、黄河水利职业技术学院白宏洁担任主编，黄河水利职业技术学院曹京京、湖北省宜昌市鼎诚工程技术服务有限公司柯俊涛担任副主编，由黄河勘测规划研究院设计有限公司陈学理主审。具体编写分工如下：第一章由黄河水利职业技术学院孟苗苗编写，第二、四章由黄河水利职业技术学院曹京京编写，第三章由黄河水利职业技术学院杨春景编写，第五章由湖北省宜昌市鼎诚工程技术服务有限公司柯俊涛编写，第六章由湖北省宜昌市鼎诚工程技术服务有限公司刘靖编写，第七章由黄河水利职业技术学院白宏洁编写，附录由黄河勘测规划研究院设计有限公司胡全舟编写，在此谨以致谢。

本教材在编写过程中，由于时间和水平有限，难免会出现一些错误，希望读者在阅读时注意识别，由此给各位读者带来的不便，我们在此表示歉意。

编者

2023年4月

目 录

第一章

绪　论

第一节　安全监测的作用及发展

一、水利水电工程特性

水是人类社会赖以生存不可或缺的自然资源，人类一直与水相伴而处，为了利用水资源人们修建了多种水利工程。建造水利水电工程是改造自然开发水资源的重大举措，能为社会带来巨大的经济效益和社会效益。

但是，随着经济与社会的发展，城市化、人口与财产高度集中，这种紧密的经济结构有其脆弱的一面，难以承受水利水电工程设施失效的影响。水利水电工程作为国民经济的基础设施之一，其工作性状失常，会直接影响经济收益；而工程失事，则将给社会带来巨大的生命财产损失，严重时会形成社会问题和环境问题。因此，应从社会、环境、经济全局利益出发，高度重视水利水电工程安全。

水利水电工程建筑物与一般的土木建筑物不同，工程结构各异，建设规模宏大，运行条件特殊，承受荷载复杂，从勘测设计到施工完竣，经过的程序和环节非常多。因此，水利水电工程具有如下主要特点：

(1) 承受水的各种作用。水利水电工程主要特点是承受水的各种作用。而水又是一种无孔不入的液体，它与坝体、地基中的混凝土和岩土体成为一种多相介质，使结构的力学性能变得十分复杂。水是一种变幅巨大的荷载，挡水建筑物长期承受反复作用的面力或体力；水作为一种溶剂可能弱化岩体或筑坝材料相关物理力学参数，同时对于泄水建筑物来说存在高速水流的冲刷和空蚀问题。因此，与一般建筑物相比，水利水电工程建筑物的工作条件因水的作用而变得更加恶劣。

(2) 水工建筑物结构复杂。水工建筑物的结构形式虽有几种基本类型，但对每一个工程都要根据其地形、地质状况、挡水泄流要求和水力学条件进行选择和设计。同一类型的建筑物会因所处位置不同而有不同的结构形式。

(3) 工程地质条件及地基处理存在不确定因素。地质条件是控制水工建筑物安全的首要因素。在选择枢纽建筑物位置和布置时常受到很多因素制约，导致最终确定的建筑物位置的地质条件时常不尽如人意。地质缺陷的处理依据大量的地质勘探工作和岩石力学研究成果，然而，地质情况很复杂，地质钻探也仅能有限布置，一些不利的地质现象难以全部客观地揭示，这就使工程地基处理效果存在不确定性。

（4）建设环节多，建造技术复杂。水利水电工程先要研究枢纽布局和选址合理性、可行性，做大量的勘测规划工作，进行统一规划，科学论证，然后进行总体设计，确定工程规模、枢纽布置和水库特征水位等参数，对各建筑物做出总体布置。同时，因水工建筑物的结构形式、地质条件的不同，建设过程和工作环境也不同，都使水工建筑物的建造显得异常复杂，导致实际结构受力特性与设计情况发生偏差。

（5）施工规模大，对环境影响大。水工建筑物规模大，施工过程很复杂。对于水利水电工程一般都要进行施工设计，以便合理地布置和利用场地，有效地组织施工程序。另外，水利水电工程在工程涉及区域对生态环境可能造成影响，修建的挡水建筑物还可能打破本流域的原有生态平衡，对库区水环境保护提出新的问题。

（6）投资大、建设周期长，失事后果严重。水利水电工程除上述特点外，还有一个特点是工程投资大、建设周期长，工程效益显著，建成后一旦失事，后果严重。

二、大坝安全监测

新中国成立以来，特别是近年来我国大坝得到突飞猛进的发展，目前我国已有水库大坝10万多座。目前我国的建坝规模和工程规模都已经进入世界先进行列，完成了世界级别的三峡、小湾、龙滩等工程，2010年前开工建设的世界级工程还包括溪洛渡、向家坝、锦屏一级、锦屏二级、官地、大岗山、猴子岩、景洪、糯扎渡、古水、拉西瓦、乌江思林、沙沱、亚碧罗、赛格等高坝大库；2024年前开工建设的还有乌东德、白鹤滩、两河口、杨家沟、双江口、丹巴、黄登、苗尾、黑山峡、马吉等高坝大库，另外西藏自治区东部“三江”上游和雅鲁藏布江水能资源的开发和利用规划也正在进行。

常规意义上的大坝是一种挡水水工建筑物，按筑坝材料可以分为土石坝、混凝土坝、浆砌石坝、钢筋混凝土坝、木坝等。混凝土坝按受力形式可以分为重力坝和拱坝，按施工方法又可分为碾压混凝土重力坝和拱坝等。土石坝根据筑坝施工方法可以分为碾压式土石坝、抛填式堆石坝、定向爆破堆石坝、水力冲填坝和水坠坝等。应用最广的是碾压式土石坝。其按照土料在坝身内的配置和防渗体的材料不同分为均质坝、黏土心墙和斜墙坝、人工材料心墙和斜墙坝、多种土质坝、土石混合坝等。在我国，大坝安全监测技术规范主要是根据大坝按筑坝材料进行了分类，分成《混凝土坝安全监测技术规范》（SL 601—2013）和《土石坝安全监测技术规范》（SL 551—2012）。

大坝安全监测是在水工建筑物上埋置传感器或标点，采用观测仪器仪表进行测读，通过计算获得大坝等水工建筑物的各种变化参数，以此对大坝运行状况进行评价，保证大坝的运行安全。

国际大坝委员会关于大坝安全监测中“大坝”的定义范围有所扩大，包括坝体、坝基、坝肩以及对大坝安全有重大影响的近坝岸坡和其他与大坝安全有直接关系的建筑物和设备，涵盖了整个水工建筑物，甚至是影响大坝安全的高边坡等、滑坡体等。

由于自然因素错综复杂，水工理论技术仍处于发展阶段，同时，水工建筑物的工程量大、施工条件困难，因此，在工程的勘测、规划、设计和施工中难免有不符合客观状况之处。即使建筑物的安全度较高，但在长期的运行中，由于工作条件的改变，其工作状态亦随时会发生变化。正常的变化对建筑物的安全影响不大，但异常的变化若不及时发现和采取措施，将导致工程的破坏。工程实践表明，绝大多数水工建筑物发生破坏之前，总是有预兆的。因此即使建筑物存在某些缺陷，只要认真细致地检查观测与分析，及时发现工程缺陷并采取有效措施，就能把事故消灭在萌芽状态，从而确保工程的安全运用。

三、大坝失事实例

水利水电工程历史悠久，尽管已积累了丰富的实践经验，但由于地质、水文、气象的复杂性，即使掌握了现代最先进的勘探技术，采取了周密详尽的调查研究，仍然难以彻底掌握坝址区工程地质、水文、气象情况。并且大坝建造在地质构造复杂、岩土特性不均匀的地基上，在各种荷载的作用和自然因素的影响下，其工作性态和安全状况随时都在变化。如果出现异常，又不被及时发现，任其发展，后果不堪设想。

1959 年 12 月 21 日法国的马尔巴赛拱坝突然崩溃，有人看到坝体从中央破裂，水从溃口冲出，形成深 7～15m 宽 1km 的巨流以 70km/h 的速度冲向下游，历时 45min，使坝下游 10km 处的弗雷茄斯城成为废墟，死亡 387 人，失踪 100 人，损失 200 亿法郎。

1963 年 10 月 9 日意大利瓦昂拱坝库区突然发生大滑坡，造成坝顶涌浪超过 100m，冲击波使右岸高出坝面 290m 处的一个小城镇都遭到破坏，溃坝水流使下游 1.6km 处的一个城镇全部摧毁，死亡 2600 人。

通过这些大坝失事获得的经验教训，促使有关国家认识到要重视大坝安全工作，制定和改进大坝安全法规，采取措施加强安全管理。20 世纪 60 年代以来多次国际大坝会议都以大坝和基岩稳定的监测作为交流主题，并发布了一系列有关大坝安全监测的会刊。

我国大坝失事的实例也是不少的，虽然大多数是小型坝，但也造成不小的损失。最为严重的溃坝是 1975 年 8 月暴雨洪水导致的板桥水库和石漫滩水库失事，造成大面积水灾和人员伤亡，京广线铁路也被局部冲毁，损失巨大。

1993 年 8 月 27 日 23 时 6 分沟后水库失事是较近的溃坝实例，虽然库容只有 330 万 m^3，但坝址处最大溃坝流量也达 3000m^3/s，下泄水量 268 万 m^3。23 时 40 分左右洪水冲入下游 13km 处约有 3 万人口的恰卜恰镇，瞬间冲毁 1000 多户房舍，288 人丧生，上千人受伤。

1998 年夏季的大洪水也造成了许多水库堤防失事。全国共有 29 个省（自治区、直辖市）遭受了不同程度的洪涝灾害。据各省份统计，农田受灾面积 2229 万 hm^2，成灾面积 1378 万 hm^2，死亡 4150 人，倒塌房屋 685 万间，直接经济损失 2551 亿元。

2004 年 1 月 22 日 6 时，新疆五家渠市八一水库大坝决堤，致使该市内新疆生产建设兵团农六师一零二团的数连队被淹，13800 人被迫临时转移，幸好没有造成人员伤亡。大坝失事原因是 21 日 13 时发生管涌。

从 1954 年至 2023 年底，全国累计垮坝 3900 多座，年均近 50 座。尽管上述水库溃坝原因是多样的，但缺乏必要的监测设施是大多数水库溃坝的通病。

四、安全监测的作用

如果能够在大坝溃坝前获得有关信息，进行分析和判断，及时采取有效的防范措施，便有可能避免事故的发生或减免损失。20 世纪 50 年代以来，水利水电工程界逐步认识到大坝和上部结构的失事多由地基因素引起，边坡工程、地下工程的事故往往系岩土体失稳所致。基于岩土体的复杂性，一般情况下仅凭人的巡查和直觉判断难以及时发现和有效判定，必须依靠布置针对性的监测项目进行系统监测和分析评价。于是水利水电工程安全监测的问题被逐渐提出和重视，并随监测方法和监测手段的不断改进而逐步发展。

对于大型复杂的水利水电工程，除采取及时有效的工程措施外，布设完善先进的安全监测系统、及时埋设监测设施和进行监测工作，并对监测成果及时分析反馈，是工程安全施工和动态设计的重要保障。同时，也应根据现场开挖揭示的实际地质情况和相关建筑物实际施工方式适时调整、优化监测布置。在水利水电工程施工及运行过程中，安全监测体系均以“耳目”作用直接指导、反馈工程的客观作用与演变。可见，监控工程施工期和运行期的安全，检验已实施的工程措施的效果，并为水利水电工程的实践积累经验，同时研究、完善监测评价体系与预警机制是十分必要的。

安徽省梅山拱坝是一座坝高 88.24m 的混凝土连拱坝，由 15 个垛 16 个拱组成，坝长 311.5m，库容达 23.4 亿 m^3。1962 年通过垂线观测到坝垛变形发生异常，其中靠近右岸的 13 号垛 10 月 17 日向左岸位移 3.81mm，11 月 6 日中午变成向右岸位移 14.53mm，但 23 点 15 分又转向左岸位移 28.75mm，至 9 日向左岸的位移达 42.06mm。同一时间，该垛向下游的水平位移从 10.44mm 增加到 19.56mm。13～16 号垛之间坝基岩石出现裂隙和大量漏水，由此发现坝基失稳，问题严重。由于连拱坝的结构特性，一垛一拱的崩坍将导致大坝崩溃，因而采取了紧急措施，放水后进行加固，才得以转危为安。由此可见垂线的连续监测数据给人们以明确的警示，从而避免灾难性后果。

湖南省柘溪大头坝的 1 号、2 号支墩于 1969 年及 1977 年先后发生劈裂，引起国内普遍关注。1969 年夏天当 1 号墩头劈裂前，3 号支墩垂线曾显示严重向右侧移（1 号、2 号墩无垂线）。因先前垂线曾多次中断，迹象不明显。1975 年起该墩又出现向右趋势性变化，至 1977 年 6 月顶部达 8.7mm，超过了上下游向变幅。此时方发现 2 号墩头严重劈裂。1977 年上游面堵漏后侧移才逐渐恢复。

瑞士的佐齐尔拱坝坝高 156m，1957 年大坝投入运行到 1978 年运行一直正常，然而 1978 年 12 月该坝拱冠在高水位和低温荷载组合下却开始向上移动。管理部门注意到这个异常变位后即刻通知专家进行研究复查，及时采取各种措施并降低水位运行。后查明拱坝基础变动的主要原因是离坝 1.5km 处开挖了一条排放地下水的隧洞。至 1980 年该坝与蓄水时相比拱冠向上游移动了 9cm，沉陷了 10cm，两岸距离缩短了 5cm。

山西省恒山拱坝是我国第一座双曲薄拱坝，高 69m。因怀疑左坝肩抗滑稳定及坝身应力有问题，虽经加固，但自 1961 年以来一直长期处于低水位运行。该坝观测设施除埋设的内部仪器外，在拱冠梁处有一条正垂线。1987 年分析此垂线资料时该坝变形一直正常，成为安全论证的主要依据。经充分论证，认为大坝的结构性态是正常的，可以逐步提高运行水位，从而使该工程的经济效益和社会效益始得以充分体现。

综上所述，对水利水电工程建筑物进行监测具有十分重要的意义，其主要作用大致可归纳为以下四个方面：

（1）确保工程安全。通过检查观测掌握建筑物状态变化，能及时发现异常并采取加固补强措施，确保工程安全运用。

（2）充分发挥工程效益。通过检查观测，判定建筑物在各种运用条件下的安全程度，以便在确保建筑物安全的前提下，充分发挥工程效益。

（3）验证设计，提高设计水平。通过检查观测可以验证设计中所用公式和参数的正确性，从而提高设计水平。

（4）为科学研究提供资料。

其中最重要的目的是仪器设备为工程安全运行及评价提供资料，确保工程安全。

五、安全监测仪器设备的发展

（一）国外安全监测仪器设备的发展

国外安全监测仪器设备的发展最早始于18世纪末和19世纪初。1891年，在德国的埃施巴赫重力坝上首先进行了变形观测。1920年，瑞士第一次用大地测量法监测大坝变形。1903年，美国新泽西州布恩顿重力坝最早使用温度计观测大坝温度。1925年，美国爱达荷州亚美利加-佛尔兹坝进行了扬压力观测。1926年，美国斯蒂文逊坝采用碳棒制成的电阻式应变计对混凝土拱坝的应力进行监测。1932年，美国加利福尼亚大学卡尔逊发明了差动电阻式传感器，并将其广泛应用于混凝土大坝的应力、应变监测中。差动电阻式仪器因体积小、易于操作、便于野外作业等优点，经过近90年的发展，已成为当今水利水电及其他土木工程的主流监测仪器之一。1919年，德国哈克公司最早生产了由谢弗设计的振弦式应变计。1932年，法国泰勒马克公司生产了由克温设计的另一类型振弦式应变计。苏联学者达维金也于同一时期设计制造了一种弦式仪器，并首先用于第聂伯河列宁水电站的混凝土大坝监测中。弦式仪器发明初期使用220V交流电源的耳机式频率计测定频率，主要靠耳听来辨别频率，操作十分不便，因此，直到20世纪60年代其发展比较缓慢。

20世纪50年代，日本渡边针对卡尔逊式仪器易于受测量系统的电阻影响，特别是电缆芯线电阻及芯线与测量仪表接触电阻的影响会产生较大的误差，发明了以电阻应变片作为敏感元件的贴片式仪器，并开始在日本国内进行推广应用。

20世纪70年代初，随着半导体技术、微电子技术和仪器量测技术的发展，出现了精度可达万分之一的袖珍式频率计，解决了弦式仪器测量精度低、不便于操作的难题。另一方面，由于弦式仪器的精度和灵敏度均优于卡尔逊式仪器，而且结构简单，容易实现自动化监测，因此70年代以后，弦式仪器得到广泛应用，其技术也得到了较快的发展。

渗流监测仪器设备最早的雏形是1911年在贝尔富升坝上安装的用白铁皮制成的测压管，直接用带有浮标的测绳观测管中的水位。1935年研制成的水位指示仪埋设在海勒姆坝和埃真谷坝，用压缩空气置换观测管中的水，由压力表和测压计测得压力值。1938年，卡巴罗坝采用了静水压力指示仪，用带有触点的金属膜片压力盒作为测头，渗压水经测头前端的透水面作用到膜片上，渗压值则显示在压力表上。1939年，弗雷斯诺坝安装了水压式双管测压计用于测量坝体及坝基的孔隙水压力，这种测压计在美国一直沿用到20世纪80年代，但由于失效率高，且存在结冰及需定期更换压力表的原因，后被气动式测压计取代。近年来，渗压计与渗流量仪有了较快的发展，美国若斯蒙公司、美国基康公司、法国泰勒马克公司、加拿大洛克泰司特公司、英国岩土公司等都开发生产了振弦式渗压计，其精度可达到 0.1%FS，仪器具有精度高、反应迅速、长期稳定性好、基本不受温度影响、容易接入自动化观测系统实现远程遥测等优点。

内部变形监测仪器随着 20 世纪 80 年代科学技术的发展而得到了飞速的发展。内部变形监测仪器主要有变位计、测斜仪、垂线坐标仪、沉降仪和静力水准仪等。多点位移计是一种应用最为广泛的变位计，又名钻孔伸长计，最早用来测量岩体或土体钻孔内的轴向位移和位移速率。意大利科南昂达公司于 20 世纪 60—70 年代对多点位移计进行改进，用 1～6 根长度不等的铟钢棒固定在岩石钻孔内的不同深度处（最深可达 70m），在孔中用百分表或传感器量测各点的变形，这种形式的多点位移计一直沿用至今。不同厂家多点位移计的区别主要在于使用的传感器不同，法国泰勒马克公司的多点位移计采用电感式位移传感器，同一钻孔内可达 12 个测点，深度可达 200m。美国基康公司的多点位移计采用振弦式位移传感器，同一钻孔内最多可达 8 个测点，深度可达 70m。加拿大阿尔爱司特公司和洛克泰司特公司也有同类产品。此外，除了永久埋设于岩土体中的多点位移计，一些国外的仪器公司还生产了可回收的多点位移计，如洛克泰司特公司的 BOF - EX 可回收式钻孔多点位移计等。

测斜仪是另一种应用较为广泛的内部变形监测仪器，它用探头测量互相垂直的两个方向上偏离铅垂线的倾角，并将角度变化转换为水平位移。测斜仪可分为活动式和固定式两种，根据传感器工作原理不同又可分为伺服加速度式、MEMS 微电子机械式、电解质式、振弦式、差动电容式等。目前国外生产伺服加速度式测斜仪的公司主要有美国测斜仪公司、美国基康公司、加拿大洛克泰司特公司、加拿大阿尔爱司特公司等。法国泰勒马克公司生产的测斜仪是振弦式的，而瑞士荷根堡公司生产的测斜仪则是差动电容式的。

垂线坐标仪是 20 世纪 40 年代发展起来的监测坝体、坝肩变形的监测仪器。早期垂线坐标仪是机械接触式的，主要靠钢丝推动传动杆进行读数。20 世纪 60 年代出现了倒垂线，它是采用光学望远镜和测微计来监测大坝相对于倒垂线的位移，从而测得大坝的挠度。随着 20 世纪 80 年代科学技术的突飞猛进，出现了多种新式坐标仪，这些坐标仪实现了从接触式到非接触式的转变，并可以满足远程自动化监测的要求。目前国外应用较多的坐标仪有法国泰勒马克公司和意大利舍利公司生产的变磁阻感应式遥测坐标仪、法国电力公司格勒诺布技术改进处研制的光电二极管编码遥测坐标仪、意大利皮兹公司生产的步进马达驱动差动磁场变化传感器的遥测垂线坐标仪、美国基康公司和加拿大洛克泰司特公司生产的 CCD 式坐标仪等。

（二）国内安全监测仪器设备的发展

我国安全监测是近几十年中伴随水利水电工程建设发展起来的一门涉及岩土体、水工结构、电子仪表、光学物理、统计数学等多种学科的新兴边缘技术学科。20 世纪 70 年代以前称为原型观测，这一时期的典型工程如新安江、丹江口、柘溪、刘家峡等，都布置了比较系统的观测设施，观测工作也取得了较大成绩，积累了许多经验。70 年代中期以后，随着科学技术的发展和安全监测人员的努力工作，监测仪器、安装埋设技术与质量、资料分析以及观测成果的应用等都取得了不少进展，尤其是80年代中后期以来，随着电子计算技术的发展与应用，监测仪器自动化采集系统和资料处理分析技术得到了快速发展。这个阶段的工程如葛洲坝、东江、漫湾、隔河岩、二滩等，在监测系统的设计、施工等方面都有较大改进，也相继采用了自动化监测系统，资料方面建立了较完整的电子数据库，在监测仪器方面的应用开始出现多元化的格局，一些振弦式仪器、差动变压器、电感式仪器、电容式仪器以及其他类型的监测仪器得到较为广泛的应用，这些都为水利工程安全监测技术的快速发展积累了经验，奠定了基础。

从我国安全监测技术的发展历程看，20世纪60年代以前，我国大坝安全监测仪器以进口为主，60年代以后，国产监测仪器质量有了较大提高，逐步投入工程使用，进入80年代后，随着仪器制造技术的进步和现代工程技术的需求，一些振弦式、差动变压器、电感、电容式仪器得到了较大发展，从此国产监测仪器进入了多元化发展阶段。

1. 变形监测仪器

混凝土大坝上采用遥测垂线坐标仪、遥测引张线仪、遥测静力水准仪等。

遥测垂线坐标仪已经从接触式发展到非接触式，非接触式仪器已从步进马达光学跟踪式发展到CCD式和感应式。感应式遥测垂线坐标仪的显著特点是技术先进、结构简单、成本低、防水防潮性能优越等。非接触式遥测坐标仪目前主要有差动电容感应式、电磁感应式、变磁阻感应式、CCD（电荷耦合）式和步进马达式等，国内厂家也已达到很高的水平。

遥测引张线仪主要有步进电机光电跟踪式、电容感应式、电磁感应式和CCD式。

遥测静力水准仪以前多是采用进口仪器，现国内已有多种原理的静力水准仪。静力水准仪是应用连通管原理测量测点间的相对位移。一侧沉降将引起浮子升降，通过各种量测技术来测量浮子的升降，从而观测点间的相对位移。目前主要有电容感应式、差动变压器位移传感器式、步进马达式和振弦式等静力水准仪。

2. 光纤传感器

光纤传感器是一种体积小、精度高、不受电磁干扰、抗腐蚀性环境的传感器，可用以测量温度、位移、应变、压力等物理量。该新型仪器最大的优点是不受电磁干扰，目前防雷抗干扰已经成为我国大坝安全监测自动化中最为棘手的问题。光纤传感器的使用为彻底解决防雷抗干扰的问题创造了条件。

3. 差动电阻式传感器

差动电阻式传感器近年来解决了长导线电阻、总线电阻变差对测值的影响，并实现自动化遥测，得到很大发展。尽管其他仪器的发展和进步，已在某些方面对差阻式仪器的应用产生影响，但从国内工程已经使用万支级的绝对数量上看，差阻式仪器的自动化测量仍具有重大意义。差阻式仪器由3线制改为5线制测量方式，仪器电阻、电阻比测量精度、遥测距离、抗干扰能力均优于国外厂家，处于国际先进水平。

4. 弦式传感器

国内开发研制弦式仪器已有50多年的历史，随着大坝监测自动化的发展，弦式传感器近年也取得一些进步，且品类、系列较齐全，但与国外同类产品相比，仍有一定的差距。

近几年，许多新的设备引入了大坝监测系统，如滑动微分仪、差分仪或延展仪、激光测距仪以及为了测量沥青混凝土心墙变形的磁性仪器。热梯度面检查可以发现渗漏。声学装置可以发现裂纹。经纬仪在确定自身的位置后，可以测出水库边坡的一系列标高。更多精确的全球定位系统设备和方法可用于监测位移。远程摄像机可以对暂时无法接近的大坝全貌进行拍摄，它也可以监测溢洪道或泄洪底孔的安全，并对为了防止遭受破坏未经许可不得进入的附属设施和控制单元进行监测。遥控机器人可以对水下的坝体、进水口和压力管道进行检查，而无需抽干水库。光导纤维传输信号不但可以避免光照影响、电波频率和电磁波的干扰，而且还可以对检测到的压力和应力分布以及温度在整个长度范围内的变化以高精度传输。

第二节 安全监测基础知识

一、电工知识

1. 电路

某些电器元件按一定的方式连接起来，构成电流的通路，称为电路。

2. 电源

将其他形式的能转化为电能的装置。

3. 电流

电荷定向移动形成电流，电流有强弱的不同，电流的强弱用电流这个物理量来表示。通过导体横截面的电荷量跟通过这些电荷量所用的时间的比值称为电流。

4. 电压

物体在重力作用下，要从位置高处向位置低处移动，移动过程中重力要做功；做功的多少跟这两处的高度差有关系，高度差越大，所做的功越多。在电场里，电荷在电场力作用下也要发生移动，移动过程中电场力也要做功。电势差跟高度差有些相似，电荷在电场力作用下从一点移动到另一点时，电场力做功的多少跟这两点间的电势差有关系，电势差越大，所做的功就越多。

5. 电路的三种状态

通路：电源与负载形成闭合的回路。

断路：电源与负载未接通成闭合回路。

短路：电源未经负载而直接由导线接通成闭合回路。短路是一种严重的事故，容易导致电源和电气设备遭到损坏。

6. 电功

电流所做的功称为电功。电流通过导体所做的电功等于导体两端的电压、通过导体的电流和通电时间的乘积。

7. 直流电

方向不随时间改变的电流叫作直流。方向和强弱都不随时间改变的电流叫作恒定电流。通常所说的直流常常是指恒定电流。

8. 交流电

大小和方向随时间作周期性交变且在一个周期内平均值为零的电流称为交变电流，简称交流。电流按正弦规律变化的交变电流称为正弦式电流，通常所使用的交流电都是正弦式电流。

单相交变电流：线圈在磁场中转动产生电动势。当只有一个线圈在磁场里转动时，电路只产生一个交变电动势，这样的发电机叫作单相发电机，发出的电流叫作单相交变电流。

三相交变电流：如果磁场力有三个互成120°的线圈同时转动，电路里就产生三个交变电动势，这样的发电机称为三相发电机，它发出的电流叫作三相交变电流。现代电能的产生、输送、分配几乎全部采用三相交流电。

二、力学知识

力是物体间相互的机械作用，这种作用使物体的机械运动状态发生变化。实践表明，力对物体的作用效果决定于三个要素：①力的大小；②力的方向；③力的作用点(线)。工程上所用的材料，在荷载作用下均将发生变形。当荷载不超过一定的范围时，绝大多数的材料在撤去荷载后均可恢复原状。但当荷载过大时，则在撤去荷载后只能部分地复原而残留下一部分不能消失的变形。在撤去荷载后能完全消失的那一部分变形称为弹性变形，不能消失而残留下来的一部分则称为塑性变形。

在一对作用线与杆轴线重合的外力 P 作用下，直杆的主要变形是长度的改变。这种变形形式称为轴向拉伸或轴向压缩。在一对相距很近的大小相同指向相反的横向外力 P 作用下，直杆的主要变形是横截面沿外力作用方向发生错动，这种变形形式称为剪切，它多与其他变形形式共同存在。在一对转向相反作用在垂直于杆轴线的两平面内的外力偶作用下，直杆的相邻横截面将绕轴线发生相对转动，而轴线仍维持直线，这种变形形式称为扭转。在一对转向相反作用在杆的纵向平面内的外力偶作用下，直杆的相邻两横截面将绕垂直于杆轴线的轴发生相对转动，变形后的杆轴线将弯成曲线，这种变形形式称为纯弯曲。工程实践中常用构件在荷载作用下的变形多为上述几种基本变形形式的组合。

三、水工常识

水工建筑物分蓄水、取水、渠道系统以及发电系统、通航、过木过鱼系统几种。蓄水枢纽是以挡水建筑物——拦河坝为主体的水利枢纽，主要由挡水、泄水及放水建筑物等组成。坝是蓄水枢纽中的主要建筑物，根据不同的筑坝材料与坝型，可将坝分为：用当地土、石料修建的土坝和堆石坝，用浆砌石、混凝土修建的重力坝和拱坝、用浆砌石、混凝土以及钢筋混凝土修建的大头坝和轻型支墩坝等。

重力坝是用混凝土或浆砌石修筑的大体积挡水建筑物，它的特点主要是在上下游水压力作用下依靠坝体自身的重力来维持坝身的稳定。重力坝常修建在岩基上，当坝高较低时，也可修建在非岩基上。重力坝最适合从坝顶溢流，重力坝对气候、地形、地质等条件的适用性较强，除承载能力低的软基和有难于处理的断层、破碎带等的岩基外，均可修建重力坝。重力坝有一定的抗震能力，可以修建在地震区。相对地说，重力坝是一种维修工作量较小的永久性建筑物。因为重力坝的上述特点，所以得到了比较广泛的应用。重力坝按结构来分有实体重力坝、宽缝重力坝、空腹重力坝。

土石坝是利用当地土石材料建造的最古老的一种坝型，也是现代世界各国普遍采用的一种坝型。原因为：①土石坝可以做到就地取材，比其他坝型节省钢材和水泥；②较能适应地基变形，对地形、地质条件的要求在所有坝型中是最低的；③构造简单，施工技术容易掌握，既可利用人力及简单机具施工，也可高度机械化施工；④运用管理方便，工作可靠，寿命长，扩建较容易。土石坝的主要缺点是：①不允许坝顶溢流，需在河岸上另开溢洪道或其他泄水建筑物；②在河谷窄、洪水流量很大的河道上施工时，导流比较困难；③在雨日较多的地区，填筑土料施工不便。土石坝主要是由松散颗粒的土石料填筑而成的挡水建筑物，由于土粒间的联结强度低，抗剪能力小，上下游坝坡如不维持较平缓的坡度，就有可能在承受各种荷载的情况下发生坍塌，而失稳的形式则是坝坡滑动或坝坡连同部分地基一起滑动的剪切破坏，这是土坝区别于其他挡水建筑物的不同之处，也是它的重要工作特点，并且由于筑坝土料是散粒体，在渗流、冲刷、沉陷、冰冻、地震等的影响下，还表现出相应的工作特点。土坝挡水后，在上下游水位差的作用下产生渗流，渗流在坝体内的自由水面称为浸润面，它与垂直坝轴线的剖面的交线称为浸润线，浸润线以上有一毛管上升区，这个区的土处于湿润状态，毛管区以上为自然含水区，浸润线以下的土体为饱和水区。土坝按照施工方法的不同，可分为碾压土坝、水中填土坝和水力冲填坝等，其中碾压土坝又分为均质土坝、心墙土坝、斜墙土坝、多种土质坝、混凝土面板堆石坝、沥青混凝土心墙堆石坝、沥青混凝土面板堆石坝、土石心墙堆石坝、土石斜墙堆石坝等。

在蓄水枢纽中，用来泄放超过水库调蓄能力的洪水，以保证工程安全的水工建筑物称为泄水建筑物，其形式有深式泄水建筑物和溢洪道两类。深式泄水建筑物有坝身泄水孔、坝下涵管和水工隧洞等数种；溢洪道按布置位置的不同，有河床式与河岸式两种，按结构与工作型式划分有正槽溢洪道、侧槽溢洪道、竖井式溢洪道、虹吸溢洪道等。正槽溢洪道包括进水渠、控制段、泄槽、消能防冲设施和出水渠五部分。水工隧洞可以分为发电引水隧洞、尾水隧洞、灌溉和供水隧洞、施工导流隧洞、泄洪隧洞、排沙隧洞和放空隧洞。但这些隧洞可以归纳为两类，即引水隧洞和泄水隧洞，前者流速较低，后者为高速水流。根据隧洞的工作条件，又可将其分为有压隧洞和无压隧洞，水工隧洞一般由进口段、洞身段、出口段组成。

取水枢纽一般包括进水闸、壅水坝或拦河闸、防砂及冲砂设施等，水闸是控制水位和调节流量的低水头水工建筑物，按照承担任务的不同可分为：进水闸、节制闸（拦河闸）、排水闸、挡潮闸等。水闸的形式又分为开敞式与封闭式两种。水闸一般由上游连接段、闸室段、下游连接段三大部分组成。水闸是一种低水头建筑物，既挡水又泄水，且大多数建在土基上，不均匀沉降、渗透变形、冲刷等问题较严重，因此水闸设计中需要解决好以下几个问题：选择与地基条件相适应的闸室结构形式，保证闸室及地基的稳定；做好防渗设计，不产生渗透变形；做好消能和防冲设计，避免危害性的冲刷；采取措施加强抗滑稳定。

过坝（闸）建筑物包括通航、过木、过鱼建筑物。通航建筑物分为船闸和升船机两大类；过木建筑物（设施）包括筏道、漂木道及过木机；过鱼建筑物有鱼道、鱼闸、升鱼机及其他的机械提升送鱼设备，其中鱼道（又称为鱼梯）是应用广泛的建筑。船闸一般由闸室、上游闸首和下游闸首、上下游引航道组成。

渠系建筑物中最常用的渡槽按施工方法分，可分为现浇整体式、预制装配式及预应力渡槽等；若以建筑材料分类，则有木渡槽、砌石渡槽、混凝土及钢筋混凝土渡槽等；按槽身的断面结构形式，有矩形、U形、梯形、椭圆形及圆管形槽等；按支承结构形式分类，主要有梁式、拱式，还有桁架式、组合式、悬吊式或斜拉式等。目前常用的渡槽型式，按支承结构分有梁式和拱式，按槽身断面则为矩形和U形。渡槽是由输水的槽身、支承结构、基础及进出口建筑物等部分组成。倒虹吸管的管路布置应结合地形、地质、施工、水流条件及交通与洪水影响等条件综合考虑。倒虹吸管一般由进口、管身和出口三部分组成。进口段包括进水口、闸门、拦污栅、启闭台、渐变段及沉沙池等。涵洞由进口、出口和洞身三部分组成。一般不设闸门，设有闸门时称为涵洞。涵洞洞身的型式，由于用途、工作条件等不同，常有圆形、箱形、盖板式和拱式等几种。

四、施工常识

1. 混凝土工程

与土石方工程比较，混凝土工程的施工环节多，工艺要求高，三材（水泥、钢筋、木材）的耗用量大，工程投资高。一个混凝土坝施工的全过程一般包括以下项目：准备工作（如道路、动力等）、施工导流、基础开挖与处理、坝体混凝土工程、安装工程。混凝土工程一般由骨料生产、混凝土生产（拌和）、混凝土运输、混凝土浇筑以及钢筋模板施工等工序组成。水工混凝土施工具有工程量大、工期长、强度高、工序多的特点，同时施工季节性强、受气温影响和洪水制约，加上各种预埋件、孔洞多，钢筋、模板量大和温控要求高、质量要求严，因而形成了特有的施工方法和工序。

2. 土石坝工程

碾压式土石坝的施工，包括准备作业、基本作业以及为基本作业服务的辅助作业和附加作业。准备作业包括：平整场地、修筑道路、架设供电通信线路、敷设用水管路、修建临时用房及排水清基等项工作。基本作业包括：料场的土石开采、挖、装，上坝过程的运输，坝面的土石料卸铺、平散及逐层压实等。辅助作业为基本作业创造良好的施工条件，保证基本作业的顺利进行。例如料场覆盖层的清除，从料场及上坝的土石料中剔除超径石块，降低地下水位，压实过程的刨毛松土及加水等。附加作业是在施工后期为保证建筑物安全长期运行的保护及修整工作，例如装修坝坡、铺砌护面块石及铺草皮等项工作。

3. 地下工程

在水利水电建设中，特别是在河谷狭窄地区修建水电站，或者为了解决枢纽总体布置上的矛盾，常常会有一定规模的地下工程，如隧洞、地下厂房、调压井、竖井和斜井等，有的水电站地下洞室构成一个庞大的地下建筑物群。

五、水力学知识

水工建筑物建成挡水后，在上下游水位差的作用下，上游的水将通过坝体和坝基向下游渗透，渗流在坝体内和坝底面将产生渗透水压力，垂直作用于坝底面上的渗透水压力在铅直方向的分力称为扬压力，当坝底面水平时，其上的渗透水压力就是扬压力。当下游水位淹没一部分坝体时，则扬压力包括渗透压力与浮托力两部分，渗透压力是由上下游水位差产生的，是渗流在渗透过程对阻碍渗流的物体的推力，浮托力则是一种静水压力。

六、地质常识

岩石是一种自然历史的产物，是构造地壳（岩石圈）的基本材料。在地质学中，按照成因将岩石分为三大类，即岩浆岩（火成岩）、沉积岩和变质岩。

地壳表面的岩石受自然界的空气、水、温度及各种生物的共同作用（即物理风化、化学风化和生物风化作用），大块岩石不断地破碎与分解。随着地质历时的推移和地质环境的演变，岩石逐渐地被分裂、搬运、堆积而成为大小、形状和成分都不相同的颗粒集合体——土。

土的结构是指土在其生成过程中所形成的土粒空间排列及联结方式。它与组成土的矿物成分、颗粒形状和沉积条件等有关。通常土的结构可归纳为三种基本类型：单粒结构、蜂窝结构和架叠结构。

土是松散的颗粒集合体，它由固体、液体和气体三部分组成（也称为三相体）。固体部分即为土粒，由矿物颗粒或有机质所组成，这一部分形成土的骨架，骨架中布满着许多孔隙，孔隙为液体、气体所占据。水及其溶解物构成土中液体部分；空气及其他一些气体构成土中的气体部分。这些组成部分之间的数量比例关系相互作用，决定着土的物理力学性质。

七、测量常识

水准测量：利用水准仪提供的一条水平视线，分别读出地面上两个点上所立水准尺上的读数，由此计算两点的高差，根据测得的高差再由已知点的高程推求未知点的高程。

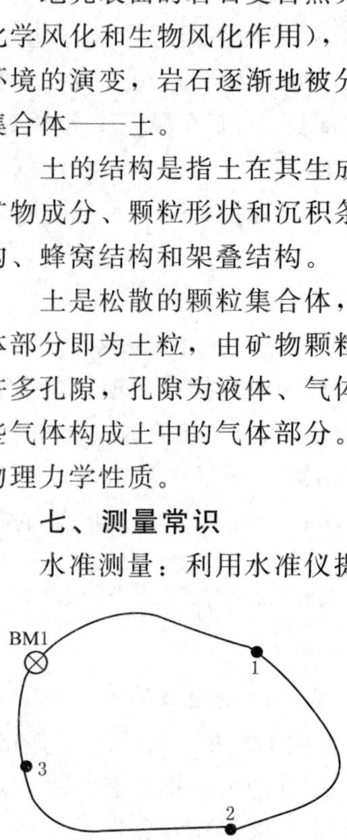

图 1-1　闭合水准路线

闭合水准路线（图 1-1）：从一个已知水准点出发经过各待测水准点后又回到该已知水准点上的路线。附合水准路线（图 1-2）：从一个已知水准点出发经过各待测水准点附合另一个已知水准点上的路线。支水准路线（图 1-3）：从一个已知水准点出发到某个待测点结束的路线。要往返观测比较往返观测高差。

水准测量的实施首先要具备以下几个条件：①确定已知水准点的位置及其高程数据；②确定水准路线的形式即施测方案；③准备测量仪器和工具。

水平角的测量方法是根据测量工作的精度要求、观测目标的多少及所用的仪器而定，一般有测回法和方向观测法两种。

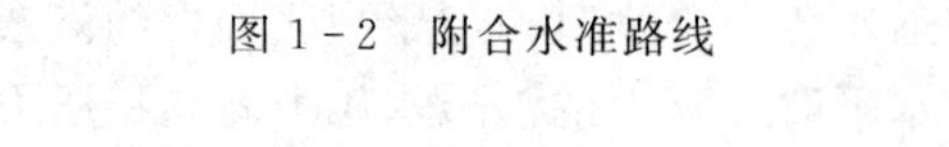

图 1-2　附合水准路线

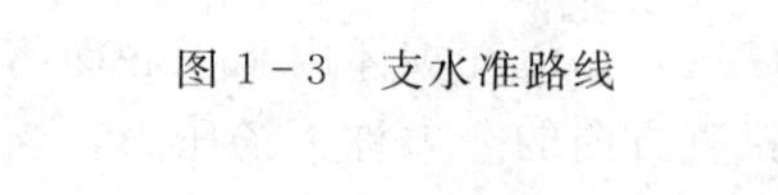

图 1-3　支水准路线

测回法适用于在一个测站有两个观测方向的水平角观测。如图 1－4 所示，设要观测的水平角为$\angle AOB$，先在目标点 A、B 设置观测标志，在测站点 O 安置经纬仪，然后分别瞄准 A、B 两目标点进行读数，水平度盘两个读数之差即为要测的水平角。为了消除水平角观测中的某些误差，通常对同一角度要进行盘左、盘右两个盘位的观测（观测者对着望远镜目镜时，竖盘位于望远镜左侧称盘左，又称正镜，当竖盘位于望远镜右侧时称盘右，又称倒镜）。盘左位置观测称为上半测回。盘右位置观测称为下半测回，上下两个半测回合称为一个测回。

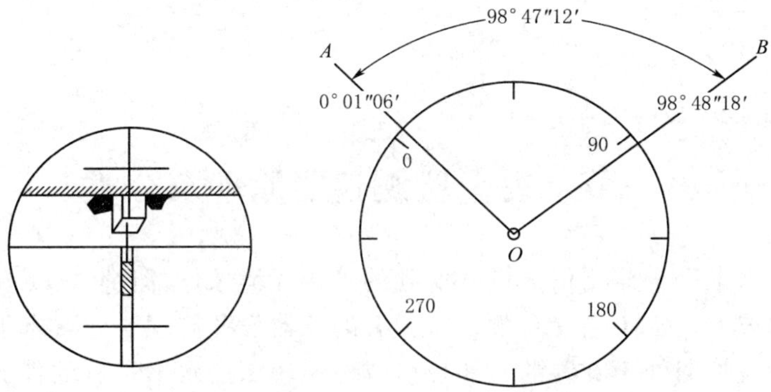

图 1－4 经纬仪瞄准目标及测回法观测水平角

方向观测法是当一个测站有三个或三个以上的观测方向时，应采用方向观测法进行水平角观测，如图 1－5 所示。方向观测法是以所选定的起始方向（零方向）开始，依次观测各方向相对于起始方向的水平角值，也称方向值。两任意方向值之差，就是这两个方向之间的水平角值。

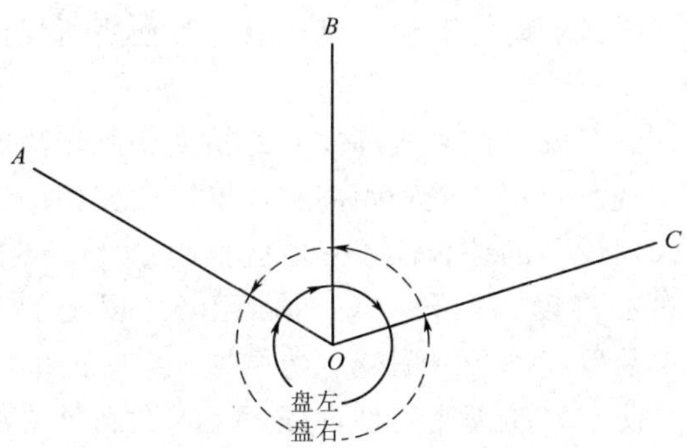

图 1－5 方向观测法

第二章

安全监测仪器及率定

第一节　安全监测仪器原理及分类

一般来说，水工安全监测仪器设备所处的工作环境条件都比较恶劣，有的仪器设备暴露在很高的边坡上，常年遭受日晒风吹；有的仪器设备深埋于几百米下的坝体或基础中；有的仪器设备长期处于潮湿的工作环境或位于较深的水下；有的仪器设备埋设于岩土体或水工建筑物的外面，经常受到施工爆破或人为损坏的威胁；有的仪器设备要在零上至零下几十摄氏度的变温条件下工作；有的仪器设备要在酸性或碱性较强的环境中工作。大部分仪器设备埋设完成后就无法进行修复或更换，因此，对安全监测仪器设备除了必须具备良好的技术性能，满足必要的使用功能外，通常设计制造要满足以下要求：

（1）可靠性高。设计要周密，要采用高品质的元器件和材料制造，并要严格地进行质量控制，保证仪器设备安装埋设后具有较高的完好率。

（2）长期稳定性好。零漂、时漂和温漂满足设计和使用所规定的要求，一般有效使用寿命不低于 15 年。

（3）精度较高。必须满足安全监测实际需要的精度，有较高的分辨率和灵敏度，有较好的直线性和重复性，观测数据不受长距离和环境温度变化的影响，如果有影响，其测值误差应易于消除。仪器设备的综合误差一般应控制在 2%FS 以内。

（4）耐恶劣环境。可在温度 －25～80℃，湿度 95%以上的条件下长期连续运行，设计有防雷击和过载保护装置，耐酸、耐碱、防腐蚀。

（5）密封耐压性好。防水、防潮密封性良好，绝缘度满足要求，在水下工作要能承受设计规定的耐水压能力。

（6）操作简单。埋设、安装、操作方便，容易测读，直接显示该读数。中等文化水平的观测人员经过短期培训就能掌握使用。

（7）结构牢固。能够耐受运输时的振动和在工地现场埋设安装时可能遭受的碰撞、倾倒。在混凝土或土层振捣或碾压时不会损坏。

（8）维修要求不高。选用易于采购的元器件，便于检修和定时更换，局部故障容易排除。

（9）适于施工。埋设安装时与工程施工干扰小，能够顺利安装的可能性大，尽量不需要交流电源和特殊的影响土建施工的手段。

(10) 费用低廉。仪器设备采购价格、维修费用和施工费用、配套的测读仪表、传输信号的电缆等直接和间接费用应尽可能低廉。

(11) 能够遥测。自动化监测系统容易配置。

以上这些要求构成了比较理想的监测仪器，实际上十全十美的仪器设备是很难实现的，往往性能较好的仪器设备费用较高。实际产品应与工程等级相匹配，经济合理，需根据功能需要、技术设计可能性、制造工艺的保证程度以及质量控制手段来共同创造。

水工安全监测仪器设备按传感器分类有振弦式、差动电阻式、电感式、电容式、电位器式、热电耦式、光纤光栅、静态电阻应变片式、压阻式、动态电阻应变片式、伺服加速度度式、电解质式、磁致伸缩式、气压式仪器等，目前比较常用的是振弦式和差动电阻式仪器两种。

按监测物理量进行分类有：变形监测仪器设备；应力、应变监测仪器设备；渗流监测仪器设备；动力学及水力学监测仪器设备等。其中，变形监测仪器包括外部变形监测仪器和内部变形监测仪器。外部变形监测仪器主要有经纬仪、水准仪、测距仪、全站仪等。内部变形监测仪器主要有沉降仪、静力水准仪、钢丝位移计、土位移计、垂线坐标仪、激光准直、垂直传高仪、滑动测微计、多向位移计、多点位移计、测缝计、测斜仪、基岩变形计、裂缝计、位错计、收敛计、倾角计等。与外部变形监测仪器配套的监测设备有变形观测墩、水准点等，变形观测墩上安装有强制对中基座，水准点上安装有水准标芯，以便于实行高精度测量。

应力、应变监测仪器有无应力计、应变计（组)、钢筋应力计、钢板计、锚杆应力计、锚索测力计、土压力计、温度计等。每一类仪器因使用的传感器不同，可以分为很多种，如锚杆应力计可分为振弦式锚杆应力计、差动电阻式锚杆应力计、电感式锚杆应力计以及光纤光栅式锚杆应力计等。

渗流监测仪器主要有测压管、孔隙水压力计（渗压计)、水位计、量水堰等，其中量水堰主要监测渗漏量。此外，一些新型监测方法也可用于监测水库大坝的渗漏状况，如分布式光纤测温系统，可通过监测水工建筑物或基岩的温度场分布及变化，从而监测出渗漏点和渗漏规模。另外，同位素示踪法等也被用于监测水库大坝的渗漏情况。

动力监测仪器有速度计、加速度计和动态电阻应变片等，用于监测水工建筑物在爆破、地震、动载等作用下的振动效应。

水力学监测仪器主要有脉动压力计、水听器和流速仪，用于监测水流流态、时均压力、脉动压力、流速、及水工建筑物在高速水流作用下的振动情况。

一、振弦式传感器

振弦式传感器由受力壳体（或膜片)、钢弦、夹头、激振线圈和接收线圈等组成，如图 2-1 所示。钢弦常用高弹性弹簧钢、马氏不锈钢或钨钢制成，它与传感

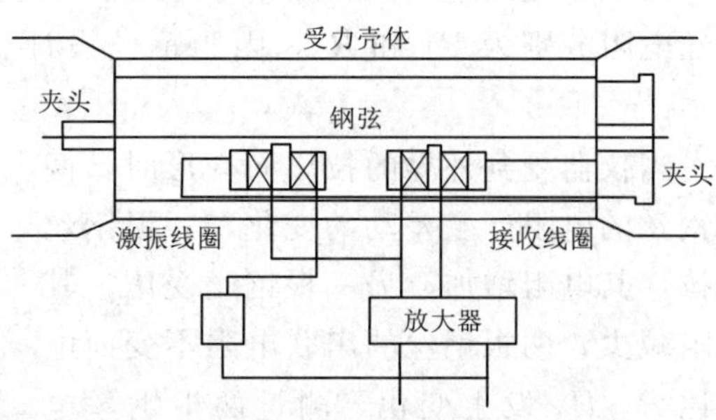

图 2-1 振弦式传感器工作原理图

器受力部件连接固定，利用钢弦的自振频率与钢弦所受到的外加张力关系式测得各种物理量。由于它结构简单可靠，传感器的设计、制造、安装和调试都非常方便。而且在钢弦经过热处理之后其蠕变极小，零点稳定。

振弦式仪器是根据钢弦张紧力与谐振频率成单值函数关系设计而成的。由于钢弦的自振频率取决于它的长度、钢弦材料的密度和钢弦所受的内应力。其关系式为

$$f=(1/2L)\sqrt{\frac{\sigma}{\rho}} \tag{2-1}$$

式中：f 为钢弦自振频率，Hz；L 为钢弦有效长度，m；σ 为钢弦的应力，MPa；ρ 为钢弦材料密度，g/cm^3。

二、差动电阻式传感器

差动电阻式传感器又习惯被称为卡尔逊式仪器。这种仪器利用张紧在仪器内部的弹性钢丝作为传感元件将仪器受到的物理量转变为模拟量，所以国外也称这种传感器为弹性钢丝式（elastic wire）仪器。

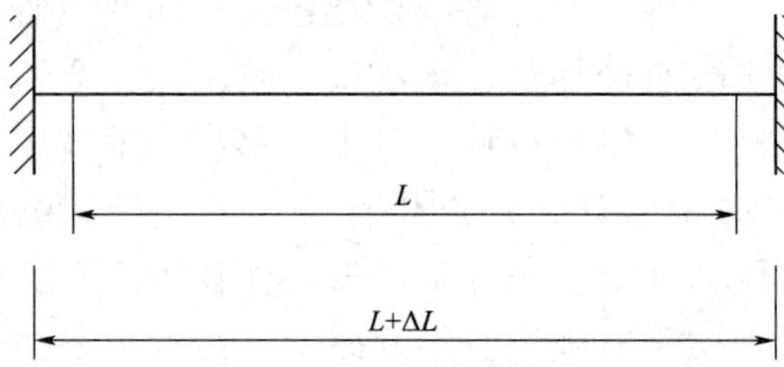

图 2-2　电阻丝变形示意图

由物理学知道，当钢丝受到拉力作用而产生弹性变形（图 2-2），其变形与电阻变化之间有如下关系式：

$$\frac{\Delta R}{R}=\frac{\lambda\Delta L}{L} \tag{2-2}$$

式中：ΔR 为钢丝电阻变化量；R 为钢丝电阻，Ω；λ 为钢丝电阻应变灵敏系数；ΔL 为钢丝变形增量，m；L 为钢丝长度，m。

仪器的钢丝长度的变化和钢丝的电阻变化是线性关系，测定电阻变化，利用式（2-3）可求得仪器承受的变形。另外，钢丝还有一个特性，当钢丝受不太大的温度改变时，钢丝电阻随其温度变化之间有如下近似关系：

$$R_T=R_0(1+\alpha T) \tag{2-3}$$

式中：R_T 为当温度为 T℃的钢丝电阻；R_0 为当温度为 0℃的钢丝电阻；α 为电阻温度系数，一定范围内为常数；T 为钢丝温度，℃。

只要测定了仪器内部钢丝的电阻值，就可以计算出仪器所在环境的温度值。

差动电阻式传感器基于上述两个原理，利用弹性钢丝在力的作用和温度变化下的和设计而成，把经过预拉长度相等的两根钢丝用特定方式固定在两根方形断面的铁杆上，钢丝电阻分别为 R_1 和 R_2，因为钢丝设计长度相等，R_1 和 R_2 近似相等，如图 2-3 所示。

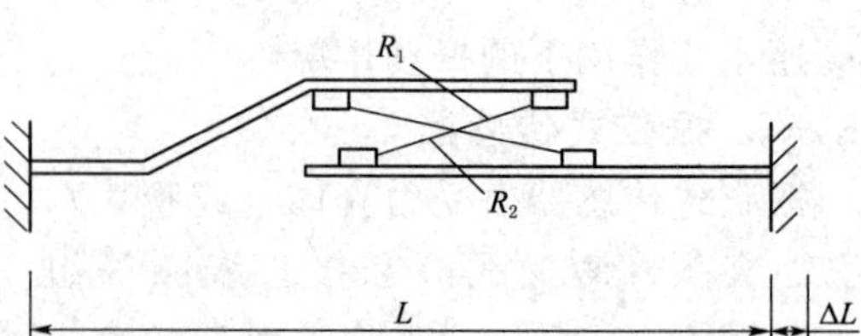

图 2-3　差动电阻式传感器结构图

当仪器受到外界的拉压而变形时，两根钢丝的电阻产生差动的变化，一根钢丝受拉，其电阻增加，另一根钢丝受压，其电阻减少，两根钢丝的串联电阻不变而电阻比 R_1/R_2 发生变化，测量两根钢丝电阻的比值，就可以求得仪器的变形或

应力。

当温度改变时，引起两根钢丝的电阻变化是同方向的，温度升高时，两根钢丝的电阻都减少。测定两根钢丝的串联电阻，就可求得仪器测点位置的温度。

差动电阻式传感器的读数装置是电阻比电桥（惠斯通型），电桥内有一可以调节的可变电阻 R，还有两个串联在一起的 50Ω 固定电阻 $M/2$，将传感器接入电桥，其中仪器钢丝电阻 R_1 和 R_2，电桥中可变电阻 R，以及固定电阻 M 构成电桥电路。

图 2-4（b）是测量仪器电阻比的线路，调节 R 使电桥平衡，则有：

$$\frac{R}{M}=\frac{R_1}{R_2} \tag{2-4}$$

因为 $M=100\Omega$，故由电桥测出的 R 值是 R_1 和 R_2 之比的 100 倍，$R/100$ 即为电阻比。电桥上电阻比最小读数为 0.01%。

图 2-4（a）是测量串联电阻时，利用上述电桥接成的另一电路，调节 R 达到平衡时，则有：

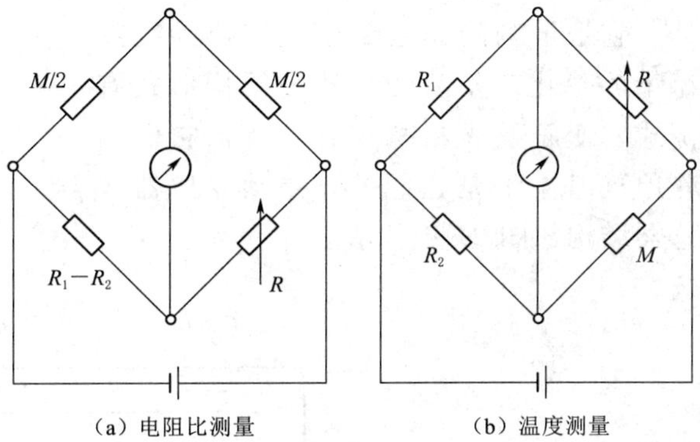

图 2-4　电桥原理图

$$\frac{M/2}{R}=\frac{M/2}{R_1+R_2} \tag{2-5}$$

简化式（2-6）得

$$R=R_1+R_2 \tag{2-6}$$

这时从可变电阻 R 读出的电阻值就是仪器钢丝的总电阻，从而求得仪器所在测点的温度。

综上所述，差动电阻式仪器以一组差动的电阻 R_1 和 R_2，通过连接电桥形成桥路从而测出电阻比和电阻值两个参数，来计算出仪器所承受的应力（变形）和测点的温度。

三、电感式传感器

电感式传感器是建立在电磁感应基础上的，利用线圈的电感变化来实现非电量电测。它可以把输入的各种机械物理量如位移、振动、压力、应变、流量、比重等参数转换成电量输出，可以实现信息的远距离传输、记录、显示和控制。根据工作原理的不同，电感式传感器可分为变磁阻式（自感式）和差动变压器式等。

（一）变磁阻式传感器

虽然电感式传感器的结构形式多种多样，但基本包括线圈、铁芯和衔铁三个部分。变磁阻式传感器结构如图 2-5 所示。

铁芯和活动衔铁均由导磁材料如硅钢片或镀膜合金制成，可以是整体的或者是迭片的，衔铁和铁芯之间有空气隙 δ。当衔铁移动时，磁路中气隙的磁阻发生变化，从而引起线圈电感的变化，这种电感的变化与衔铁位置即气隙大小相对应。因此，只要能测出这种电感量的变化，就能判定衔铁位移量的大小。电感式传感器就是基于这个原理设计制作的。

（二）差动变压器式传感器

差动变压器式传感器又称为互感式传感器，它把被测的非电量变化转换为线圈互感量的变化。差动变压器的结构形式有变隙式、变面积式和螺线管式等，它们的工作原理基本上是相同的。差动变压器式传感器结构如图 2－6 所示。

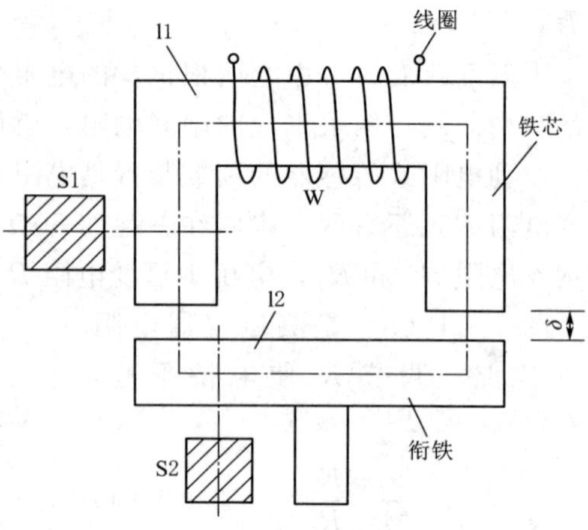

图 2－5　变磁阻式传感器结构图

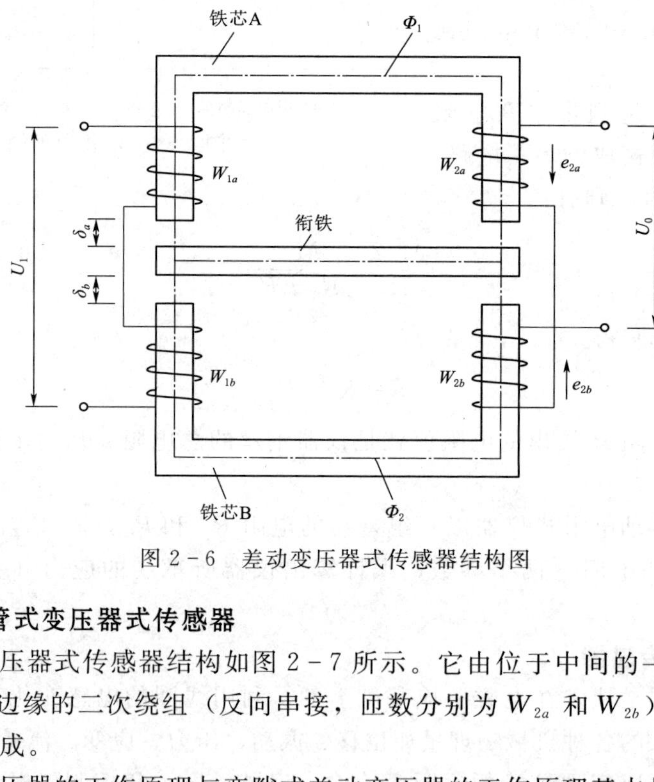

图 2－6　差动变压器式传感器结构图

（三）螺线管式变压器式传感器

螺线管式变压器式传感器结构如图 2－7 所示。它由位于中间的一次绕组（匝数为 W_1）、两个位于边缘的二次绕组（反向串接，匝数分别为 W_{2a} 和 W_{2b}）和插入绕组中央的圆柱形铁芯组成。

螺线管式变压器的工作原理与变隙式差动变压器的工作原理基本相同。当衔铁发生位移时，上、下部二次绕组的磁通发生改变，从而影响互感系数和互感电动势，并最终影响差动变压器的输出电压。同样，根据输出电压的大小和极性就可以判断出被测物体位移的大小和方向。

四、电容式传感器

电容式传感器是将非电量的变化转换为电容量变化来实现对物理量的测量，如图 2－8 所示。电容式传感器具有结构简单、体积小、分辨率高、动态响应好、温度稳定性好、电容量小等优点，同时也存在负载能力差、易受外界干扰产生不稳定现象等缺点。电容式传感器广泛用于位移、振动、角度、加速度、压力、差压、液面等的测量。

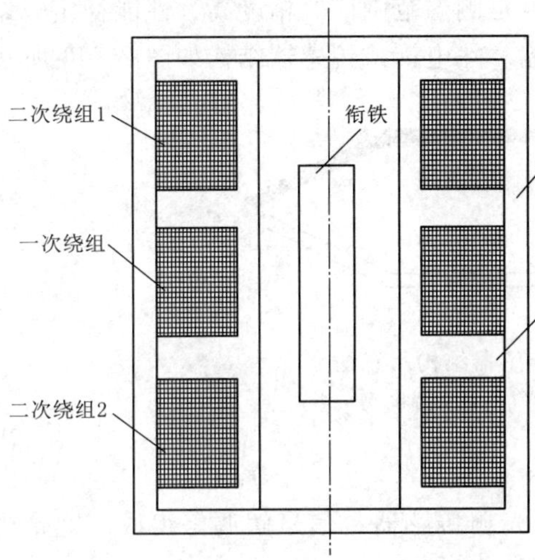

图 2-7 螺线管式变压器式传感器结构图

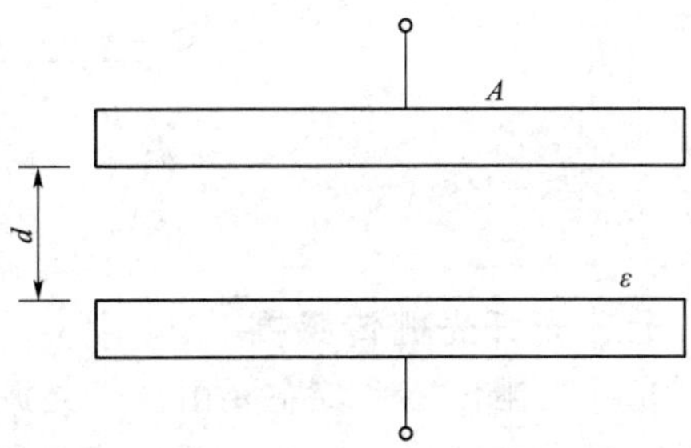

图 2-8 平板电容器

五、电位器式传感器

电位器式传感器可将位移或其他形式的能转换为位移的非电量，转换为与其有一定函数关系的电阻值的变化，从而引起电路中输出电压的变化。

电位器式传感器由电阻体、电刷、转轴、滑动臂及焊片等组成，电阻体的两端和焊片 A、C 相连，则 A、C 端的电阻值就是电阻体的总电阻值，如图 2-9 所示。转轴是和滑动臂相连的，调节转轴时滑动臂随之转动。在滑动臂的另一端装有电刷，它靠滑动臂的弹性压在电阻体上并与之紧密接触，滑动臂的另一端与焊片 B 相连。

电位器式传感器电路如图 2-10 所示，转轴上的电刷将电阻体电阻 R_0 分为 R_{12} 和 R_{23} 两部分，输出电压为 U_{12}。改变电刷的接触位置，电阻 R_{12} 亦随之改变，输出电压 U_{12} 也随之变化。由于电刷和电位器的转轴连接在一起的，转轴的转动（位移或其他物理量）可改变输出电压，测量输出电压即可转换成相应的位移量或其他物理量。

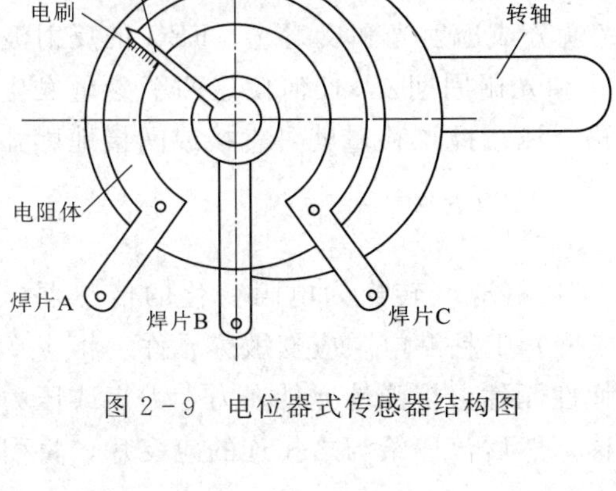

图 2-9 电位器式传感器结构图

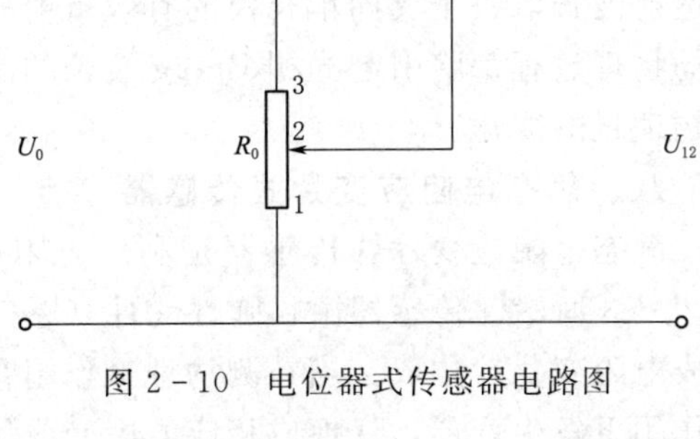

图 2-10 电位器式传感器电路图

六、热电耦式传感器

热电耦是一种利用金属的热电效应将温度的变化直接转变为电信号的温度传感器。热电耦是应用最广泛的测温元件之一，其主要优点是测温范围广、精度高、性能稳定、结构简单、动态性能好、信号便于处理和远距离传输。热电耦式传感器结构如图 2-11 所示。

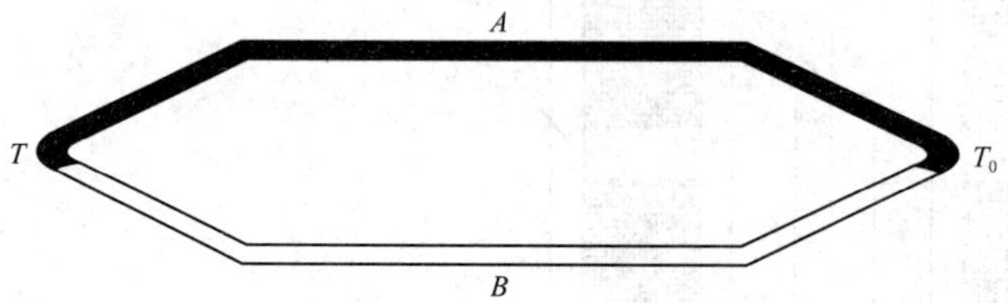

图 2-11 热电耦式传感器结构示意图

A、B—导体；T、T_0—接头温度

七、光纤光栅传感器

光纤光栅传感系统主要由宽带光源、光纤光栅传感器、信号解调等组成。宽带光源为系统提供光能量，光纤光栅传感器利用光源的光波感应外界被测量的信息，外界被测量的信息通过信号解调系统实时地反映出来。光纤光栅传感系统组成如图 2-12 所示。

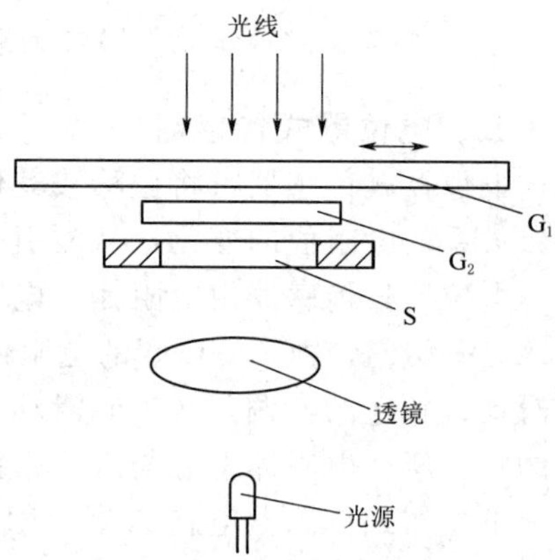

图 2-12 光纤光栅传感系统组成图

G_1—标尺光栅；G_2—指示光栅；S—信号解调

光纤光栅主要分两大类：一是 Bragg 光栅（也称为反射或短周期光栅）；二是透射光栅（也称为长周期光栅）。光纤光栅从结构上可分为周期性结构和非周期性结构，从功能上还可分为滤波型光栅和色散补偿型光栅。色散补偿型光栅是非周期光栅，又称为啁啾光栅（chirp 光栅）。

光栅 Bragg 条件如下：

$$\lambda_b = 2n\lambda \tag{2-7}$$

式中：λ_b 为 Bragg 波长，mm；n 为光栅的有效折射率，即折射率调制幅度大小的平均效应；λ 为光栅周期，即折射率调制的空间周期。

当光波传输通过光纤光栅传感器（Fiber Bragg Grating，FBG）时，满足光栅 Bragg 条件的光波将被反射回来，这样入射光就分成透射光和反射光。FBG 的反射波长或透射波长取决于反向耦合模的有效折射率 n 和光栅周期 λ，任何使这两个参量发生改变的物理过程都将引起光栅 Bragg 波长的漂移，测量此漂移量就可直接或间接地感知外界物理量的变化。

八、静态电阻应变片式传感器

静态电阻应变片式传感器是利用电阻应变片将应变转换为电阻变化的传感器，如图 2-13 所示。传感器由在弹性元件（感知应变）上粘贴电阻应变敏感元件（将应变转换成电阻变化）构成。当补测物理量作用在弹性元件上，弹性元件在力、力矩或压力等的作用下发生变形，变换成相应的应变或位移，然后传递给与之相连的应变片，将引起应变敏感元件的电阻值发生变化，通过转换电路变成电量输出。输出的电量大小反映了被测物理量的大小。

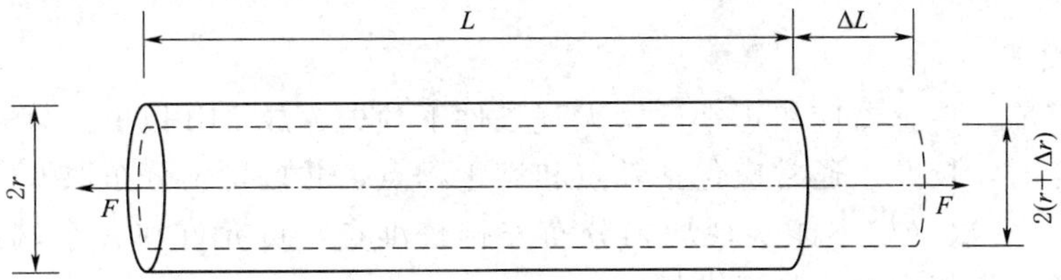

图 2-13　静态电阻应变片式传感器原理图

第二节　安全监测仪器的检验与率定

安全监测仪器设备大多在隐蔽的工作环境下长期运行，一旦安装埋设，基本无法再进行检修和更换。因此，对所有待埋设的仪器性能须进行全面的检验与率定。仪器设备检验率定的主要目的如下：

（1）检验仪器主要性能参数是否合格，避免使用不合格产品。

（2）检验仪器的稳定性，保证仪器的长期观测精度和使用寿命。

（3）检验仪器出厂参数的可靠性，防止在引用参数上出现差错。

（4）检查仪器是否损坏，防止在运输保管过程中已损坏的仪器埋入坝内。

所有安全监测仪器设备在出厂后埋设前，均应按照国家及水利工程行业有关技术规范、工程施工规定的有关技术要求或厂家提供的方法进行检验。对于安全监测承包单位不能检验（率定）的仪器设备，须委托其他具备检验（率定）资质的单位进行检验（率定）。保证过检验（率定）的仪器数量及有关性能参数，距埋设时间不得超过 6 个月，可直接埋设，否则须重新进行率定。

一、振弦式仪器

振弦式仪器的检验率定内容主要包括力学特性参数、温度特性参数和防水绝缘特性这三个方面。各项率定参数须满足振弦式压力传感器国家标准的要求。

（一）力学性能检验

1. 检验项目

检验项目包括：①仪器分辨力 γ 检验；②仪器滞后 H 检验；③仪器不重复度 R 检验；④仪器非线性度（不符合度）L 检验；⑤仪器综合误差 E_c 检验；⑥仪器灵敏度系数检验误差 α_K 检验。

2. 率定设备

根据仪器类型选择率定设备和工具。

压力类仪器，主要包括专用压力罐 1 套、加压泵 1 台、密封接头 1 只、精密压力表 1 只、扳手 4 把、生料带 1 卷、振弦式频率读数仪 1 台。土压力计需在压力机上加装专用传力夹具，检验率定时需准备相应量程的标准压力机。钢筋计和锚杆应力计等应力类仪器需在万能材料试验机上进行检验率定。

变形与应变类仪器，主要包括率定架 1 套、百分表 1 块或千分表 1 块（应变计）、专用紧固接头 2 对、扳手 1 把、起子 1 只、润滑油 1 瓶、加力器 1 个、振弦式频率读数仪 1 台。

3. 率定要求

（1）率定前，传感器应在正常试验大气条件下预先置放 24h 以上。

（2）率定时，校准点通常应包括基点和满量程点，并按均匀分布取 6～11 点；校准循环一般取 3～5 次（如不能实现均匀分布安排校准点，可允许在一个端点处不均布，具体校准点数可由相应的产品标准规定）。

4. 率定方法

对于压力类仪器，把压力计放入高压容器中，用水（或变压器油）作传力媒介，等分 5 级以上压力级，每级稳压 10～30min 之后再加压或减压。

对钢筋计和锚杆应力计等应力类仪器，将钢筋计与拉压接手相连，两端夹在万能材料试验机上。由万能材料试验机的工作人员操作。按仪器规格确定最大拉力，分 5 级以上预拉，退零，重复 3 次。

对于变形和应变类仪器，把专用夹具固定在大（小）率定架上，组成位移、应变计的率定架，将传感器筒和拉杆夹在率定架上，再安装好百分表，将传感器的量程分级 5 级以上，摇动手柄，进行预拉压 3 次。

用频率计读出初读数。按量程等分若干级进行拉（加）压，每级读 1 次频率数记入表中，作 3 个循环后结束，取下传感器。

5. 测值计算与误差检验计算

（1）额定上限输出频率 f_{nr}：

$$f_{nr}=\frac{1}{m}\sum_{j=1}^{m}f_{nrj} \tag{2-8}$$

式中：f_{nrj} 为第 j 次加荷上限输出频率，Hz；m 为试验循环的次数；f_{nr} 为加荷上限输出频率，Hz。

（2）加荷下限输出频率 f_{dr}：

$$f_{dr}=\frac{1}{m}\sum_{j=1}^{m}f_{drj} \tag{2-9}$$

式中：f_{drj} 为第 j 次加荷下限输出频率，Hz；f_{dr} 为加荷下限输出频率，Hz。

（3）额定频率输出 f_n：

$$f_n=|f_{nr}-f_{dr}| \tag{2-10}$$

（4）零点输出 F_0：

$$F_0=\frac{1}{m}\sum_{j=1}^{m}f_{0j}^2 \tag{2-11}$$

式中：F_0 为零点输出，Hz^2；f_{0j} 为第 j 次加荷和退荷测量时零载荷下的频率输出，Hz。

（5）满量程输出上限 F_{nr}：

$$F_{nr}=\frac{1}{m}\sum_{j=1}^{m}f_{nrj}^2 \tag{2-12}$$

式中：f_{nrj} 为第 j 次加荷上限输出频率，Hz。

（6）满量程输出下限 F_{dr}：

$$F_{dr}=\frac{1}{m}\sum_{j=1}^{m}f_{drj}^{2} \tag{2-13}$$

式中：f_{drj} 为第 j 次加荷下限输出频率，Hz。

（7）满量程输出 F_n：

$$F_{n}=|F_{nr}-F_{dr}| \tag{2-14}$$

式中：F_n 为满量程输出，Hz^2。

（8）非线性度（不符合度）L：

$$L=\frac{\Delta F_{L}}{F_{n}}\times 100(\%FS) \tag{2-15}$$

式中：ΔF_L 为正、反行程实际平均特性曲线与工作直线（曲线）偏差最大值，Hz^2；%FS 为精度与满量程的百分比。

（9）滞后 H：

$$H=\frac{\Delta F_{H}}{F_{n}}\times 100(\%FS) \tag{2-16}$$

式中：ΔF_H 为正行程实际平均特性曲线与反行程实际平均特性曲线，相同输入测试点输出偏差最大值，Hz^2。

（10）不重复度 R：

$$R=\frac{\Delta F_{R}}{F_{n}}\times 100(\%FS) \tag{2-17}$$

式中：ΔF_R 为正行程和反行程重复校准时，各测试点输出偏差的最大值，Hz^2。

（11）综合误差 E_c：

$$E_{c}=\frac{\Delta F_{c}}{F_{n}}\times 100(\%FS) \tag{2-18}$$

式中：ΔF_c 为正行程实际平均特性曲线和反行程实际平均特性曲线二者与工作直线偏差的最大值，Hz。

（12）分辨力 r：

$$r=\frac{\Delta F_{r}}{F_{n}}\times 100(\%FS) \tag{2-19}$$

式中：ΔF_r 为可引起输出变化的最小增量，Hz。

（13）灵敏度系数 K。

应变计灵敏度系数：

$$K=\frac{\sum_{i=1}^{n}\frac{L_{i}}{L}}{\sum_{i=1}^{n}(f_{i}^{2}-f_{0}^{2})} \tag{2-20}$$

式中：L_i 为各级拉压长度，mm；L 为仪器长度，mm；f_0 为拉压前的初始频率，Hz；f_i 为各级拉压时的频率，Hz；n 为拉压次数。

钢筋计（锚杆应力计）灵敏度系数：

$$K=\frac{P}{A_e(f^2-f_0^2)} \tag{2-21}$$

式中：P 为检验时的最大拉力，N；A_e 为钢筋计钢套截面面积，cm^2；f 为最大拉力时的频率，Hz；f_0 为未拉时的初始频率，Hz。

测缝计、位移计灵敏度系数：

$$K=\frac{\sum_{i=1}^{n}L_i}{\sum_{i=1}^{n}(f_i^2-f_0^2)} \tag{2-22}$$

式中：L_i 为每次拉压长度，mm；f_i 为每次拉压 L_i 长度的频率，Hz；f_0 为拉压前的初始频率，Hz；n 为拉压次数。

渗压计、压力传感器灵敏度系数：

$$K=\frac{\sum_{i=1}^{n}P_i}{\sum_{i=1}^{n}(f_i^2-f_0^2)} \tag{2-23}$$

式中：P_i 为各级压力时的压强；f_i 为各级压力下的频率；f_0 为压力 0 时的频率；n 为加压次数。

（14）灵敏度系数检验的误差 α_K

$$\alpha_K=\frac{K_T-K_i}{K_T}\times 100\% \tag{2-24}$$

式中：K_T、K_i 分别为仪器厂家和用户检验的 K 值。

振弦式仪器检测分辨力、滞后、非线性度/不符合度、综合误差、灵敏度系数等检验误差应满足表 2-1 的规定。

表 2-1　振弦式仪器质量检测力学性能检测标准

项目	分辨力 r	滞后 H	不重复度 R	非线性度度/不符合度 L	综合误差 E_c	灵敏度系数检验误差 α_K
限差	≤0.2%FS	≤1.0%FS	≤0.5%FS	≤2.0%FS	≤2.5%FS	≤1%

（二）温度性能检验

1. 率定设备及工具

恒温水浴 1 台，二等标准水银温度计 1 支（读数范围为 −20～70℃，精度 0.1℃），钢弦频率计 1 台，扳手 2 把。

2. 率定步骤

（1）将若干冰块敲碎，冰块小于 30mm 备用。

（2）恒温水浴底均匀铺满碎冰，厚 100mm，把仪器横卧在冰上，仪器与浴壁不能接触，再覆盖 100mm 厚碎冰，仪器电缆按色接到频率计上，把温度计插入冰中。向放好仪器的碎冰槽内注入自来水，水与冰的比例为 3∶7 左右，恒温 2h 以上。

(3) 0℃频率测定：每隔 10min 读 1 次频率，并记下测值，连续 3 次读数不变后，结束 0℃试验，得到 0℃时的频率值。

(4) 通电加热搅动，使温度上升 10℃，恒温 30min。保持 10min 测读 1 次温度和频率，连续测读 3 次直至稳定，结束该级温度测试。按上述办法按照每 10℃一级进行测量到 60℃。

(5) 温度系数 K 计算：

$$K=\frac{\sum_{i=1}^{n}T_i}{\sum_{i=1}^{n}(f_i^2-f_0^2)_i} \tag{2-25}$$

式中：T_i 为逐级温度,℃；f_i 为每级温度的频率（或频率的平均值），Hz；f_0 为 0℃时的频率，Hz。

3. 检验要求

具有温度测量功能的振弦式仪器，其温度误差不应大于±0.5℃。

(三) 防水性能检验

1. 试验设备及工具

压力容器、压力表、进水管、排水管、排水阀、手动或电动压水试验泵、钢弦频率计、兆欧表、扳手等。

2. 试验步骤

(1) 用兆欧表测仪器绝缘度。将绝缘度值大于 50MΩ 的仪器放入水中浸泡 24h 之后，测浸泡后的绝缘值。若浸泡后绝缘值下降，视为不能防水。

(2) 将初检合格仪器放入压力容器，把电缆从出线孔中引出，将密封盖关好。用高压皮管将泵与压力容器连接，启动压力泵，使高压容器充水，待水从压力表安装孔溢出，排除压力容器内所有空气后，再安装上 0.2 级的标准压力表。拧紧电缆出线孔螺丝。

(3) 试压水。可加压到最高试验压力，看密封处是否已封好。打开回水阀降压至零。如没有封堵好，处理好后再试压，直至完全密封不漏水为止。

(4) 把仪器的电缆按芯线颜色接到钢弦频率计上。

(5) 按最高水压分为 4～5 级（等分）。从零开始，分级加压至最高压力后，又分级退压回零。各级测读一次频率，并记录到正规的记录表中。完成上述试验，循环后结束。

(6) 用 100V 兆欧表测仪器的绝缘电阻。绝缘电阻大于 50MΩ 为防水性能合格。

二、差动电阻式仪器

(一) 率定项目

1. 力学性能校验

进行仪器最小读数（灵敏度）f 值的校验，从校验时记录的测试数据可计算仪器的端基线性度误差 α_1，回差 α_2 和重复性误差 α_3，以判断仪器的准确度。

2. 温度性能校验

校验仪器在 0℃时的电阻值 R_0 和温度常数 α。

3. 密封绝缘检验

在温度为0℃的冰水中，温度为60℃的水中，测量仪器的绝缘电阻。

（二）率定方法

1. 力学性能校验

参比工作条件：环境温度为10～30℃，试验时环境温度应保持稳定；环境相对湿度不大于80%。

主要设备均由计量部门检定合格，包括零级千分表，10mm和15mm零级百分表；活塞式压力计；万能材料试验机；大小校正仪及其他工具。

注意事项：应将仪器在参比工作条件下预先置放24h以上。将仪器安装到检验设备上时应控制电阻比的变化不大于20×0.01%。检验前，应在测量范围上、下限值的1.2倍内预先拉压循环3次以上，直至测值稳定。

力学性能校验方法：

校验前，应在仪器测量范围上、下限值内预先拉压循环3次以上，直至测值稳定。

仪器分挡检验：先将仪器下行至下限值，量测电阻比后，逐挡上行，每挡测试，全量程共测得 n 个电阻比。后向下行，每挡测试，同样测得 n 个电阻比。共完成3次循环。

2. 测值计算与误差检验计算

（1）各点总平均值：

$$(za)_i=\frac{(zu)_i+(zd)_i}{2} \tag{2-26}$$

式中：$(zu)_i$ 为上行第 i 档电阻比测值的平均值；$(zd)_i$ 为下行第 i 档电阻比测值的平均值。

（2）各档测点的理论值：

$$(zt)_i=\frac{\Delta z\times i}{n}+za \tag{2-27}$$

式中，i 为测点序号（0，1，…，n）；Δz 为量程上下限各自6次电阻比测值的平均值之差。

（3）各点电阻比测值的偏差：

$$\delta_i=(za)_i-(zt)_i \tag{2-28}$$

（4）端基线性度误差 α_1：

$$\alpha_1=\frac{\Delta 1}{\Delta z}\times 100\% \tag{2-29}$$

式中：$\Delta 1$ 取 δ_i 的最大值。

（5）回差 α_2：

$$\alpha_2=\frac{\Delta 2}{\Delta z}\times 100\% \tag{2-30}$$

式中：$\Delta 2$ 为每一循环中上行及下行两个电阻比测值之间的差值取最大值。

(6) 重复性误差 α_3：

$$\alpha_3=\frac{\Delta 3}{\Delta z}\times 100\% \tag{2-31}$$

式中：Δ3 为 3 次循环中各测点上行及下行的各自 3 个电阻比测值之间的差值，取其最大值。

(7) 最小读数 f 值

应变计和无应力计：

$$f=\frac{\Delta L}{L\Delta Z} \tag{2-32}$$

式中：ΔL 为相应于全量程的变形量，mm；L 为应变计标距，mm。

钢筋计、锚杆应力计：

$$f=\frac{P}{A\Delta Z} \tag{2-33}$$

式中：P 为检验时的最大拉应力，N；A 为钢筋计钢套截面积，cm^2。

位移计、测缝计：

$$f=\frac{\Delta L}{\Delta Z} \tag{2-34}$$

式中：ΔL 为相应于全量程的变形量，mm。

压应力计：

$$f=\frac{P}{A\Delta Z} \tag{2-35}$$

式中：P 为检验时的最大压力，N；A 为压应力计的有效面积，cm^2。

渗压计：

$$f=\frac{p}{\Delta z} \tag{2-36}$$

式中：p 为检验时的最大压强，kPa。

(8) 误差计算

$$\alpha_f=\frac{f_T-f_i}{f_T}\times 100\% \tag{2-37}$$

式中：f_T、f_i 分别为厂家和用户检验的 f 值。

力学性能的各项误差，其绝对值不得大于表 2-2 的规定。

表 2-2　　力学性能的限差

项　目	α_1	α_2	α_3	α_f
限差/%	2	1	0.5	3

(三) 温度性能校验

1. 主要设备

双层保温桶；二级标准水银温度计（由计量部门检定合格）；恒温水槽和水银导电

表；电阻比电桥（由计量部门检定合格）。

2. 参比工作条件

环境温度为 20℃±2℃；环境相对湿度不大于 80%。

3. 0℃电阻 R_0 校验

进行仪器 0℃电阻校验时，仪器底部和上部分别铺 8～10cm 厚直径小于 3cm 碎冰层，用洁净的自来水，水与冰比例为 1∶2，保证仪器在 0℃情况下恒温 2h，测量仪器电阻 R_0 值。

4. 温度系数校验

仪器要浸入水下 5cm，勿使仪器碰到加热器，保持温度变化在±0.1℃以内的情况下恒温 1h 以上。仪器温度分档满足表 2-3 的规定。

表 2-3 分档规定

仪器	校验温度/℃			
电阻温度计	0	35	70	—
差动电阻式	0	20	40	60

5. 0℃电阻 R_0 计算

(1) 电阻温度计：0℃时仪器的实测电阻。

(2) 差动电阻式仪器：差动电阻式仪器测量 0℃时仪器电阻后，按式（2-38）计算出计算 0℃电阻 R_0'：

$$R_0'=R_0\left(1-\frac{\beta}{8}T_1^2\right) \tag{2-38}$$

式中：R_0'为计算 0℃电阻；R_0 为实测 0℃电阻；β 由厂家提供或取 $\beta=2.2\times10^{-6}$；T_1 为温度 60℃。

6. 温度常数 α 计算

(1) 温度计的温度常数 α 计算：

$$\alpha=\frac{1}{R_0\alpha_0} \tag{2-39}$$

式中：α_0 为铜丝材料的电阻温度系数，由厂家提供，或取 $\alpha_0=42.5\times10^{-4}$。

(2) 除温度计外，其他差动电阻式仪器的 0℃以上和 0℃以下的温度常数 α'、α'' 计算：

$$\alpha'=\frac{1}{R_0(\alpha+\beta T_1)} \tag{2-40}$$

$$\alpha''=(1.066\sim1.097)\alpha' \tag{2-41}$$

式中：α 由厂家提供，或取 $\alpha=2.89\times10^{-3}$℃$^{-1}$。

7. 温度绝缘检验

(1) 高温绝缘：在进行温度性能检验时，应测量温度达到量程上限时的仪器绝缘电阻。

(2) 低温绝缘：在进行 0℃电阻检验时，应测量仪器处于 0℃时的绝缘电阻。

8. 检验要求

仪器温度性能校验后，各项指标与出厂系数计算结果之差的绝对值应满足表 2-4 检验限差的规定。

表 2-4　　检　验　限　差

项目	R'_0/Ω	$R'_0\alpha'/\Omega$	T/℃		R_x/MΩ
			温度计	差动电阻式仪器	绝缘电阻绝对值
限差	≤0.1	≤1	≤0.3	≤0.5	≥50

（四）防水性能检验

1. 主要设备

能承受 2.0MPa 的高压容器 1 个，相应压力的水压机 1 台；1～2 级压力表，量程为 1.0MPa；500V 直流兆欧表；专用夹具及电缆引出管止水橡皮塞。

注意事项：在高压容器内的空气应排尽，高压容器和水压机中灌满水，防止漏水；在高压容器上设置电缆引出管，将仪器电缆头引出到容器以外；螺杆螺帽等要拧紧，保证试验安全。

2. 防水检验

（1）检验时对仪器施加水压为 0.5MPa，持续时间应不小于 0.5h，渗压计应在规格范围内加压。

（2）量测仪器电缆芯线与外壳（或高压容器外壳）之间的绝缘电阻，量测温度为室温。

（3）要求被检仪器的绝缘电阻不小于 200MΩ。

第三章

安 全 监 测

第一节 监 测 仪 器 准 备

一、安装埋设前的准备

监测仪器设备的施工埋设是关系到原型监测成败的重要环节，因此，监测仪器施工埋设前应做好充分准备：

(1) 根据设计图纸、通知、相关技术规程规范及工程施工进度安排，提前备齐所需监测仪器和试验设备。

(2) 根据设计图纸和现场情况，按有关规范和仪器生产厂家的要求连接仪器的加长电缆，并对电缆接头进行处理。

(3) 根据设计图纸，加工仪器埋设所需的零部件，购置配套齐全的施工器材。

(4) 进行仪器埋设的测量放样，并作明显标记，测量定位资料应及时整理，并填写到考证表内永久保存。

二、水工观测电缆及连接

(一) 水工观测电缆

水工观测电缆适用于水工观测仪器仪表，及其他类似的电子装置。水工观测电缆应具有良好的防水性能和电器性能，可长期直接埋设在混凝土或岩土中，亦可长期置于耐压范围的河、湖或海水中。水工观测电缆不仅应有良好的耐酸碱性能，并应具有良好的抗电磁干扰和防雷电功能。

水工观测电缆的种类有很多，按屏蔽与否可分为屏蔽电缆与非屏蔽电缆；按绝缘电线按固定在一起的相互绝缘的导线根数，可分为单芯线和多芯线，多芯线也可把多根单芯线固定在一个绝缘护套内，同一护套内的多芯线可多到 24 芯，平行的多芯线用 B 表示，绞型的多芯线用 S 表示；也可按电线常用的绝缘材料有聚氯乙烯和聚乙烯两种，聚氯乙烯用 V 表示，聚乙烯用 Y 表示。

常用的水工观测电缆有四芯屏蔽电缆、五芯屏蔽电缆、五芯橡套电缆及十芯屏蔽电缆。典型水工电缆结构如图 3-1 所示。

(二) 水工电缆线连接

常用的电缆连接方法有硫化连接方法和热缩连接方法。

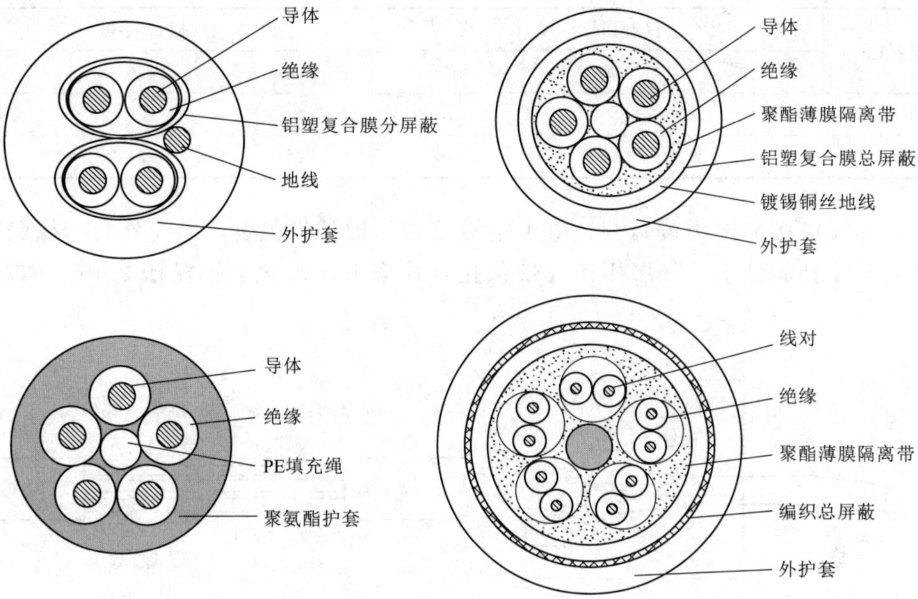

图 3－1 典型水工电缆结构示意图

1. 硫化连接方法

(1) 根据监测设计和现场情况准备仪器的加长电缆。

(2) 按照规范的要求剥制电缆头，去除芯线铜丝氧化物。

(3) 连接时应保持各芯线长度一致，并使各芯线接头错开（表 3－1 和表 3－2）。采用锡和松香焊接，检查芯线的连接质量。

表 3－1 **电缆连接对接芯线长度（芯线数不同）** 单位：mm

芯线颜色	仪器出厂电缆	接长电缆	
	三芯	四芯	五芯
蓝	—	—	65
黑	25	65	65
红	45	45	45
绿	—	25	25
白	65	25	25

表 3－2 **电缆连接对接芯线长度（芯线数相同）** 单位：mm

芯线颜色	仪器出厂电缆			接长电缆		
	三芯	四芯	五芯	三芯	四芯	五芯
蓝	—	—	25	—	—	105
黑	25	25	45	65	85	85
红	45	45	65	45	65	65

续表

芯线颜色	仪器出厂电缆			接长电缆		
	三芯	四芯	五芯	三芯	四芯	五芯
绿	—	65	85	—	45	45
白	65	85	105	25	25	25

(4) 芯线搭接部位用黄蜡绸、电工绝缘胶布和橡胶带包裹，电缆外套与橡胶带连接处应锉毛并涂补胎胶水，外层用橡胶带包扎直径应大于硫化器钢模槽 2mm，如图 3-2 所示。

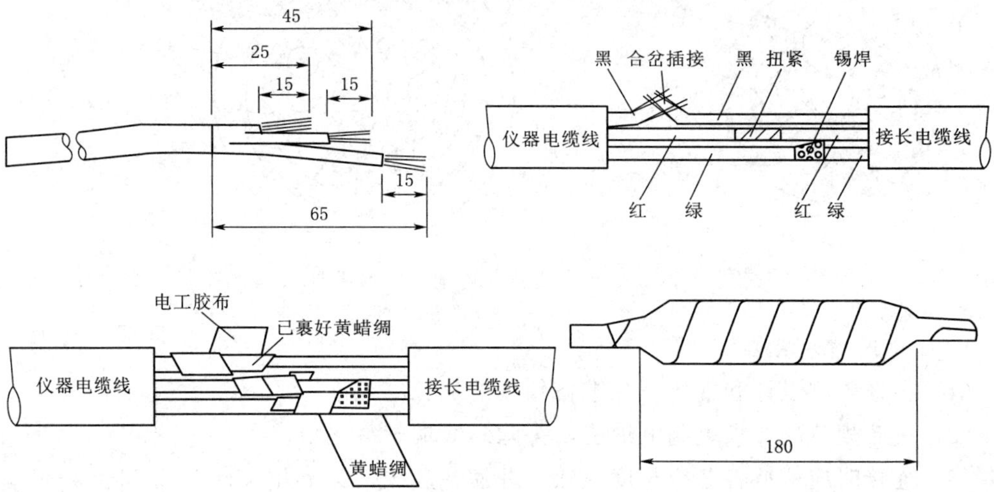

图 3-2 电缆连接示意图（单位：mm）

(5) 接头硫化时必须严格控制温度，硫化器预热至 100℃ 后放入接头，升温到 155～160℃，保持 15min 后，关闭电源，自然冷却到 80℃后脱模。

(6) 硫化接头应在 0.1～0.15MPa 气压下试验时不漏气，在 1.0MPa 压力水中的绝缘电阻大于 50MΩ。

(7) 接头硫化前后应测量、记录电缆芯线电阻、仪器电阻比和电阻。

2. 热缩连接方法

电缆连接如图 3-3 所示。

(1) 裁剪好仪器电缆和接长电缆，并将电缆端头护套剥除，每端长度 40～50mm。

(2) 剪一根大直径热缩胶管（长约 120mm）套入仪器电缆，再剪 5 根小直径热缩胶管（长约 14mm）套入 5 根芯线。

(3) 每根带颜色芯线绝缘层剥去 10mm 长，将同色芯线的铜丝交叉拧紧，接头总长度约 60mm。

(4) 然后用锡焊好，连接时保持各芯线长度一致，并使各芯线接头错开。采用锡和松香焊接，检查芯线的连接质量，焊接时严禁焊点出现毛刺。

(5) 将芯线上热缩胶管套在焊接部位，并使完全包裹接头，然后用热风枪转动烘烤，使其收缩紧固。

(6) 5 根芯线分别按上述方法焊接，焊接时注意使每根芯线长度基本一致。

(7) 最后用绝缘胶带将接头包裹，再将长约 120mm 的热缩胶管推向接头处，将接头完全包裹。

(8) 使用热风枪进行烘烤，从中间向两边进行，以排除空气，连接好接头。

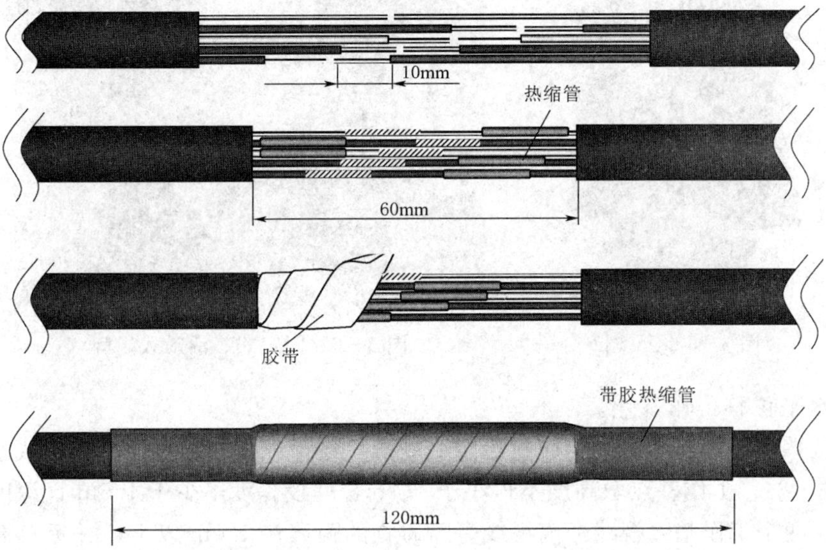

图 3-3 电缆连接示意图

第二节 安全监测方法

一、视准线法

视准线法是通过建筑物轴线或平行于建筑物轴线建立固定不动的铅直或水平基准线，根据它来测定建筑物的水平位移。

视准线的优点是结构简单、投资小、便于布置与维护、观测值直观可靠；缺点是视线长度及布置位置受光学观测仪器设备的性能影响（宜小于 300m），不便于实现自动化监测，需选择合适的观测时段，避免受大气折光的影响。

(一) 活动觇标法

1. 测量原理

活动觇标法是将经纬仪（或全站仪）安置在工作基点 1 号端墩，照准另一工作基点 2 号端墩（安装固定觇标），构成视准线，该视准线作为观测水平位移的基准线。将活动觇标安置于位移测点上，将觇标图案的中线与视准线重合，然后利用觇标上的分划尺及游标读取测点的偏离值，即为活动觇标法，如图 3-4 所示。要求视准线上各测点均在同一准直线，且测点位移的变化量在活动觇标的量程范围内。

2. 仪器结构

全站仪如图 3-5 所示，固定式、活动式觇牌如图 3-6 所示。

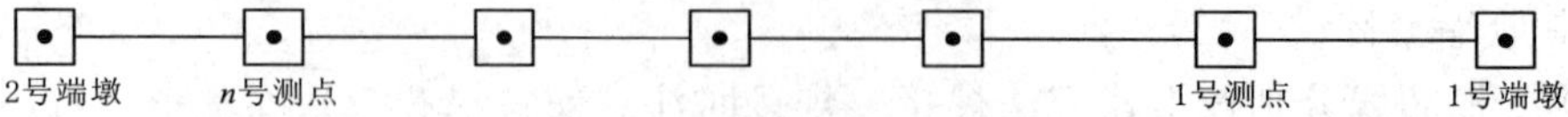

图 3-4 视准线布设示意图

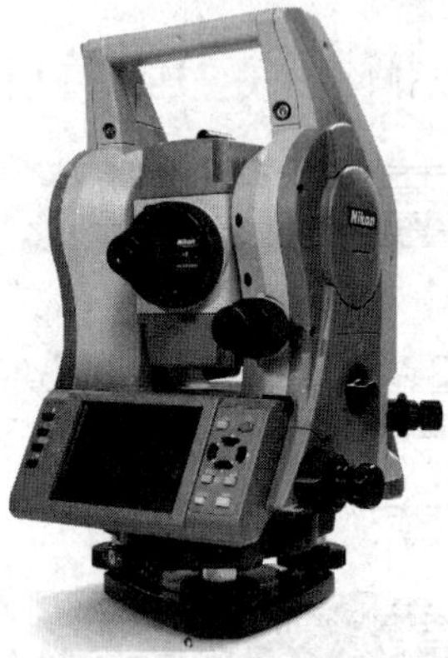

图 3-5 全站仪

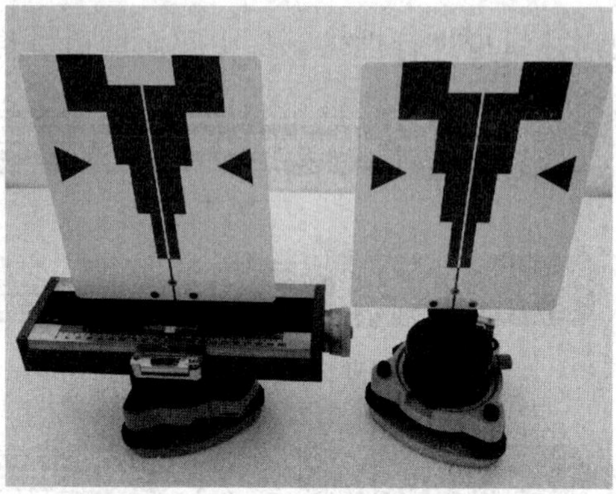

图 3-6 固定式、活动式觇牌

（1）水平位移工作基点。

水平位移工作基点本身结构应该稳定、坚固，应该埋设在稳定的原状土或基岩上（图3-7、图3-8），工作基点墩高度不得小于1.2m，埋设深度不少于1.5m且深度应该在冻土层以下，两个工作基点视线旁离视线旁障碍物的距离在1.0m以上，并远离高压线、变电站、发射台等；安装的强制对中底盘对中误差应小于0.2mm，盘面倾斜度应小于4′。

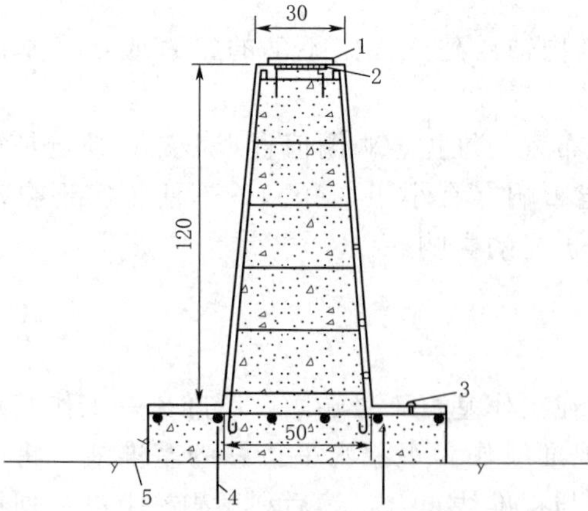

图 3-7 岩基上的水平位移工作基点墩结构示意图（单位：cm）

1—保护盖；2—强制对中底盘；3—水准标心；4—插筋；5—岩基面

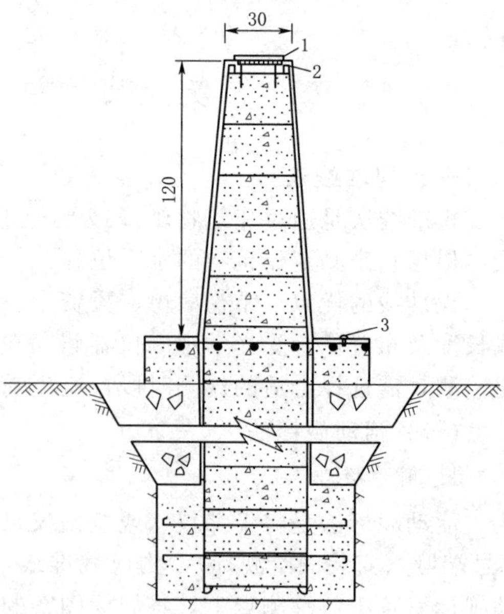

图 3-8 土基上的水平位移工作基点（测点）墩结构示意图（单位：cm）

1—保护盖；2—强制对中中心；3—水准标心

（2）位移标点安装埋设方法。

位移标点按照设计图纸埋设在渠道和建筑物相应的位置上，其变形应能够代表被测对象的位移，规范要求测点墩高度不得小于 1.2m，安装的强制对中底盘对中误差小于 0.2mm，盘面倾斜度小于 4′，如图 3-9 所示。

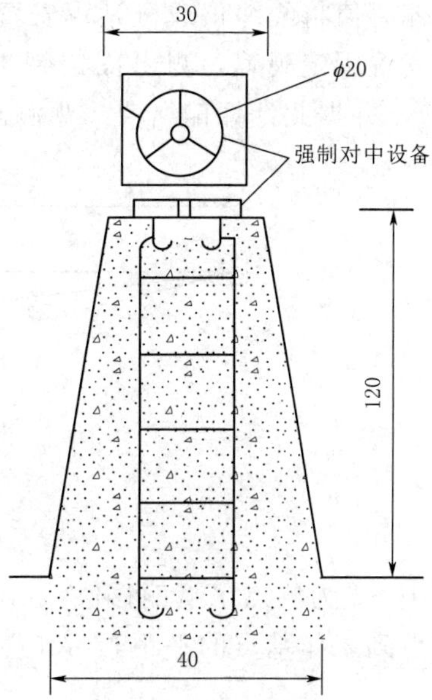

图 3-9 位移标点（单位：cm）

3. 现场测读

（1）在视准线的一个端点架设全站仪，在另一个端点架设后视棱镜与觇牌，用仪器精确照准后视棱镜或觇牌中心，从而确定视准基线，在各个监测点上依次架设活动觇牌。

（2）根据已固定的视准线，左右移动活动觇牌，直至活动觇牌中心与视准线重合，对觇牌上的标尺和游标进行读数。一般要连续进行四组读数，当依次进行完第一次观测后，观测员应倒转望远镜重新进行后视，再依次对每一个测点进行观测。

（3）正倒镜各观测一次为一个测回，一组点需连续观测 2～3 个测回。每半个测回四次读数差、上下两个半测回的读数差、测回间数值差均应满足观测设计规定的限差要求，如有超限应及时进行补测。

由于活动觇牌是机械结构的，容易发生隙动差，在每次观测时应测定觇牌的归零差，即在与视准线重合时觇牌的读数（零位），并以此为基准确定监测点是左偏或右偏。为提高零位的测量精度，应尽量选择较短的边来进行测定，观测限差满足表 3-3 的规定。

表 3-3　　视准线法观测限差

观测方法	正镜或倒镜两次读数差	2 测回观测值之差
活动觇牌法/mm	2.0	1.5
小角法/(″)	4.0	3.0

活动式觇牌的读数量程有限（一般有效量程在 100mm 左右），不适宜用在水平位移变化量大的观测项目。

即本次位移量：

$$\Delta_i=(P_i-Q_i)-\Delta_{i-1} \tag{3-1}$$

本次累计位移量：

$$\Delta_i'=(P_i-Q_i)-\Delta_0 \tag{3-2}$$

式中：P_i 为本次观测时的读数；Q_i 为本次观测时的觇牌归零差；Δ_{i-1} 为上次位移变化量；Δ_0 为初始变化量。

（二）小角法

小角法观测如图 3-10 所示，A、B 为固定工作基点，C 位移测点。为了测定 C 点的偏离值将经纬仪或全站仪安置于 A 点，在后视的固定工作基点 B 和位移标点 C 上同时安置固定觇牌，测出固定视准线 AB 方向与位移标点 AC 间的微小水平角 β（以 s 计），并据此计算偏离值，观测限差满足表 3-3 的规定。即

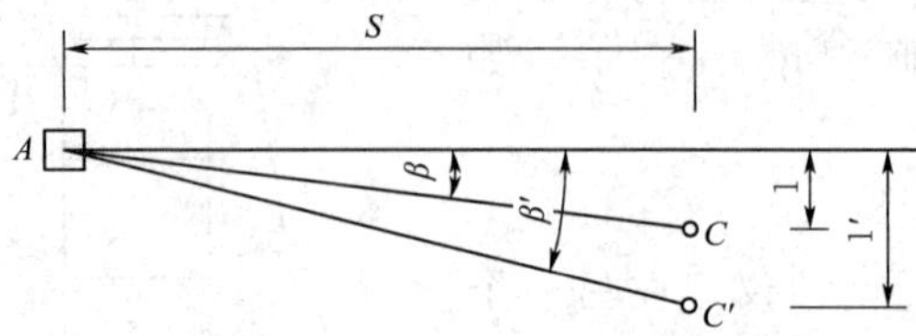

图 3-10 小角法观测示意图

$$l=\frac{\beta}{\rho S} \tag{3-3}$$

式中：l 为测点水平偏移值，mm；β 为测点偏离基准线的角度，s；ρ 为 206265；S 为测点到工作基点的平距，mm。

$$l'=\frac{\beta'}{\rho S} \tag{3-4}$$

式中：l'为测点水平偏移值，mm；β'为测点偏离基准线的角度，s；ρ 为 206265；S 为测点到工作基点的平距，mm。

$\Delta l=l'-l$ 即为本次位移值。

二、激光准直系统

由于激光具有良好的方向性、单色性、具有较长的传输距离，采用经准直的激光束来作为测量的基准线，可以实现有较长的工作距离，较高测量精度的位移自动化观测。真空激光准直系统在一个人为创造的真空环境中，完成各测点的测量采样，其观测精度受环境影响较小，长期工作稳定可靠，测量精度可达 $0.5\times10^{-6}L$（L 为激光准直的长度）以上，可用于直线型混凝土大坝的水平、垂直方向位移监测。

（一）监测原理

激光准直系统采用激光器发出一束激光，穿过与大坝待测部位固结在一起的波带板（菲涅耳透镜），在接收端的成像屏上形成一个衍射光斑。利用 CCD 坐标仪测出光斑在成像屏上的位移变化，即可求得大坝待测部位相对于激光轴线的位移变化。激光准直系统工作原理如图 3-11 所示。

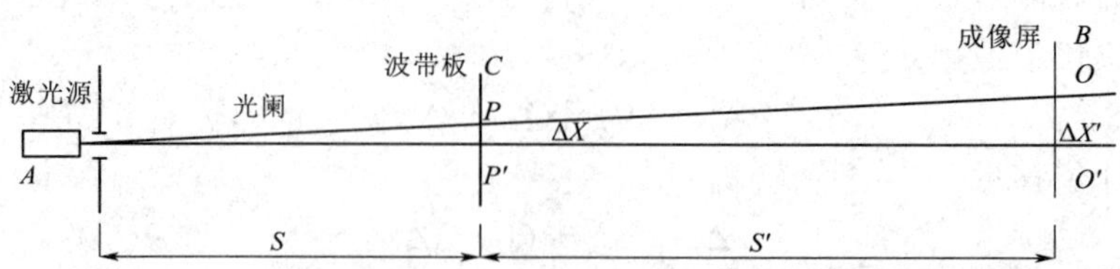

图 3-11 激光准直系统工作原理简图

（二）仪器结构

真空激光准直系统是以激光准直光线为基准，测出各测点相对于该基准光线

（轴）的位移变化。测值反映了各测点相对于系统的激光发射端和接收端的位移变化。因此一个完整的真空激光准直系统由激光发射部件、测点部件、激光接收部件、真空管道、真空发生设备、真空度检测设备、激光装置控制箱、数据采集及控制系统等构成，如图 3-12 所示。

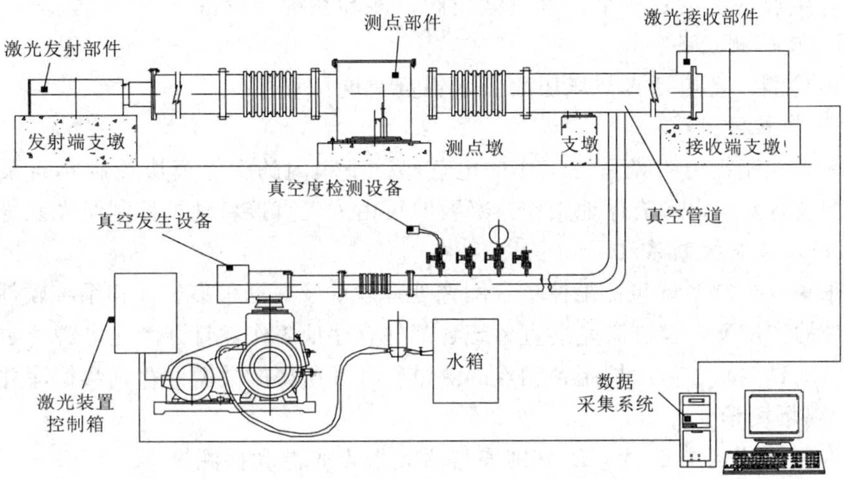

图 3-12　真空激光准直系统的结构图

1. 激光发射部件

采用激光器作为准直系统的光源，具有单色性好、光束光强分布均匀的特点。激光管前置组合光阑与发射端底板固定。激光管支撑在具有方向调节功能的支架上，便于激光管的维修更换。

2. 测点部件

测点部件由在大坝待测部位设置的一块波带板及由单片机控制的翻转机构（均安装在密封的测点箱内）构成。在测量时，由微机发送命令，启动该测点单片机，举起波带板进入激光束内，完成测量后，即放下波带板，退出激光束，每次测量时，仅举起一块波带板进入光束。

3. 激光接收部件

激光接收部件由 CCD 激光检测仪、图像卡等组成，用于测量经波带板形成的激光衍射光斑的坐标位置。CCD 坐标仪主要由两部分组成：成像屏和 CCD 成像系统。CCD 成像系统将成像屏上的衍射光斑转化为相应的视频信号输出。

4. 真空管道

真空管道包括密封测点箱、无缝钢管、不锈钢波纹管及两端的密封平晶。

（1）密封测点箱：测点箱内安装波带板、翻转机构及控制翻转的电路板。

（2）无缝钢管：根据不同的准直距离需要，采用不同管径的无缝钢管焊制而成。对于测点位移较小的大坝可采用 $\phi159\times5$ 或 $\phi219\times7$ 无缝钢管，对于准直距离较长的可以选用口径更大的无缝钢管。

（3）不锈钢波纹管：用来补偿真空管道的热胀冷缩，减少热应力对测点的影响。安装时由波纹管将真空管道和测点箱连接成一体。

(4) 平晶：真空管道两端用两块高精度的平晶密封，以形成通光条件，又不至于影响激光束的成像。

5. 真空发生设备

真空发生设备包括真空泵、真空截止阀、冷却系统等设备。

6. 真空度检测设备

真空度检测设备包括真空气压表、水银真空度计等。

7. 激光装置控制箱

激光装置控制箱为激光系统工作的电气箱，由箱内的智能模块控制真空泵、冷却系统、激光源及各测点电源有序地工作。必要时可由人工直接启动，控制激光系统的工作。

8. 数据采集及控制系统

数据采集及控制系统包括工控机、图像处理软件及数据采集软件和系统软件。工控机在专用软件的支持下，控制激光准直系统各部件有序地工作：打开激光电源、定时开启冷却系统、启动真空泵、依次控制各测点的测量、处理所得的数据保存到数据库并显示。

(三) 现场测读

(1) 在基准线两端点 A、B 分别安置激光器点光源和探测器。

(2) 在需要测定偏离值的观测点 C 上安置波带板。当激光管点燃后，激光器点光源就发射一束激光，照满波带板，通过波带板上不同透光孔的绕射光波之间的相互干涉，就会在光源和波带板连线的延伸方向线上的某一位置形成一个亮点。

(3) 根据观测点的具体位置，对每一观测点可以设计专用的波带板，使所成的像恰好落在接收端点 B 的位置上。

设波带板距光阑的距离为 S，即波带板的物距为 S；成像屏距波带板为 S'，即经波带板成像的像距为 S'；成像屏至光阑的距离为 L，$L=S+S'$，即系统的准直距离为 L；波带板的焦距 f 应满足波带板的成像公式：

$$\frac{1}{f}=\frac{1}{S}+\frac{1}{S'} \tag{3-5}$$

则通过小孔光阑的激光束经波带板会聚，将在成像屏上形成一个清晰的衍射光斑。当波带板随坝体相对于准直光线轴移动了 ΔX，则其在像屏上的衍射斑将移动 $\Delta X'$，且有如下的关系式：

$$\Delta X=\frac{S}{L}\Delta X' \tag{3-6}$$

利用 CCD 坐标仪测出 $\Delta X'$ 的值，就可很方便地求得待测部位相对位移 ΔX。如用其他监测手段测出发射端和接收端的位移为 ΔA 和 ΔO，则可利用测点间的几何关系求得待测部位 P 点的位移变化 ΔP。

$$\Delta P=P'P''+PP'' \tag{3-7}$$

由于发射端、接收端的位移，原先的基准轴 AO 已变为 $A''O''$。而波带板中心位移了 ΔP，但相对于变化了的基准轴 $A''O''$ 只位移了 $P'O''=\Delta X$，即

$$\Delta X=\frac{S}{L}\Delta X' \tag{3-8}$$

式中：$\Delta X'$为波带板 P 形成的衍射光斑中心在成像屏上的位移量（$\Delta X'=O'O''$），由 CCD 坐标仪测出。

ΔA、ΔO 分别为发射端、接收端的位移变化，由正倒垂线组的坐标仪、双金属管标或静力水准仪等测出（水平位移和垂直位移）；S 为波带板至光阑的距离，如图 3-13 所示。

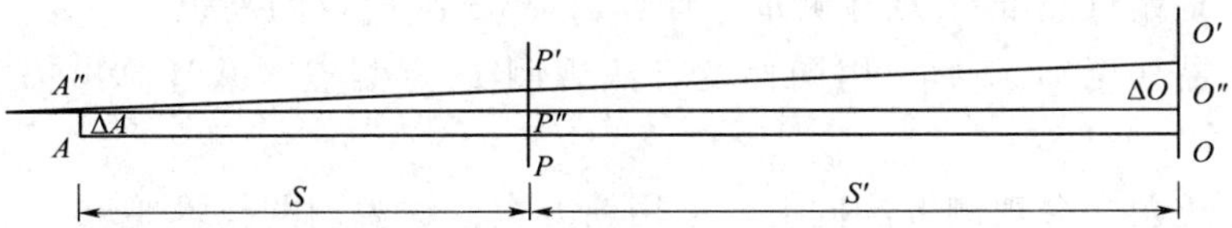

图 3-13 激光位移测量简图

三、前方交会法

前方交会法是指如果已知 A、B 两点的坐标，为了计算未知点 P 的坐标，只要观测$\angle A$ 和$\angle B$ 即可，这种测定未知点 P 的平面坐标的方法即为前方交会法。前方交会法包括前方测角交会、前方测边交会、前方边角交会。

（一）测量原理

前方交会的原理是利用两个或两个以上已知点通过观测测点与已知点连线的角度或边长从而计算出未知点的坐标。如图 3-14 所示，测角交会利用已知点 A、B 观测 P 点与 AB 边的夹角 α、β，通过已知点 A、B 坐标利用公式计算出 P 点坐标。测边交会是通过观测 P 点到 A、B 的边长 D_1、D_2 和已知边长 D 反算出夹角 α、β 后利用上述公式计算 P 点坐标。边角交会通过观测边 D_1、D_2 和角度 α、β，利用边角权分配后平差计算出 P 点坐标。

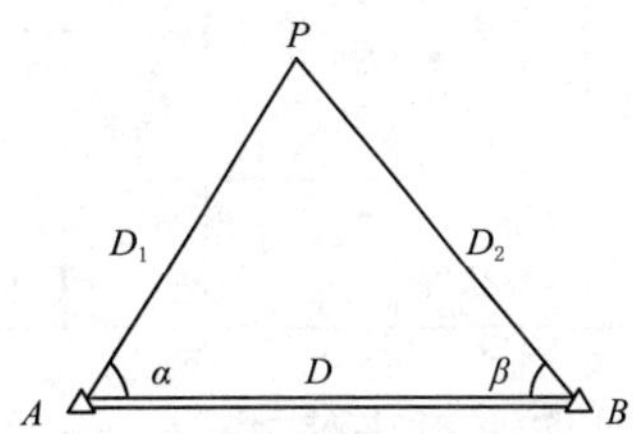

图 3-14 测角交会示意图

$$\begin{cases} X_P=\dfrac{X_A\cot\beta+X_B\cot\alpha+(Y_B-Y_A)}{\cot\alpha+\cot\beta} \\ Y_P=\dfrac{Y_A\cot\beta+Y_B\cot\alpha+(X_A-X_B)}{\cot\alpha+\cot\beta} \end{cases}$$

式中：X_A、Y_A、X_B、Y_B 分别为已知点 A、B 坐标。

前方交会的要求如下：

（1）角度交会法监测，交会角应在 40°～100°之间，固定点至变形监测点距离不宜超过 500m。

（2）距离交会法监测，交会角应在 30°～150°之间，固定点至变形监测点距离不宜超过 500m。边角交会法监测，交会角应在 30°～150°之间，当交会角接近限值时，其最大边长不宜超过 800m。

（二）现场测读

1. 边角交会

（1）在已知点 A 安置全站仪、在 B、P 点上安置棱镜，凉置 15min 后精确整平，并测量记录气压值和温度，精密照准 B 点棱镜进行后视测量。校验测值符合要求后，将全站仪照准未知点 P。测量并记录 P 点水平角、竖直角、斜距。

（2）将仪器移至 B 点后，用同样的方法观测 P 点的水平角、竖直角、斜距。

2. 测边交会

（1）在已知点 A 安置全站仪、在 B、P 点上安置棱镜，一起凉置 15min 后精确整平，并测量记录气压值和温度，精密照准 B 点棱镜进行后视测量。计算出 A 点到 B 点的平距。再将全站仪照准 P 点并测量，计算出 A 点到 P 点的平距。

（2）将仪器移至 B 点后，用同样的方法观测 P 点测点，并计算出 B 点到 P 点的平距。

（3）前方边角交会观测方法同上，采用前方交会法观测的技术要求，见表 3－4。

表 3－4　　前方交会法观测技术要求

精度要求	测角前方交会			测边前方交会			边角前方交会			
	测角中误差/(″)	交会边长/m	交会角/(°)	测距中误差/mm	交会边长/m	交会角/(°)	测角中误差/(″)	测距中误差/mm	交会边长/m	交会角/(°)
±3	±1.0 ±1.8	≤200	30～120 60～120	±2	≤500	70～110	±1.8	±2	≤500	40～140 60～120
±5	±1.8 ±2.5	≤250	40～140 60～120	±3	≤500	60～120	±2.5	±3	≤700	40～140

四、引张线法

引张线法是一种用于直线型大坝或廊道位移观测的主要方法之一，具有结构简单、适应性强、易于布设、操作方便、观测精度高等特点，尤其适用于自动化监测。双向引张线还可同时监测水平位移和垂直位移。

引张线法是利用在两个固定的基准点之间拉紧的一根线体作为基准线，对设置在建筑物上的各个观测点进行垂直偏离于此基准线的变化量的测定，从而求得各观测点水平位移量的一种方法。引张线分为浮托引张线和无浮托引张线。由于线体不可避免有一定的垂径，当垂径过大时，在大坝上将无法进行布置，需要使用小船浮托，以克服线体重力产生的挠度，这时就称为浮托引张线，如图 3－15 所示。若垂径不大，无需使用小船浮托，就称为无浮托引张线。

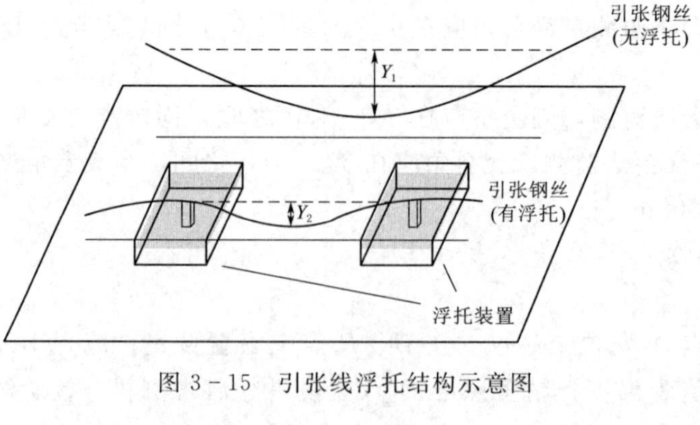

图 3－15　引张线浮托结构示意图

对于浮托引张线，由于浮托装置的干扰，测线的准直性将受到一定程度的影响，引张线的系统观测精度将有所降低。另外，由于大坝安全监测的自动化程度不断提高，而浮托引张线自动观测系统无法解决浮托装置对引张线系统的影响问题，进行自动化观测时精度难以保证。

无浮托引张线是在浮托引张线的基础上发展起来的。由于浮托引张线使用不锈钢丝作为线体材料，比重较大，因此垂径较大，在多数大坝上必须使用小船浮托才能布置。为减小线体的垂径，取消小船浮托，提高系统精度，使用强度较大但比重更小的 DPRP 线体材料替代不锈钢丝，从而无需使用小船浮托，也能在多数坝体上布置，称为无浮托引张线。与浮托引张线比，具有观测精度高，易于实现自动化观测等特点。

（一）监测原理

引张线法是通过测量各测点装置相对于测线的相对位移来监测各测点处的水平位移。测线两端分别固定于大坝两端的固定端及加力端上，通过悬挂一定重量的重锤，使得线体能够张紧，成为一条悬链线。若固定端及加力端都能布置在稳定基岩上，则悬链线在水平面上的投影是不动的，因此可以成为一条用于测量的位移基准线。若固定端及加力端不能布置在稳定的基岩上，则这条位移基准线就不能视为不动的，应通过其他手段测得固定端及加力端的实际位移，并换算出基准线在各测点处的实际位置。加力端及固定端的位移通常采用倒垂线进行监测。没有条件的也可以采用三角网测量。

测点装置分布于固定端及加力端之间需要监测其位移的部位，并与建筑物紧密结合。当所测部位发生位移时，引张线线体跟测点装置的相对位置发生变化，这个变化量由固定在测点装置内的坐标仪探测出来，得到该测点的实测位移。

（二）仪器结构

引张线由固定端、张紧端、测点箱、支墩及保护管等组成，如图 3－16 所示。

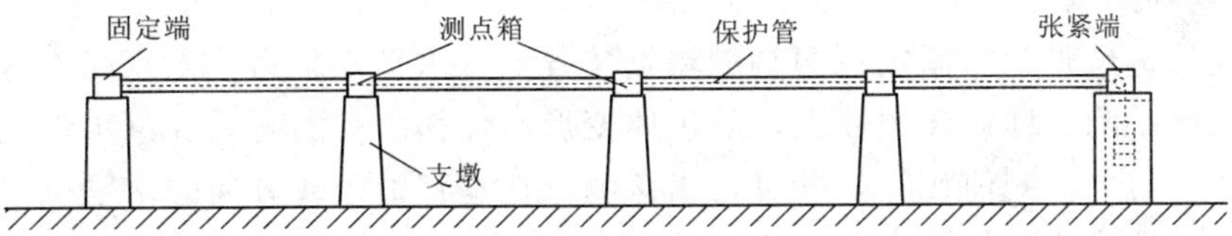

图 3－16　引张线结构示意图

固定端及加力端是位移观测的基准点，应设置在稳定基岩上。若不能设置在稳定基岩上，则固定端及加力端需要通过其他变形观测手段确定其位移。

线体一端固定在固定端上，另一端通过滑轮，悬挂上一定重量的重锤，从而在固定端和加力端之间形成一条参照线。无浮托引张线的线体材料使用 DPRP 材料。DPRP 材料是一种比不锈钢丝质量轻，但具有很高强度的材料。用 DPRP 材料制作的线体，在悬挂同样重量的重锤时，线体的垂径只有不锈钢线体的 1/5。因此更容易在大坝上方便地布置。为了保护线体，并保证线体不受风力的影响，线体需要使用保护管进行保护，并确保线体在保护管内一定量程内自由活动。

测点装置位于固定端及加力端之间，与待监测部位紧密结合。测点装置的数量依据需要确定。通过观测测点装置相对于基准线的位移，即可了解待监测部位的位移量。

引张线坐标仪为非接触式测量仪器，安装于测点装置内部，可采用 CCD 坐标仪、步进电机光电跟踪式坐标仪、电容感应式坐标仪（图 3－17）等仪器。坐标仪采集的位移信号通过电缆传输到监控中心，通过换算即可得出各测点的真实位移。

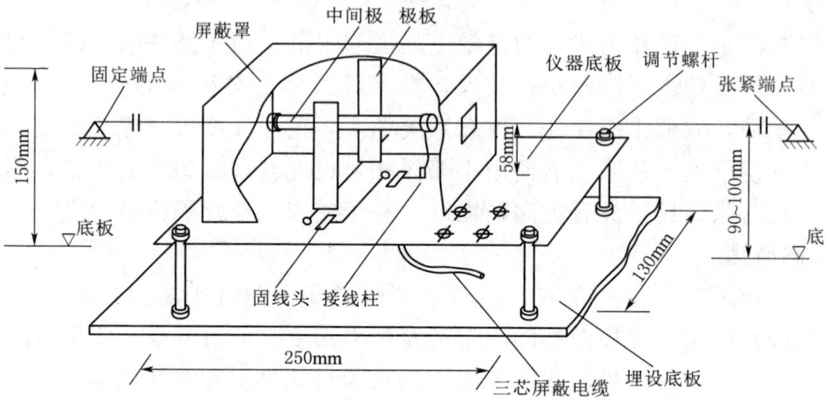

图 3－17 电容感应式坐标仪

当不采用坐标仪时，也可以通过设置在测点上的读数尺，用读数显微镜来读出测点装置相对于线体的相对位移，或采用引张线仪测读位移量。常用的引张线仪有电容式单向引张线仪，它由感应部件、屏蔽罩、仪器底板、电缆、调节螺杆组成，并备有标定仪器用的附件。感应部件由中间极和一组极板组成，它将测点相对于基准线（引张线）的位移变化量转变为电容比输出。屏蔽罩用于保护感应部件。调节螺杆主要是为了现场安装时调节仪器的高程、水平而设置，仪器底板上四个 U 形槽是供仪器初次安装时调节仪器测量范围的起始点（即仪器调中）之用，也可用于扩展量程。

（三）现场测读

引张线的钢丝张紧后固定在两端的端点装置上，水平投影为一条直线，这条直线是观测的基准线。测点埋设在坝体上，随坝体变形而位移。观测时只要测出钢丝在测点标尺上的读数，与上次测值比较，即可得出该测点在垂直引张线方向的水平位移，其位移计算原理与视准线法相似。

（1）在端点上用线锤悬挂装置挂上重锤，使钢丝张紧。

（2）调节端点上的滑轮支架，使钢丝通过夹线装置 V 形槽中心，此时钢丝应高出槽底 2mm 左右，然后夹紧固定。但应注意，只有挂锤后才能夹线，松夹后才能放锤。

（3）向水箱充水或油至正常位置，使浮船托起钢丝，并高出标尺面 0.5mm 左右。

（4）检查各测点装置，浮船应处于自由浮动状态，钢丝不应接触水箱边缘和全部保护管。

（5）端点和测点检查正常后，待钢丝稳定 30min，即可安置仪器进行测读。测读从一端开始依次至另一端止，为一测回。测完一测回后，将钢丝剥离平衡位置，让其浮动恢复平衡，待稳定后从另一端返测，进行第二测回测读。如此观测 2～4 个测回，各测回值的互差，要求不超过±0.2mm。

（6）全部观测完后，将端点夹线松开，取下重锤。

(7) 若引张线设在廊道内，观测时应将通风洞暂时封闭。对于坝面的引张线应选择无风天观测，并在观测一点时，将其他测点的观测箱盖好。

五、多点位移计

多点位移计一般安装埋设在岩土工程洞室或边坡等内部，用来监测其水平或垂直向位移变化。

(一) 监测原理

当钻孔各个锚固点的岩土体发生变形时，变形将会通过传递杆传递到多点位移计的安装基座端，各点的位移量均可在安装基座端进行量测。安装基座端与各测点之间的位置变化即是测点相对于基座的位移。根据这一原理，可用多点位移计监测建筑物某一部位相对于另一部位的变形，建筑物相对基础的变形，基础某一部位相对于另一部位的变形，岩体某一部位相对于另一部位的变形等。在水利水电工程中，常将多点位移计的最深测点安装在岩土体变形范围之外，将其作为稳定不变的基准点，其余测点及孔口部位相对于最深测点的变形可当作岩土体的绝对变形。

(二) 结构形式

多点位移计（图 3-18）基本组件如下：

(1) 锚头。常用的有三种类型：灌浆锚头、液压锚头以及抓环锚头（适用于软基）。

(2) 测杆。测杆为不锈钢杆，各节不锈钢杆两端分别为 M6 阴阳螺纹，杆的长度分别有 2m、1m、0.5m、0.2m 等多种，或更短的零配件结合使用，可以连接为任意长度。

(3) 测杆保护管。为防止连杆和灌浆之间粘连，将测杆嵌入塑料管。塑料管的一端直接与锚头连接，塑料管将随着地面的运动发生变形。

(4) 过渡管。过渡管连接保护管和安装基座。用有倒扣的护管接头连接测杆保护管使安装基座相对测杆顶部的易于定位。

(5) 安装基座。测量是在基座进行的。可采用带有传感器的电测基座，也可采用带有深度测微计而非传感器的机械测量基座。

(6) 电测基座由基座总成与保护罩组成。电测基座上的部件有固定锚、O 形环、保护罩连杆及电缆等。

(7) 传感器。多点位移计传感器由线圈及

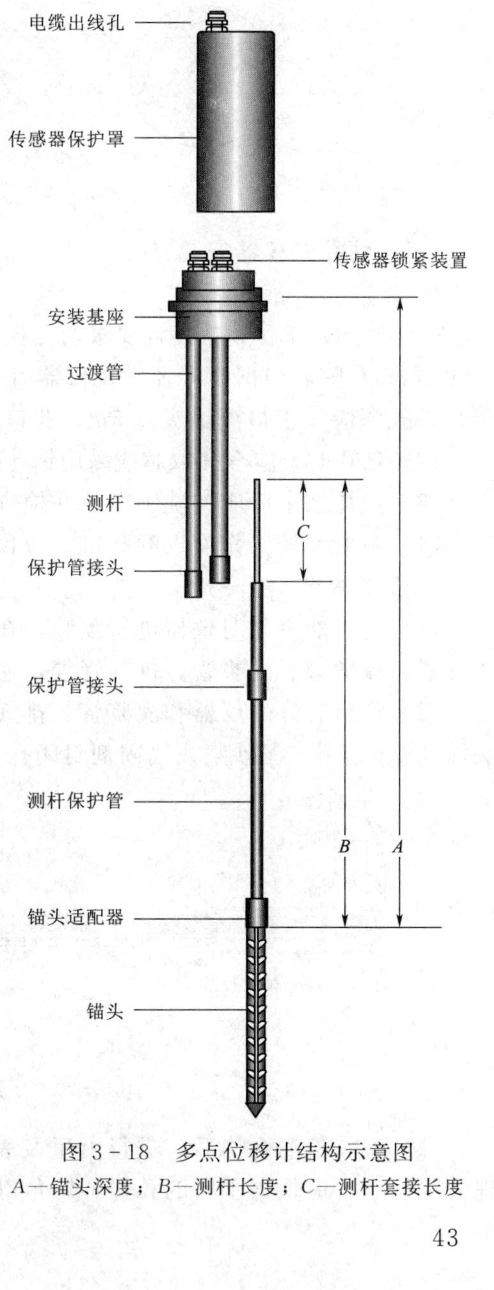

图 3-18 多点位移计结构示意图

A—锚头深度；B—测杆长度；C—测杆套接长度

温度传感器段、外筒、滑动杆定位槽与定位销组成。传感器上设有防止转动的定位槽与定位销，在传感器的率定、安装或拆卸时注意定位销必须落入定位槽后方可旋转整个传感器，若定位销拉离定位槽后，应在没有转动的情况下保持定位销与定位槽在同一直线上。

安装基座部位连接如图 3-19 所示。

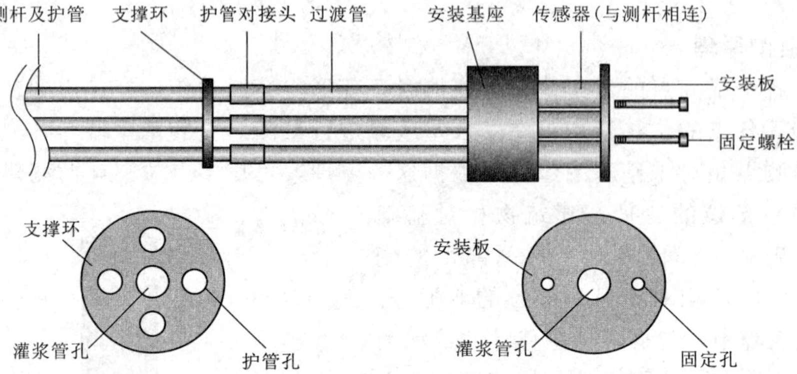

图 3-19　安装基座部位连接图

（三）钻孔及仪器安装

1. 钻孔

（1）在预定部位，按设计要求的孔径、孔向和孔深钻孔。钻孔开孔直径为 ϕ200mm，深约 50cm。随后根据设计要求及仪器直径，钻孔变径为 ϕ76～110mm，孔向偏差应小于 2°，孔深应大于最深锚头 0.5m，孔口保持稳定平整。

（2）钻孔时，应全孔取芯或采用钻孔电视，绘制钻孔岩芯柱状图及记录钻孔全过程。

（3）钻孔结束后应冲洗干净，并检查钻孔通畅情况，测量钻孔深度、方位、倾角。

（4）距离开挖工作面近的孔口，应预留安装保护设施的位置。

2. 仪器安装

（1）埋设前宜先对仪器进行预装，在场地平整干净的场地组装锚头、传递杆、模拟传感器、保护管、灌浆管、排气管等，连接杆件要排列整齐，连接牢固，密封可靠。

（2）将组装好的仪器和灌浆管、排气管一次性整体送入孔内，灌浆管应比最深的锚头深 0.5m，用水泥砂浆或锚固剂封闭孔口，如图 3-20 所示。

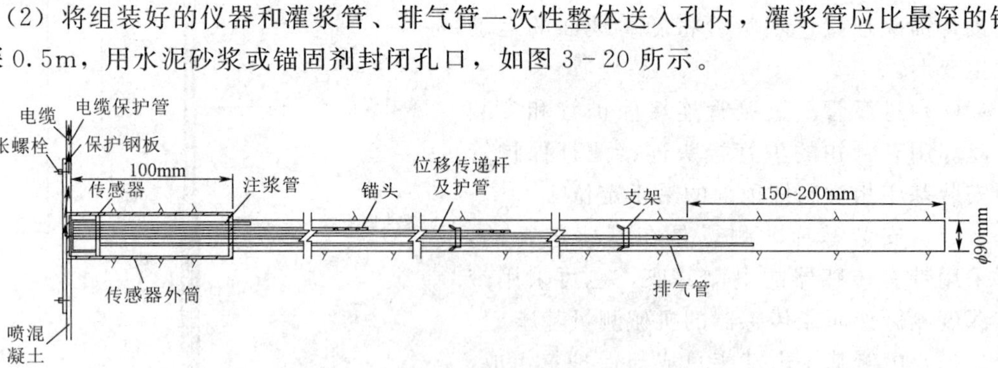

图 3-20　多点位移计安装示意图

（3）安装检测合格后，进行由里及表灌浆固结，水泥浆的水灰比为 0.5∶1。为确保注浆饱满，应根据不同的孔深、倾角以及部位，选择适当的注浆压力灌入水泥浆，当排气管中开始回浆即表明已灌满，即可停止灌浆，堵住灌浆管和排气管；所采用的水泥宜为微膨胀水泥，或在水泥中掺入适量的膨胀剂。

(4) 待孔内水泥浆初凝后，剪去外露的灌浆管和排气管。

(5) 依次卸掉模拟传感器，将带有编号的各传感器连接到连接杆座上，并进行预拉和固定。

(6) 将传感器与电缆连接好并做好记录，包括每支传感器的出厂编号以及对应的测杆编号和锚头位置，采用读数仪进行检测。

(7) 安装完毕后，将仪器电缆从保护罩的电缆孔中引出，安装保护罩。

(四) 现场测读

水泥砂浆终凝后或水化热稳定后的稳定测值可作为基准值。一般取灌浆后24h后的测值为基准值。有特殊情况或要求的，如洞室、边坡开挖、蓄水等，可取其前一天的监测值为基准值。

六、水准测量

垂直位移是指测点在高程方面的变化量，即垂直方向的上升或下沉的变化量均称为垂直位移。通过垂直位移可以了解整体垂直变形以及不均匀沉降情况，用来判断建筑物或相应部位的运行安全。

(一) 监测原理

利用精密水准仪提供的水平视线测出任意测点与工作基点的高差，求得测点的高程，各测次测点高程与基准值的差值为位移，下沉为正，上升为负，如图3-21所示。垂直位移监测系统包括水准基点、水准工作基点、垂直位移测点，水准基点用来校测水准工作基点的稳定情况，水准基点位于稳定区域；水准工作基点用来测定垂直位移测点的垂直位移，水准工作基点位于相对稳定区域且便于观测位移测点。

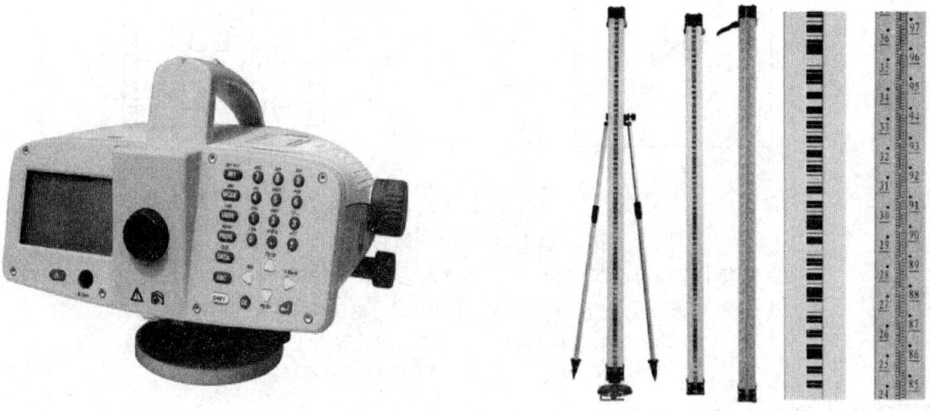

图3-21 精密水准仪和水准尺

(二) 仪器结构

直接利用水准管来判断视准轴是否水平的水准仪称为水准管水准仪；当视准轴有微小的倾斜，利用一个称为补偿器的器件而能获得水平视线的水准仪称为补偿器水准仪

（也称自动安平水准仪）；无需人工读取水准尺上数值，而由电子设备自动获得数值的水准仪称为电子水准仪（也称为数字水准仪）。测得高差的准确度与望远镜的放大倍率和视准轴水平的准确度有关。

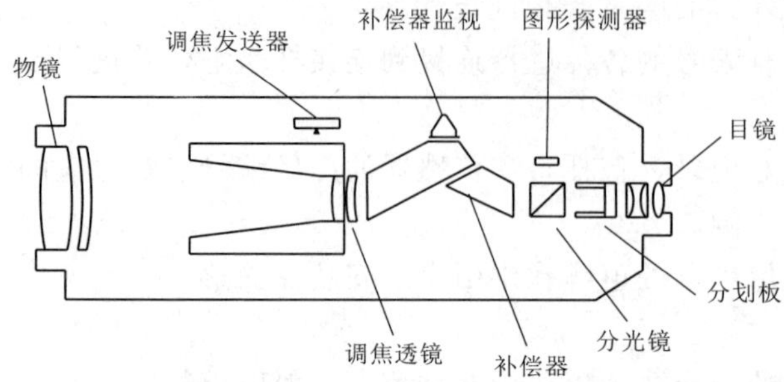

图 3-22　电子水准仪原理示意图

电子水准仪由物镜、调焦发送器、分光镜、补偿器监视、图形探测器、调焦透镜、补偿器、分划板和目镜组成，如图 3-22 所示。分光镜是将物镜实像的光分成两路，一路进入分划板供眼睛观察，一路通向图形探测器。图形探测器是由 256 个光电二极管组成的行阵阵列，它将物镜的实像分解成 256 个像素并转换为电信号。实现自动读数的办法是将图形探测器获得的图像与预先存储在仪器中的标准图像对比（作相关运算）。

（三）测点安装埋设

1. 水准基点安装埋设

水准基点自身结构应该稳定、坚固，水准基点应设置在稳定区域，其基础应该位于原状土或基岩上。埋设深度不小于 1.5m 且深度应该在冻土层以下，如图 3-23 所示。

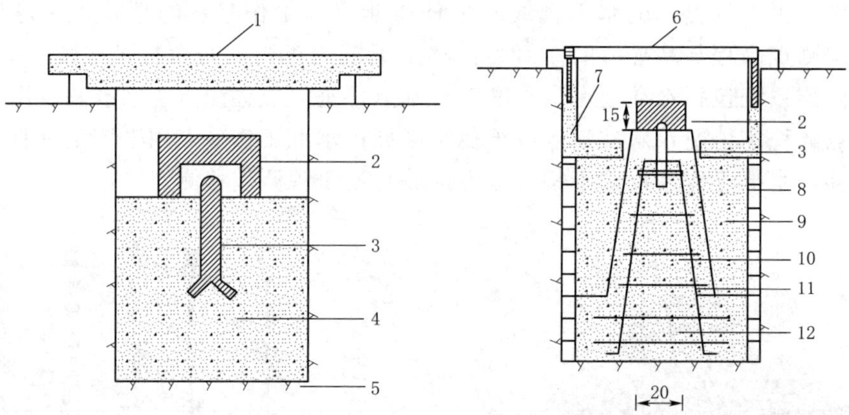

（a）基岩水准标石　　（b）普通混凝土水准标石

图 3-23　水准基点标石埋设结构示意图

1—混凝土保护盖；2—内盖；3—水准标志；4—浇筑混凝土；5—基岩；6—加锁金属盖；7—混凝土水准保护井；8—衬砌保护；9—回填砂土；10—混凝土柱石；11—钢筋；12—混凝土盘石

2. 水准工作基点安装埋设

水准工作基点安装埋设方法同水准基点安装埋设方法。

（四）现场测读

垂直位移观测按照一、二等精密水准采用往、返观测，同一测段往测（或返测）与返测（或往测）应分别在上午与下午进行；往、返测时执行规范对奇数站和偶数站照准标尺的顺序规定；在水准测量中应尽量设置固定站和固定转点，以提高观测的精度和速度；垂直位移变形量的正负号应遵循以下规定：下沉为正，上升为负。

1. 观测等级与精度

混凝土坝垂直位移按国家一等水准精度施测，土石坝垂直位移按国家二等水准精度施测。水准观测的视线长度、前后视距差、视线高度，应符合表 3－5、表 3－6 和表 3－7 的规定。

表 3－5　　视线长度要求

等级	视线长度	前后视距差	任一测站上前后视距差累积	视线高度	重复测量次数
一等	≥4 且≤30	≤1.0	≤3.0	≥2.80 且≤0.65	≥3 次
二等	≥3 且≤50	≤1.5	≤6.0	≥2.80 且≤0.55	≥2 次

表 3－6　　测站观测限差要求

等级	上下丝读数平均值与中丝读数差		基辅分划读数的差	基辅分划所测高差之差	检测间歇点高差之差
	0.5cm 刻划标尺	1cm 刻划标尺			
一等	1.5	3.0	0.3	0.4	0.7
二等	1.5	3.0	0.4	0.6	1.0

表 3－7　　往返高差、闭合差和检测高差要求

等级	测段、区段、路线往返高差不符值	符合线路闭合差	环闭合差	检测已测段高差之差
一等	$1.8\sqrt{K}$	—	$2\sqrt{F}$	$3\sqrt{R}$
二等	$4\sqrt{K}$	$4\sqrt{L}$	$4\sqrt{F}$	$6\sqrt{R}$

注　K 为测段、区段或线路长度，km；L 为符合路线长度，km；F 为闭合路线长度，km；R 为检测测段长度，km。

2. 一测站操作方法

（1）整平水准仪和水准标尺。

（2）照准后视标尺，调焦使标尺在望远镜十字丝处成像清晰，按动观测记录钮，听见一声长音后，后尺第一次观测完成。

（3）旋转照准部照准前视标尺，调焦使标尺在望远镜十字丝处成像清晰，按动观测记录钮，听见一声长音后，前尺第一次观测完成，继续照准前尺，按动观测记录钮，听见一声长音后，前尺第二次观测完成。

（4）旋转照准部照准后视标尺，调焦使标尺在望远镜十字丝处成像清晰，按动观测记录钮，听见一声长音后，后尺第二次观测完成。这样一测站观测完成，迁站后进行下一站观测直至偶数站后尺上站观测完成后，该条测线观测完成。

七、钻孔测斜仪

钻孔测斜仪是一种精度高、稳定性好、可移动的、测定钻孔水平位移的原位监测仪器。通过对钻孔的逐段测量可以获得钻孔在整个深度范围内水平方向的位移，从而可以比较准确地确定其变形的大小、方向和深度。钻孔测斜仪对边坡、地基、地下洞室等岩土工程进行变形监测，效果很好。

（一）监测原理

测斜仪的工作原理是量测仪器轴线与铅垂线之间的夹角变化量，进而计算出岩土体不同高程处的水平位移。用适当的方法在岩土体内埋设一垂直并有 4 个导槽的测斜管，当测斜管受力发生变形时，测斜仪便能逐段（一般 50cm 一个测点）显示变形后测斜管的轴线与垂直线的弧度偏移夹角 θ_i，如图 3-24 所示。按测点的分段长度分别求出不同的高程处的水平位移增量 Δd_i，即

$$\Delta d_i = \sum L \sin\theta_i \tag{3-9}$$

由测斜管底部测点开始逐段累加，可得任一高程处的实际水平位移，即

$$b_i = \sum_{i=1}^{n} \Delta d_i \tag{3-10}$$

式中：L 为测量点的分段长度，一般取 0.5m；θ_i 为测量段内管轴线与铅垂线的夹角，(°)；b_i 为自固定点的管底端以上 i 点处的位移，m；n 为测孔分段数目，$n=H/0.5$，H 为孔深。

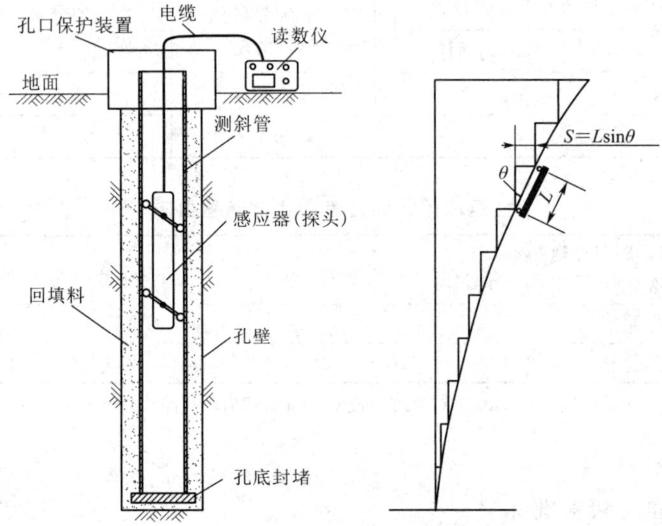

图 3-24 测斜仪工作原理图

（二）结构形式

钻孔测斜仪按使用方式的不同，可分为活动测斜仪与固定测斜仪两种类型，固定测斜仪埋设于已知滑动面的部位，而活动测斜仪则沿钻孔整个深度从下至上滑动观测，以寻找可疑的滑面并观测位移的变化。

1. 活动测斜仪

活动测斜仪由测斜管、测斜仪探头、电缆、孔口滑轮装置、数字式测读仪五部分组成。测斜管在监测前埋设于待测的岩土体和水工建筑物内。测斜管内有四条十字型对称分布的凹形导槽，作为测斜仪滑轮上下滑行轨道。测量时，使探头的导向滚轮卡在测斜管内壁的导槽中，沿导槽滑动至测斜管底部，再将探头往上拉，每隔 0.5m 读取一次数据。监测数据由传感器经控制电缆传输并显示在测读仪上。

（1）测斜仪探头。测斜仪探头（图 3-25）由不锈钢外壳、传感器、控制电缆接头和

两组轴轮装置组成。控制电缆连接正常时，探头是防水的，在一定深度的水下仍可以正常使用。轴轮装置由轮架和两个轮子组成，在每组装置中一个轮子高于另一个轮子，该轮子叫作“高轮”，测量时高轮所对方向为角度变化方向。两组轮子之间的距离通常为0.5m。

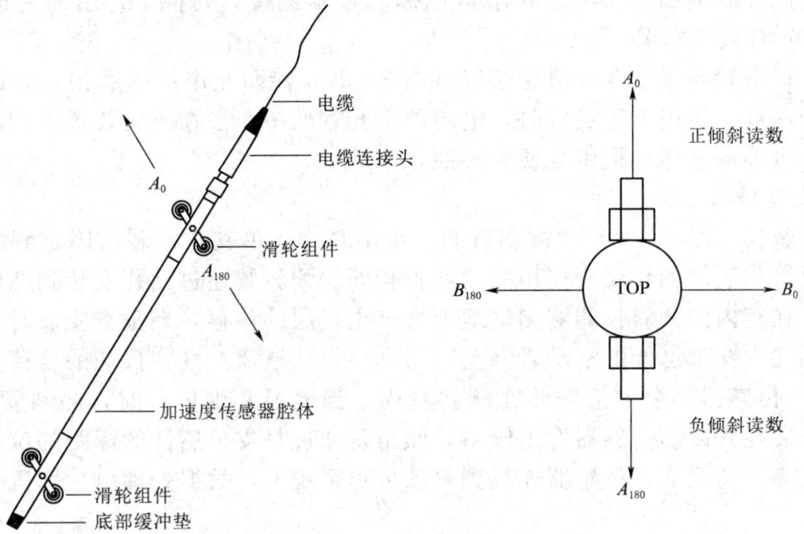

图 3－25　测斜仪探头结构示意图

测斜仪探头采用两个受力平衡的伺服加速度计（或其他类型传感器）测量倾斜。一个加速度计（或其他类型传感器）测量测斜仪测轮所在平面的倾斜，为 A 轴；另一个加速度计（或其他类型传感器）测量与测斜仪测轮所在平面相垂直的平面的倾斜，为 B 轴，当探头向 A_0 或 B_0 方向倾斜时读数为正，当探头向 A_{180} 或 B_{180} 方向倾斜时读数为负。

探头本身包括一个受重力作用的垂摆，大多数测斜仪使用一个力平衡伺服加速度计，其位置传感器可以探测垂摆的位置，并且提供足够的伺服力使摆回到竖直零位置。从竖直零位置倾斜得越大，恢复力越大，因而摆块不能自由运动。伺服力的大小转变成电信号输出在读数装置上显示成为倾斜量。由于伺服力和倾斜角的正弦成正比，因而输出值也和测孔水平位移成正比（或横向测孔的竖直位移）。

在探头底部有一个橡胶垫，用来缓冲探头可能掉在坚硬物面引起的震动，防止损坏探头。在探头顶部有带有电缆连接的接口装置。新式探头的电缆接头装置是可拆分的，以防接口损坏时便于更换。另配一个螺丝帽用来保护未与电缆相连时的接口，电缆接口装置还配有O形圈来密封电缆上的接头并使电缆连接防水。

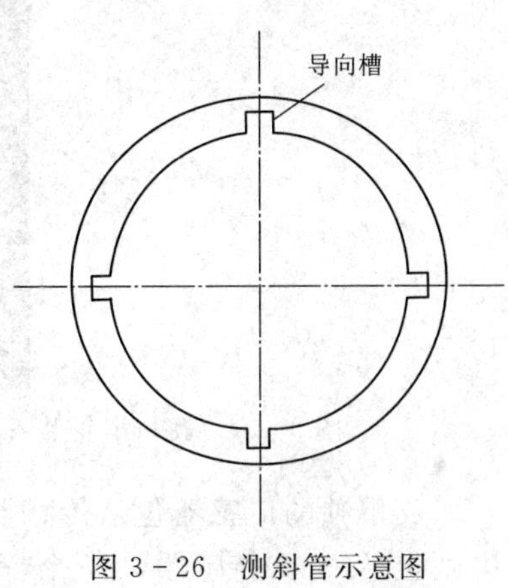

图 3－26　测斜管示意图

(2) 测斜管。测斜管（图 3－26）采用聚氯乙烯、ABS塑料和铝合金等材料专门加工而成。管内有互成90°的4个导向槽。导向槽用于定位测斜仪滑轮上下滑动。

(3) 电缆。电缆用来控制测斜仪探头的深度，负责给探头供电及将信号传到读数仪。测斜仪控制电缆设计坚固，内部有钢绞线，能承受 400kg 的拉力，从而有效地防止电缆被拉伸，或者测斜仪探头堵塞在测斜管中能允许强大的拉力拉出探头。

控制电缆上设有标记，在和测斜仪探头两组滑轮相同间隔处（0.5m）设有彩色橡胶标记。公制控制电缆每隔 0.5m 用黄色标志显示刻度，每隔 1m 用红色标志显示刻度。间隔 5m 有数字标识。

（4）孔口滑轮装置。孔口滑轮装置（图 3-27）能防止电缆的磨损，有助于操作者控制探头的深度。使用滑轮装置时，电缆位于套管的中心。在滑轮装置上的防滑夹子把住电缆，为电缆深度标记提供方便的参照。

2. 固定测斜仪

固定测斜仪（图 3-28）由测斜管和一组串联（或单支）安装的固定测斜传感器所组成。测斜管与活动测斜仪所使用的测斜管相同。测斜管通过钻孔安装到地面以下，使得定向安装在管内的测斜仪能够测量地下岩（土）层的位移。在垂直安装时，测斜管可以安装在钻孔中穿越可能的滑动岩（土）层。一组凹槽需对准在预期的位移方向（例如滑坡方向）。传感器逐个连接安装在测斜管内。当地层发生位移时，测斜管产生位移，从而引起安装在管内的传感器发生倾斜。倾角是通过每支传感器的标距的位移读数测量得到。在大多数情况下，传感器连接到自动采集系统上，数据处理由计算机来完成。

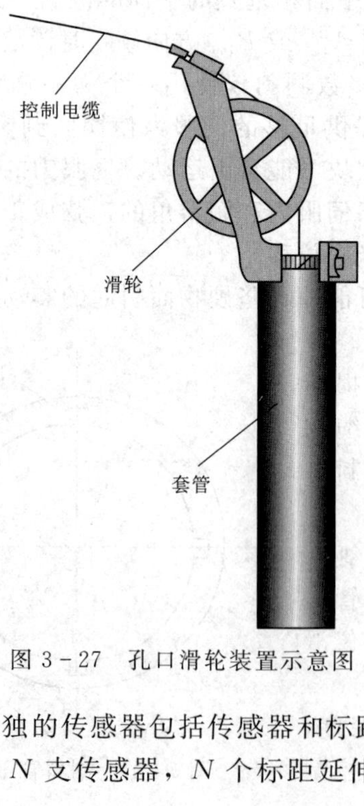

图 3-27　孔口滑轮装置示意图

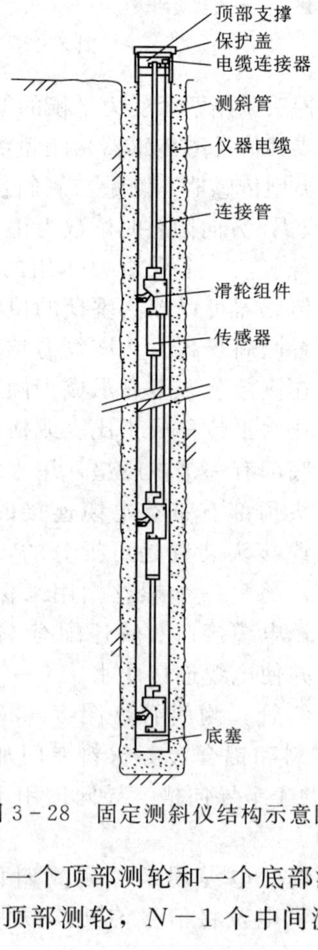

图 3-28　固定测斜仪结构示意图

一支单独的传感器包括传感器和标距延伸杆，一个顶部测轮和一个底部测轮。传感器串则包括 N 支传感器，N 个标距延伸杆，一个顶部测轮，$N-1$ 个中间测轮和一个底部测轮。

（三）仪器安装

1. 钻孔中安装

（1）测斜管钻孔安装时，为了使测斜仪测量到位，防止安装时测斜管钻孔中有沉淀，测斜孔都需比安装深度深一些。钻到预定位置后，不要立即提钻，需把水泵接到清水里向下灌清水，直至泥浆水变成清水为止，提钻后立即安装。

（2）测斜管连接。测斜管采用现场逐节组装的方法进行安装，连接的方法是采用边向孔内插入边连接，首先将第一根测斜管在没有外接头的一端套上底盖（这是每孔最下面的一节管子），用自攻螺钉拧紧封口，封口后为防缝隙漏浆，可用土工布裹扎，然后插入孔中慢慢地向下放。放完一节，再向管接头内插入下一节测斜管，当测孔较深，测斜管重量较大时，可用尼龙绳吊住测斜管往下放。若孔内有水测斜管向上浮，放不下去时，应向测斜管内注入清水，边住下放边注水。

（3）用测扭仪测量测斜管导槽转角每 3m 应不超过 1°，全长范围内应不超过 5°，以保证测斜仪探头沿导槽方向畅通无阻。安装过程应细心操作，防止用力过猛使导管产生过大的扭曲。

（4）当测斜管长度安装到位后，需要调整凹槽的方向，先把最后一节测斜管上的接头取下，看清管内凹槽方向，把管子向上提起少许，慢慢转动测斜管，使测斜管内的一对凹槽垂直于测量面，对准后再缓慢放下。

（5）测斜管安装合格后应向测斜管与孔壁之间的空隙中回填，使测斜管与周边有机结合。回填的原料视钻孔确定，岩石钻孔用水泥砂浆或纯水泥浆回填。土中钻孔可用中粗砂或原状土、膨胀泥球等回填。一边回填一边轻轻地摇动管子，使之填实。回填速度不能太快，以免塞孔后回填料下不去形成空隙。填满后盖上管盖，用自攻螺丝上紧，如图 3-29、图 3-30 所示。

2. 混凝土中安装

测斜管安装在混凝土桩或混凝土连续墙、混凝土围堰等建筑物中时，可先在平地上完成组装工作，将组装好的测斜管小心插到加工好的钢筋笼中，调整好槽口方向后用铁丝绑扎，逐节连接、绑扎并将接头密封好。确认绑扎牢固后装好底盖和孔口盖，底盖也须用土工布加胶带密封。吊装钢筋笼时要小心轻放。混凝土浇筑完毕初凝后打开孔口盖，进入测量。

（四）现场测读

（1）将连接电缆一端与探头连接并拧紧，防止进水。将连接电缆另一端插入读数仪上的“传感器”插头，调整至测量状态。

（2）将探头导轮插入所测方向测斜管的导槽内，缓慢下至孔底。注意在探头距离孔底较近时，应非常缓慢地下放，防止探头撞击管底，造成损坏。

（3）每次观测前，探头应在孔底停留 15min。开始自下而上每 50cm 间隔测读一次，记录与测量深度相应的读数。注意，每次观测时，探头应保持在测孔相应深度的同一位置上。然后将探头旋转 180°，插入同一对导槽内放到孔底，等待 5min，按上述步骤重复观测一次。

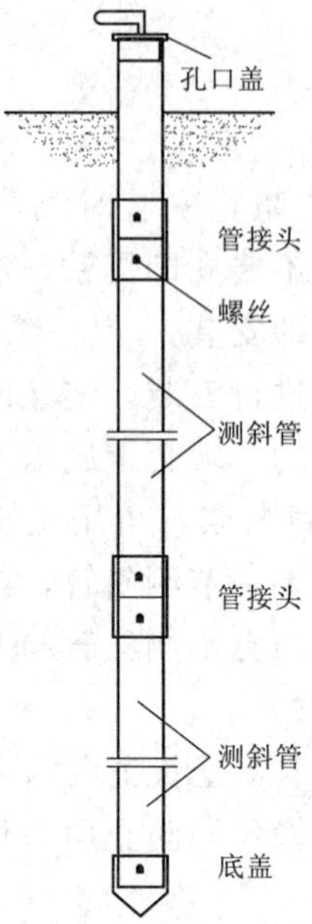

图 3-29 PVC 测斜管安装示意图

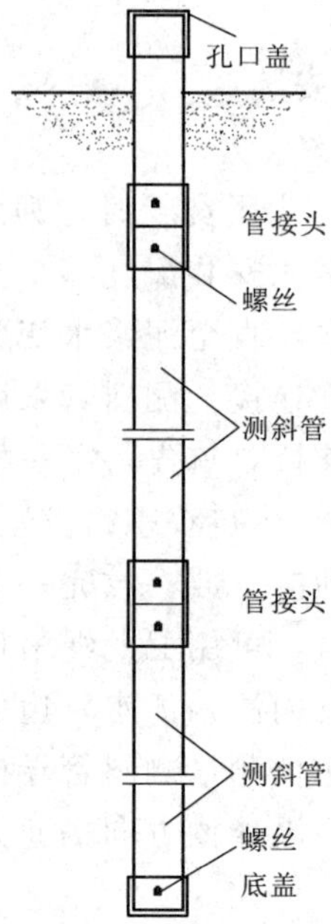

图 3-30 铝合金、ABS 测斜管安装示意图

如果正反导槽测试结果如相差过大，必须重测。如两次重测数不一致，必须对读数装置的传感器进行检查。

测斜仪探头通常包括两个（双轴）轴互成 90°的传感器，A 轴与滑轮平行，B 轴与其成直角。因而在测量时，得出 A_0、A_{180} 读数，也就得到了 B_0、B_{180} 读数。

数据处理时，将该两组读数（A_0、A_{180}、B_0、B_{180}）相结合（用一组数据减去另一组数据)，以此来消除传感器的零漂的影响。测斜仪探头在竖直位置时读数产生零漂，理想的偏差应是零，但在使用探头时，由于传感器的偏差、滑轮的磨损或者由于探头下落与测斜管底部相碰太厉害造成对传感器的冲击，通常会产生一个零漂并发生变化。

八、土位移计

土位移计用于测量岩石、混凝土、堆石体、土体等的轴向变形，是一种坚固、测量精度高、埋设容易的位移测量仪器，可测土体某部位任何一个方向的位移，多用于填土中埋设，可单点埋没，亦可串联埋没。

（一）监测原理

振弦式土位移计的工作原理与振弦式传感器的工作原理相同，岩土体变形会引起滑动杆伸缩，传递器件、弹簧的张力以及振弦的张力与频率都会随之发生变化。频率的变化可转换为张力的变化量和滑动杆的伸缩变化量，从而得到岩土体的变形量。

（二）结构形式

位移计的传感器固定在一个法兰端，通过一定长度的传递杆连至另一个法兰端，如图 3-31 所示。传感器和传递杆外套一根给定长度（仪器长度）的塑料保护管（当仪器较长时则在中间增加伸缩节）来固定两个法兰端，确保连杆固定不动。当两法兰相对移动时，位移信号被传递杆传至传感器，由读数装置测得读数。通过选择不同的仪器长度和传感器的量程范围，可选到最佳灵敏度。对于达到分辨率最高的情况，仪器长度越长、量程越小的传感器最佳。而变形最大的情况，应选长度相对短、量程大的传感器。

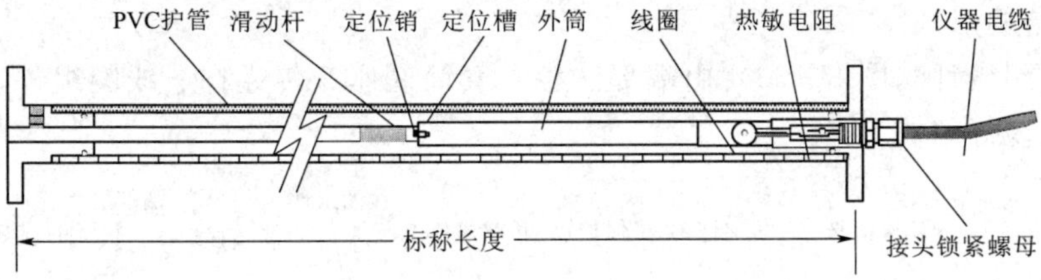

图 3－31 振弦式土位移计结构示意图

(三) 仪器安装

1. 在钻孔内安装

水平方向的孔要向下稍作倾斜以便于灌浆并避免产生气泡，如图 3－32 所示。垂直孔要用专门的灌浆器具，位移计要自带抓环或液压锚头，灌浆时用来固定。水平和垂直孔的仪器安装如下：

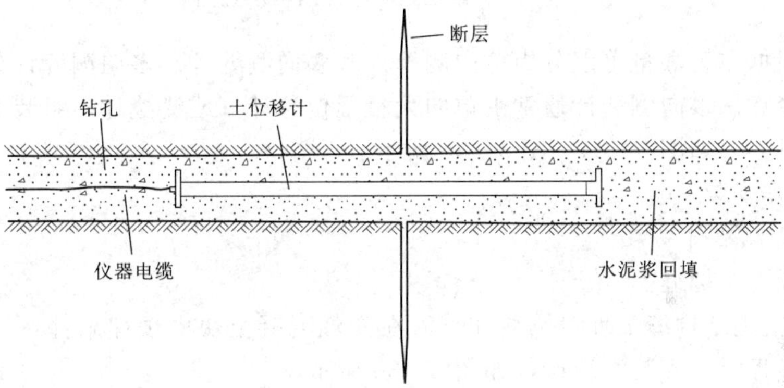

图 3－32 在钻孔中安装示意图

钻孔的深度应超出最深处法兰 500mm。钻孔直径不小于 ϕ60mm。将传感器放入孔中，用杆将传感器推至设计检测位置。如果孔中放置的传感器不止一个，当放置浅层传感器时，要确保深层传感器的位置不变。钻孔灌浆可使用水泥砂浆混合物，混合物中水灰比为 1∶0.5～1∶1.0。对于水平方向水灰比应小些。

2. 在混凝土结构中安装

可直接放入混凝土结构中，也可在浇筑混凝土前用金属丝绑扎在钢筋架或钢筋网中。绑扎位置应绑到塑料管上，而不是法兰上，应与管垂直，且不能绑得太紧，以便在浇筑混凝土时允许发生轻微的移动。

九、测缝计

测缝计适用于长期埋设水工建筑物或其他混凝土建筑物内或表面，测量结构物伸缩缝或周边缝的开合度（变形）。

(一) 监测原理

对振弦式测缝计而言，结构物发生的变形可通过前、后端座传递给转换机构，使其产生应力变化，从而改变振弦的振动频率。电磁线圈激振振弦并测量其振动频率，频率信号经电缆传输至频率读数仪上，即可测出被测结构物的变形量。

（二）结构形式

振弦式测缝计（图 3-33）由端部法兰、套筒底座、传递杆、线圈组件、PVC保护管和仪器电缆等组成。

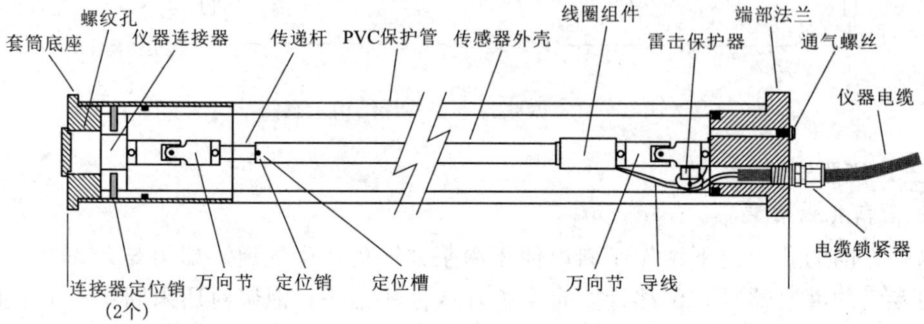

图 3-33 振弦式测缝计结构示意图

测缝计根据布置数量可以分为单向测缝计和多向测缝计。多向测缝计分为二向测缝计和三向测缝计。多向测缝计通常由单向大量程位移计（或测缝计）组装而成，配有特制的测缝计机架，如图 3-34、图 3-35 所示。

（三）仪器安装

1. 埋入式测缝计安装

（1）混凝土结构缝。

1）在混凝土结构缝上埋设测缝计，需在先浇混凝土块中预埋附件，待后浇混凝土块达到安装高程时再安装测缝计，如图 3-36 所示。

2）根据埋设点的高程、方位，在结构缝的一侧立模之后，于埋设点处作一记号，当混凝土浇筑到埋设点高程时，将安装盖钉于模板上，同时将套筒及连接座旋上，套筒内应填塞棉纱，以免被混凝土堵塞。为了保证附件安装更为牢靠，亦可再用铅丝将套筒缚住钉在模板上。注意维护好附件，以免在混凝土浇捣及拆模过程中损坏。

3）当电缆需从先浇块引出时，应在模板上设置一个储藏箱，用来储藏仪器和电缆。

4）当缝的另一侧混凝土浇筑到测点部位（或高于埋设点 20cm 左右）时，在埋设点处挖开周围的经捣实的混凝土，露出并取下安装盖，清理套筒。

5）在将测缝计安装前应检查连接头的定位销，确保在保护管的定位槽内，O 形圈已就位，拧开电缆端头的通气螺栓，然后将测缝计小心地旋紧在套筒连接座上。

6）为避免电缆受损，应将接缝处的电缆约 40cm 范围内包上布条。

7）调整好埋设位置，并轻轻拉出一点，使仪器处于良好的拉压测量范围内，用胶带纸在接口处缠几圈以便安装时定位。固定好仪器的电缆引线，回填混凝土并捣实。同时做好仪器的编号和检查工作。

（2）混凝土块体裂缝。根据设计要求，在可能出现裂缝的坝块部位设置裂缝计，用以监测裂缝的发生及其发展过程。由于水工建筑物内部裂缝的部位并不确定，因此裂缝

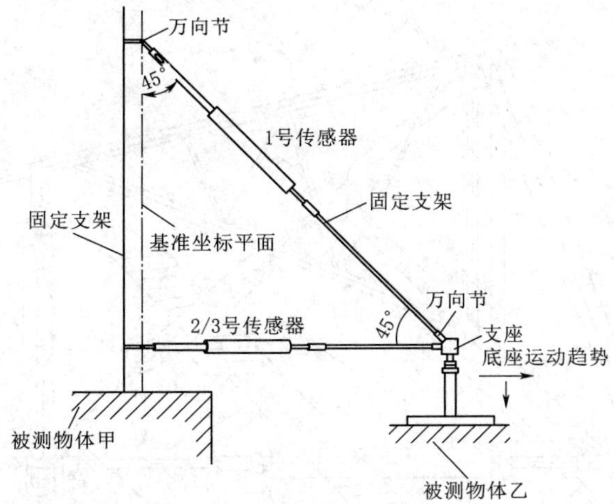

(a) 侧视图

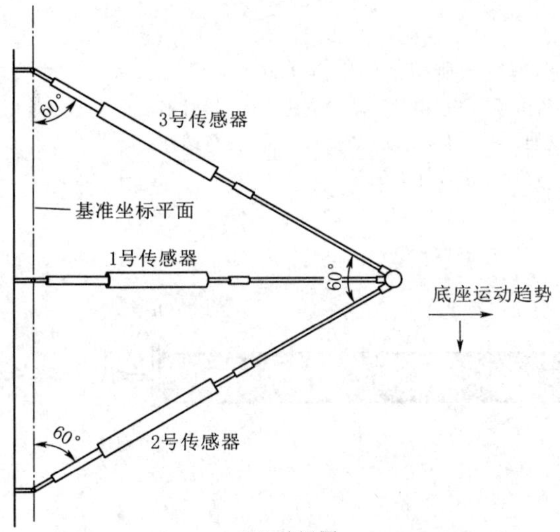

(b) 俯视图

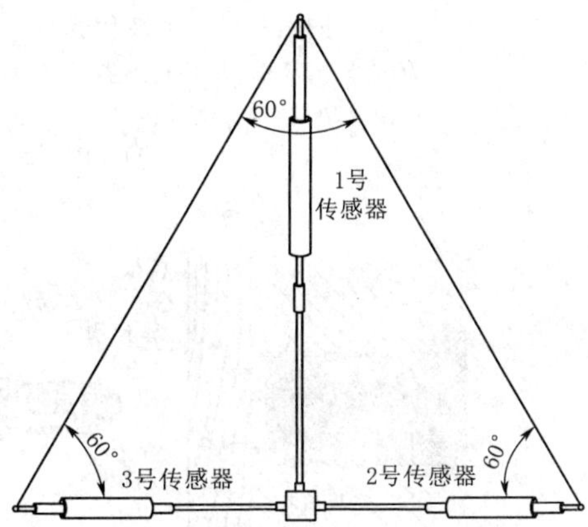

(c) 正视图

图 3-34　刚性传递杆三向测缝计典型结构示意图（一）

计通常采用测缝计接加长杆，以延长仪器的监测范围，加长杆的长度为 150～200cm，如图 3-37 所示。

仪器和加长杆的连接可采用螺纹套筒套接。除测缝计一端的凸缘盘和加长杆端部锚固头外，仪器和加长杆均用塑料布裹敷，待混凝土浇筑到埋设高程时跨置于混凝土块预期的裂缝处。

(3) 混凝土与岩体接缝。

1) 在测点处岩体中打孔，孔径大于 9cm，深度 50cm，在孔内填入一半以上膨胀水泥砂浆（或预缩水泥砂浆），将套筒或带有加长杆的套筒挤入孔中，使套筒口与孔口齐平，如图 3-38 所示。

2) 将套筒填满棉纱，螺纹口涂上黄油或机油，旋上筒盖。

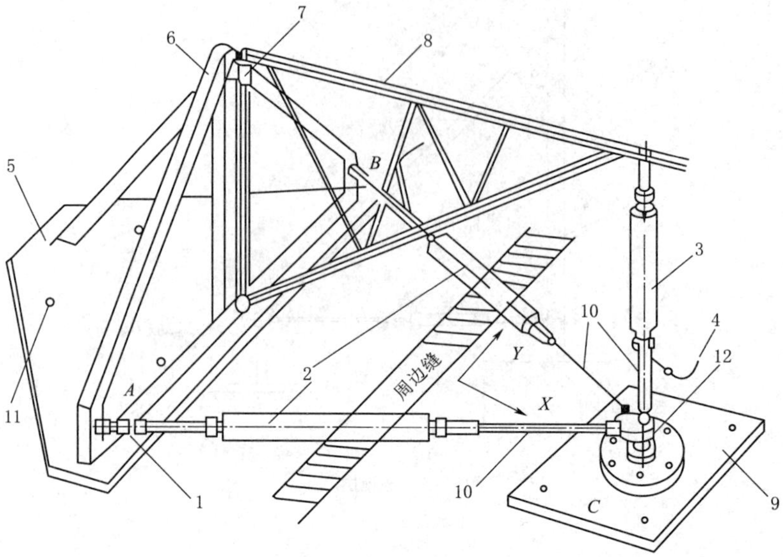

图 3-35 刚性传递杆三向测缝计典型结构示意图（二）

1—万向节；2，3—位移传感器；4—仪器电缆；5—相对不动点支座；6—相对不动点固定支架；7—活动铰链；8—三角支架；9—相对活动点支座；10—调节螺杆；11—固定螺孔；12—位移计支座

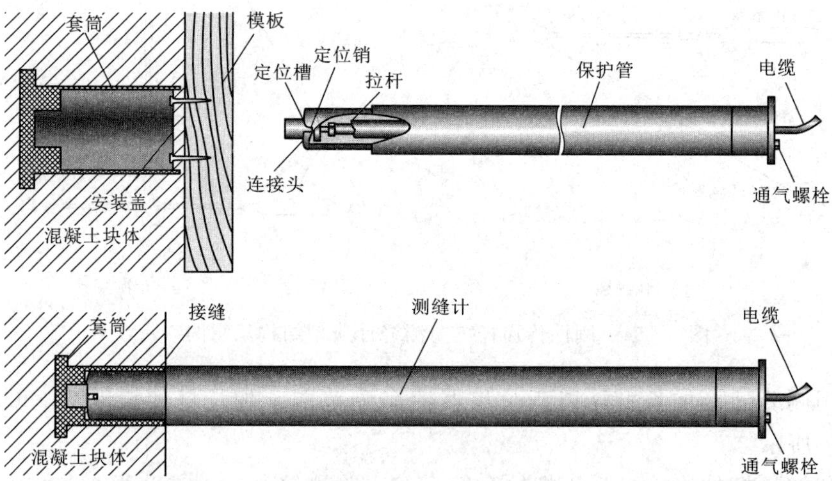

图 3-36 仪器安装示意图

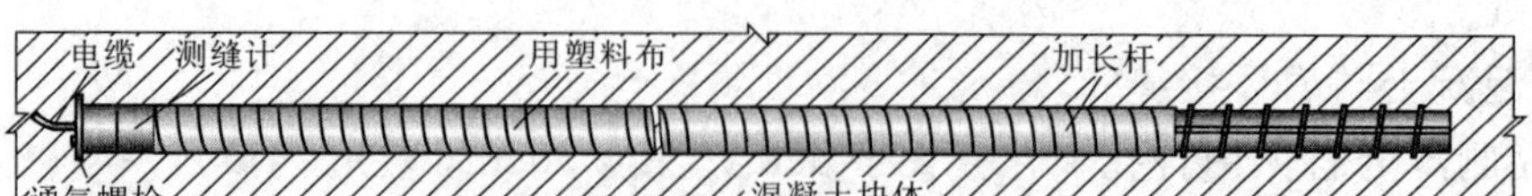

图 3-37 仪器安装方法示意图

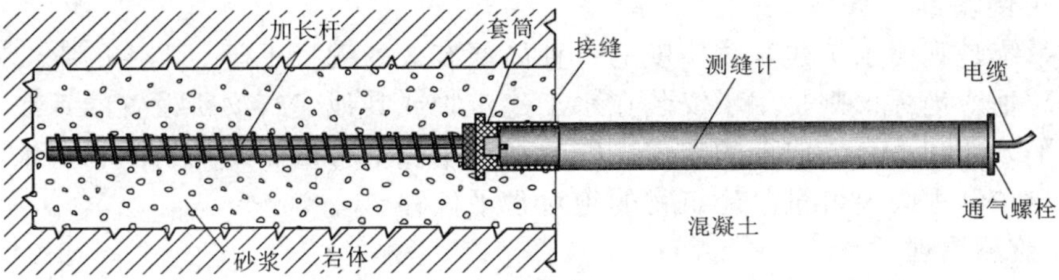

图 3－38　测缝计安装示意图

3）混凝土浇至高出仪器埋设位置 20cm 时，挖去捣实的混凝土，打开套筒盖，取出填塞物，旋上测缝计，回填混凝土。

2. 表面测缝计安装

（1）监测缝隙开合度时，宜采用表面安装型测缝计跨缝隙安装。

（2）当被监测对象是钢结构时，可采用焊接方法进行安装。将两个镀锌定位块安装在钢结构表面上，定位块在定位时先用一个带万向节和固定螺栓的测缝计进行预安装，调整好位置后先点焊，在检测并确认位置和预拉值均合适后，将定位块与钢结构焊牢，如图 3－39 所示。

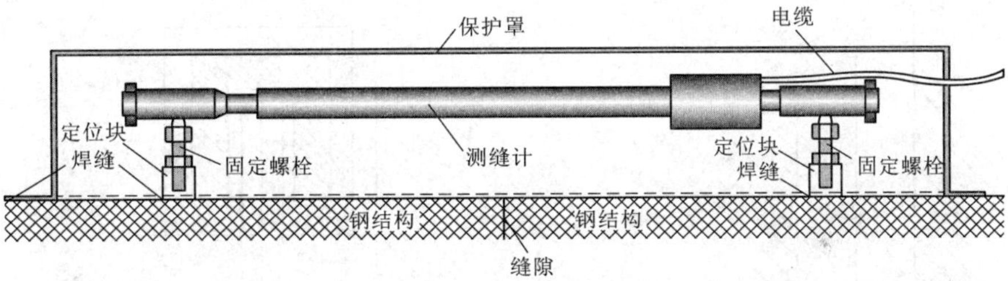

图 3－39　测缝计与钢结构焊接示意图

（3）当监测对象是混凝土、岩石或其他岩土工程结构物，可采用螺栓连接。先用带有万向节和固定螺栓的测缝计在缝隙两侧测定安装孔位，钻孔孔径不小于 20mm，深大于 5cm，将带螺纹的锚杆先同固定螺栓连接，但不要拧紧。孔内填膨胀水泥砂浆或预缩水泥砂浆，将锚杆轻轻压入孔内，并注意调整其位置和高度，同时检测测缝计初始读数，使之达到合适位置，拧紧螺栓并精确定位。然后根据需要再安装仪器的保护罩，如图 3－40 所示。

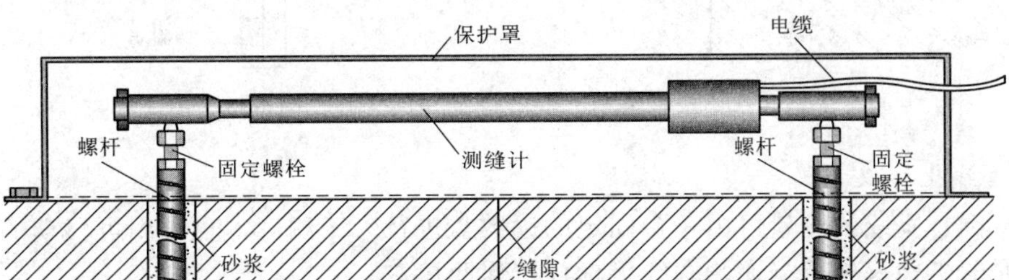

图 3－40　测缝计与混凝土等结构物连接示意图

十、正倒垂线

垂线系统是观测水工建筑物挠度的一种简便有效的测量手段。常用的垂线有正垂线和倒垂线。垂线坐标仪则是用于安装在水工建筑物或其他建筑物所设置的垂线上，测量建筑物水平方向和垂直方向上的位移。安装在正垂线上可量测结构物的相对水平位移和挠度，安装在倒垂线上可量测建筑物的绝对水平位移。

（一）监测原理

利用重（浮）力方向永远竖直向下的原理。垂线的一端固定，在另一端利用观测仪器量测，经过计算可得出该两端点的相（绝）对水平位移。

（二）结构形式

1. 正垂线

正垂线（图 3-41）由一根悬挂点处于上部的垂线和若干个安装在建筑物上处于垂线下部的测读站组成。垂线下部悬挂一个重锤使其处于拉紧状态，重锤置于阻尼桶内，以抑制垂线的摆动。

2. 倒垂线

倒垂线（图 3-42）的锚固端灌注在整个垂线系统的下部，垂线由上面的浮筒拉紧。如果锚固安装在基础内的固定点上，测站的测量值是沿垂线测点的绝对位移量。

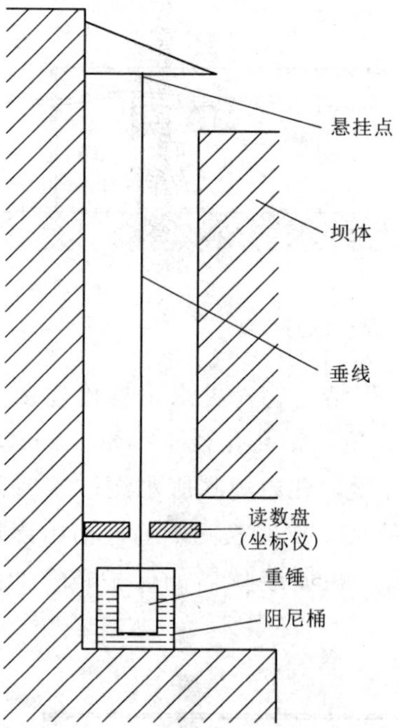

图 3-41 正垂线结构示意图

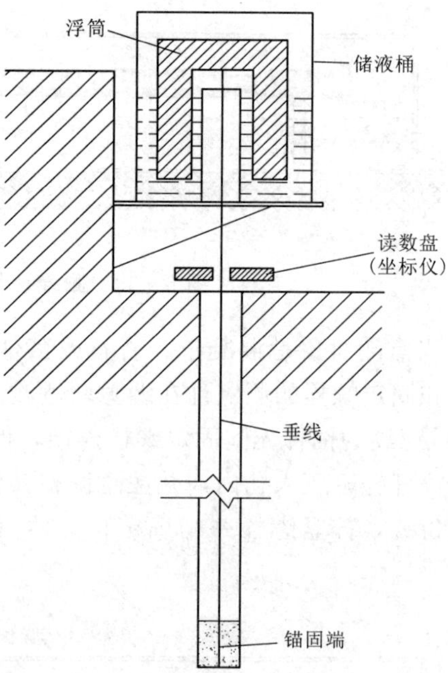

图 3-42 倒垂线结构示意图

3. 垂线坐标仪

正（倒）垂线的测量可由一台固定的读数盘进行人工测读，也可用可移动的带遥测读数单元的坐标仪进行（遥测垂线坐标仪）遥测读数。

垂线坐标仪根据传感器的类型的不同可以分为电容式坐标仪（图 3-43）、CCD 式坐标仪、电感式坐标仪、步进式坐标仪等。

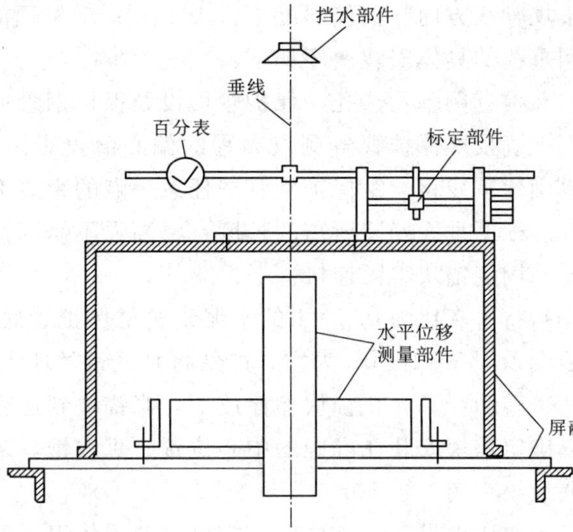

图 3-43　电容式坐标仪结构图

(1) 电容式坐标仪。电容式坐标仪由水平位移测量部件、标定部件、挡水部件以及屏蔽罩等部分组成，坐标仪的测量信号由电缆引出，如图 3-43 所示。

(2) CCD 式坐标仪。CCD 式坐标仪是利用光电耦合器件 CCD 作为位移的检测单元，通过测量目标（垂线）的光学投影或图像信号，实现对目标（垂线）的精密定位。由于 CCD 的输出为直接数字信号，故没有感应式坐标仪的“零漂”问题。仪器结构简单，由平行光照明系统、光电耦合器件电路、电源、机架等部分组成。

对于双向位移坐标仪，安装有两套完全相同、互相垂直的平行光照明系统及 CCD 传感器光电接收系统，可实现相互垂直的两个方面的位移测量。

(3) 电感式坐标仪。电感式坐标仪由电感式传感器、杠杆传动系统、油箱、底板及保护罩等组成，是一种接触式垂线坐标仪。

(4) 步进式坐标仪。步进式坐标仪主要由传动机构和测量机构两部分组成。传动机构包括基座、丝杆、导杆和步进电机。测量机构包括底板、基准杆、基准杆座、变形测量探头及电缆插座等。

(三) 正倒垂线的安装

1. 正垂线安装

正垂线的支点装置、固定夹线装置和活动夹线装置，均安装在垂线竖井顶端。安装时，首先根据有效孔径中心位置，确定垂线悬挂在该中心的准确位置。然后依次安装支点装置、固定夹线装置和活动夹线装置。支点位置与固定夹线装置相距 50cm 为宜。固定夹线装置和活动夹线装置与垂线的距离为 3～5cm。垂线悬挂初期，若线体伸长，可调节挂线定位端使垂线处于正常位置。

正垂线的具体安装次序如下：

(1) 按设计图制作混凝土监测墩和埋设钢支架，埋设时，钢支架的 1 条边线平行于坝轴线，其偏斜度不得大于 3°。

(2) 安装垂线、雨篷、重锤及油桶等附件。

(3) 安装坐标仪底盘。坐标仪底盘包括光学垂线坐标仪底盘和遥测垂线坐标仪底盘两种。底盘安装应偏向位移量偏大的下游方向 5mm 为宜，并使其边线在平行于坝轴线偏斜度不大于 3°的范围内固定，同时调整底盘水平，其倾斜度不大于 2′。

2. 倒垂线安装

锚块埋设之前，先制作监测墩和监测钢架。监测墩及钢架埋设时，应保证其一条边平行于坝轴线方向，其偏斜度不得大于3°；钢架顶部平面的倾斜度不得大于2′。

倒垂线的具体安装次序如下：

（1）检查倒垂孔造孔、保护管埋设及保护钢管加长等各项工序的资料。重测孔斜与孔深，准确校准保护管各测点高程的偏心值投影图，锚块位置位于保护管有效孔径中心，以确保垂线钢丝距保护管管壁任意一点的距离不小于50mm。

（2）根据垂线安装所需的长度，将高强不锈因瓦钢丝卷在绞车滚筒上，钢丝一端通过滑轮与固定锚块牢固连接。

（3）将水灰比为0.5∶1的水泥浆送至保护管底部；其注浆量要准确计算，以埋入锚块顶端以下5～10mm为宜，严禁将垂线钢丝埋入水泥浆液之中。

（4）转动绞车，让锚块徐徐放下，当锚块到达底部之后，将锚块吊升几厘米进行调试，以确定锚块安装在准确的中心位置、垂线钢丝未埋入水泥浆液之中，以及保证钢丝离孔壁最小距离大于50mm。

（5）锚块埋设5～7d之后，方可安装浮体组。浮体组的油箱应水平、端正、牢固地安置在监测钢架顶面之上，并在油箱内注满由厂家提供的专用油。

（6）浮桶的连接杆必须置于油桶正中，并保持平衡。浮桶移动后能迅速恢复至原来位置，其复位精度，在平行于坝轴线和垂直于坝轴线两个方向均不得超过0.4mm。

（7）最后，在监测钢架上安装坐标仪底盘。坐标仪底盘安装的要求与钢架安装一致，即底盘的一条边平行于坝轴线方向，其偏斜度不得大于3°，底盘面应水平，其倾斜度不大于2′。

（四）现场测读

（1）安置仪器：将观测仪器轻放在测站底板上，三个V形槽使仪器强制对中，然后用脚螺旋调平仪器，旋转圆准器组180°，观测气泡是否仍然居中，若有变化，需再调整。

（2）旋转纵横向导轨手轮，用肉眼观测钢丝成像，使其大致位于纵、横向光路中间。

（3）旋转横向导轨手轮，此时能在视场中看到竖线像，慢慢转动手轮，直至竖线像正确夹于纵丝中央。旋转纵向导轨手轮，此时能在视场中看到横线像，慢慢转动手轮，直至横线像正确夹于纵丝中央。

（4）每一测点应观测两测回，两测回观测之差不得大于0.15mm；每一测回照准读数两次，两次照准读数差不得超过0.15mm。分别记下纵/横向分划尺和相应测微鼓的数值。

十一、钢尺收敛计

钢尺收敛计是一种应用较为普遍的便携式仪器，主要用于固定在建筑物、基坑、边坡及周边岩体的锚栓测点间相对变形的监测，它可以在施工期和竣工后定期观测隧洞顶板下沉、坑道顶板下垂、基坑形变、边坡稳定性的表面位移等。

（一）监测原理

洞室收敛观测是用收敛计测量洞室围岩表面两点连线方向上的相对位移，即收敛值。调整收敛计的长度微调旋钮，观测测力元件，使本次测量的钢尺松紧程度与前一次测量时的钢尺松紧程度一致时，前后两次钢尺读数的变化量即为洞室两点之间在这一时段的变形量。

（二）结构形式

钢尺式收敛计主要由钢卷尺、百分表（或数字显示器）、测量拉力装置及锚栓测点相连接的连接挂钩等部分组成，如图 3-44 所示。钢尺按每 2.5cm 或 5cm 孔距用高精度加工穿孔，测力计张拉定位进行拉力粗调。弹簧控制拉力使钢尺张紧，用百分表（或数字显示器）进行位移微距离读数测量。

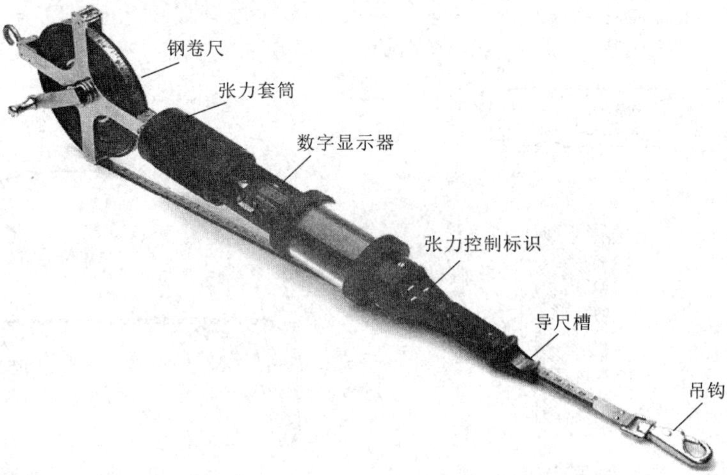

图 3-44　钢尺式收敛计结构示意图

1. 钢卷尺

测量时，钢卷尺（包括收敛计）横跨在两个参考测点之间放置。卷尺上每隔 50mm（公制）或 2in（英制）就有一个孔，卷尺上的刻度标明了尺孔的具体位置。

卷尺长度大约比标识的刻度短 165mm 或 6.5 英寸。在计算距离变化值时，卷尺上的读数会略去，所以卷尺的实际长度与计算值无关。由于并不需要距离的绝对值，所以没必要考虑卷尺的悬链线或参考测点的伸出长度。

2. 吊钩

钢卷尺的自由端带有一个吊钩，钩在一个参考测点上。实际测量的时候，操作员可放松卷尺以便将收敛计另一端的挂钩挂到参考测点上。

3. 导尺槽和指示插销

仪器的前端有个卷尺导槽。操作人员将卷尺穿进导槽里，并将插销插入适当的尺孔内，这样操作人员可使卷尺充分张拉，控制测量。

4. 张力套筒和张力控制标识

旋转张力套筒给卷尺施加张力。控制标识对准时，卷尺处于正确张拉状态。

5. 百分表或数字显示器

百分表或数字显示器用于微距离的精确读数。

（三）锚固点安装

1. 可灌浆锚固器

挂环螺栓固定在一根螺纹钢筋的一端，钢筋安装在一个小钻孔中，采用灌浆或者直接浇注在隧洞的中线上，如图 3-45 所示。

2. 锲形锚固器

一个灌浆的代替物，用 1 个岩基螺栓扩张锚固器（膨胀螺栓）安装在 1 个直径 35mm 的钻孔中，这些锚固器有时是可以回收的，如图 3－45 所示。

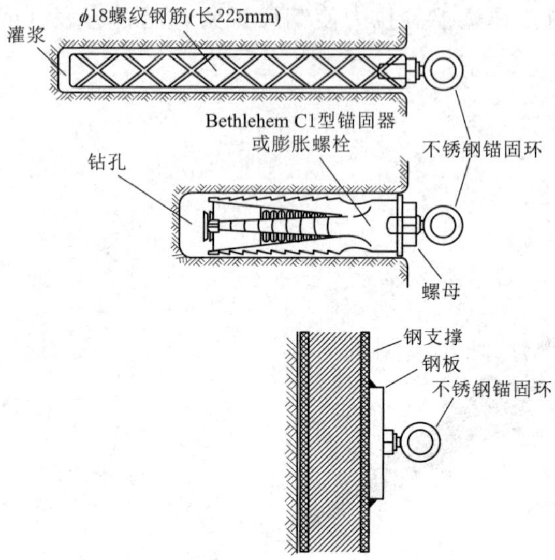

图 3－45 锚固类型

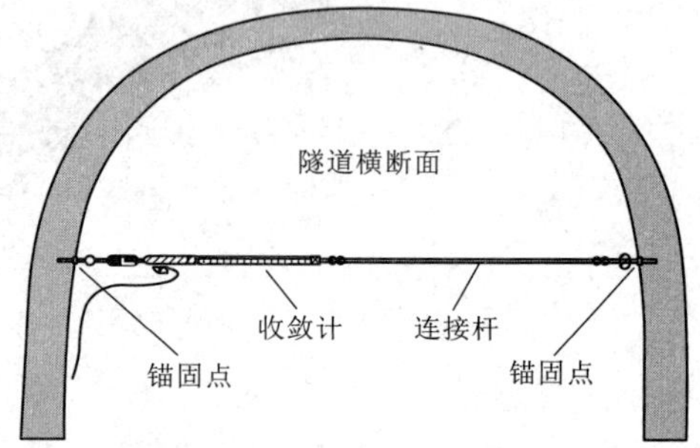

图 3－46 收敛计装置安装图

3. 可焊接的锚固器

锚固器需要安装在钢结构上，比如隧洞拱顶、钢接头或者钢板桩。用螺栓将锚固器连接到一块小铁板上，这块板将会被焊接到结构上。需要注意的是锚固环的平面应该与观测断面在同一断面上，如图 3－45 所示。

（四）现场测试

测量时将收敛计一端的连接挂钩与测点锚栓上不锈钢环（钩）相连，展开钢尺使挂钩与另一测点的锚栓相连，如图 3－46 所示。张力粗调可把收敛计测力装置上的插销定位于钢尺穿孔中来完成。张力细调则通过测力装置微调至恒定拉力时为止。在弹簧拉力作用下，钢尺固紧，记下钢尺计数，高精度的百分表可测出细调值，加上（减去）测微细调读数，即可得到测点位移值。应进行三次重复观测，三次读数差不应大于收敛计的精度值，取三次读数的算术平均值作为稳定值，同时测记收敛计的环境温度。

为提高测量精度，每一工程应使用专用的收敛计，并用率定架定期核对其稳定性，确定温度补偿进行校验。更换钢尺时，则应建立新的基准读数。仪表使用前温度应稳定。

十二、电磁沉降仪

电磁沉降仪是安装埋设在堤坝、土石坝、地基及其他岩土工程建筑物及其基础内部或外表面，用来监测其竖向位移变化的仪器。

（一）监测原理

在变形体内部监测部位垂直埋设套管，沿套管外壁根据一定间距布设沉降感应磁环，用沉降探头感应并确定每个磁环的位置，以此计算变形体内部不同位置的沉降量和总沉降量。

（二）结构形式

电磁式沉降仪分为电磁振荡式和干簧管式两类沉降仪。干簧管式沉降仪的构造与电磁振荡式沉降仪基本相同，不同之处在于干簧管式沉降仪的测头采用干簧管制成，而示踪环采用永久磁铁制成。

电磁式沉降仪主要由测头、沉降环、电缆和测尺等组成。测头由圆筒形密封外壳和电路板组成。测头一端系有 50m（100m、150m 或其他）长钢卷尺（两侧带有导线，并与卷尺一同压入尼龙或透明塑料中）或有刻度标识的电缆。钢卷尺或电缆平时盘绕在滚筒上，滚筒与脚架连为一体。测量时将脚架放置在测管管口外，将探头放入测管中。测管采用 PVC 管或 ABS 管制成，由主管和连接管组装而成。连接管是伸缩的，套于两节主管之间，用自攻螺丝定位。沉降环套于主管之上，与主管一起埋入钻孔或填土中。

（三）仪器安装

1. 钻孔埋设沉降管和沉降磁环

根据连接管、沉降磁环及管与孔壁回填需要，要求钻孔直径、深度及孔斜满足设计要求；连接管接头、管底用管座堵塞，并作防泥处理；将沉降环套在测量管上，根据设计要求的间距布置沉降磁环；先下带底座的沉降管段，在管口用人工紧固管身，防止管子下落，在管口连接下一段测量管，进行管接头连接和防泥处理，依次安装各段测量管，最上部管口用管盖盖上；沉降管与孔壁间回填中细砂，用水沉砂法回填，控制回填料的速度，防止出现架空现象，如图 3-47 所示。

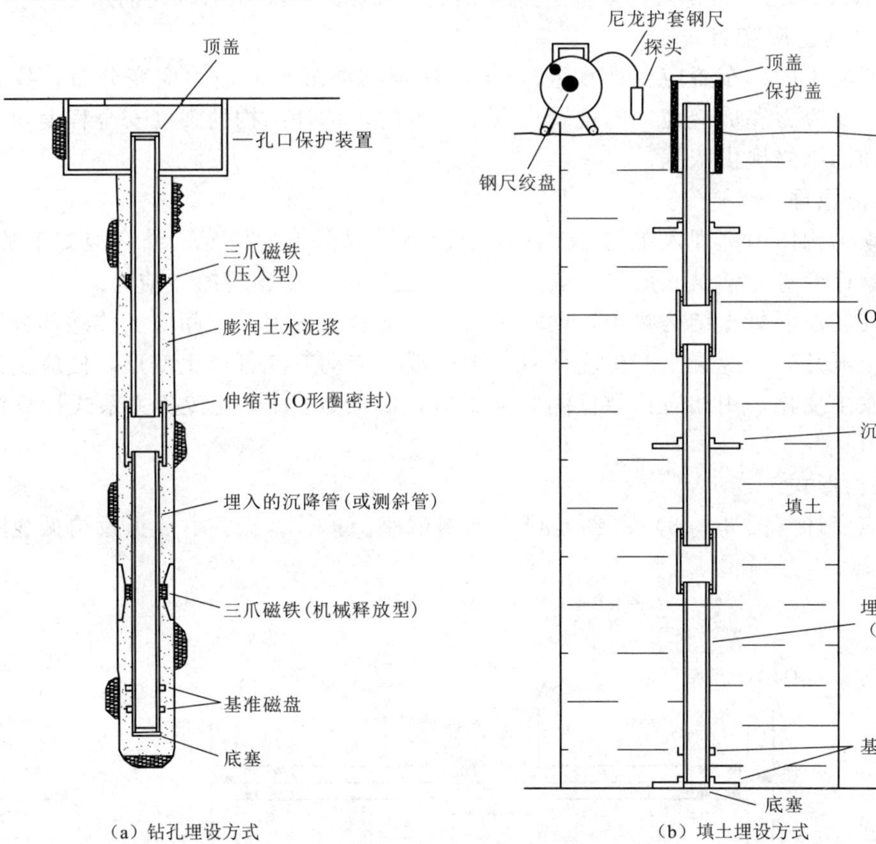

图 3-47 电磁式沉降仪构造图

待回填料沉淀1～2d后，用电磁沉降仪测量各沉降磁环距管口的深度，同时测量管口高程，推算各沉降磁环的埋设高程，无荷载影响下连续观测，取相对稳定的埋设高程作为沉降环的初始高程。

2. 填土埋设沉降管和沉降磁环

连接管接头、管底用管座堵塞，并做防泥处理。采用在管周围人工填筑土台的方式埋设沉降管，测量管连接至高出沉降环埋设高程后，在沉降管周围一定范围内，先填筑土料，人工压实并整平，从管口套进沉降管，安置在已整平的基面，再填筑一定厚度的涂料进行人工夯实；在沉降管周围一定范围内按要求进行人工填筑压实，达到周围材料的压实标准。每埋设一个沉降磁环，及时用电磁沉降仪测量所有沉降磁环距管口的深度，并测量管口高程，计算各沉降磁环的实测高程，如图3-47所示。

（四）现场测读

每次观测前，检验仪器设备的工作性能，然后进行正常的观测操作。将沉降仪探头放进沉降管，自上而下依次测读各沉降磁环的下行深度 h_1，然后自下而上依次测读每个沉降磁环的上行深度 h_2 沉降环深度应为 $(h_1+h_2)/2$。重复测量2次，每个磁环测点的深度误差不得大于2mm，若大于时应检查原因，并进行复测。计算时以最底部磁环为基准点，依次计算出各磁环高程，首次观测为基准值，以后各测次观测值与基准值的差值为相应点的垂直位移，孔口点垂直位移应与外部观测垂直位移相互校核。沉降管管口高程需定期测定。

十三、混凝土应变计

通过在混凝土内部布置应变计（组），了解建筑物混凝土的应力应变分布，找到最大应力（拉、压应力和剪应力）的位置、大小和方向，估计结构的强度安全程度，为建筑物运行和加固维修提供依据。

（一）监测原理

在混凝土结构体内部埋入单向、多向应变计监测混凝土的应变，结合混凝土龄期、强度、温度、徐变等力学试验成果，通过应力-应变转换，得出混凝土应力。

应变计安装在混凝土结构物中，两端头与混凝土紧密嵌固，中间应变传感部分用布缠绕与混凝土隔开，当混凝土产生应变时，则由端头带动应变管产生变形，使应变计钢弦自振频率发生变化，用相应读数仪测取监测值，由读数-物理量转换关系式计算混凝土应变监测值。

（二）结构形式

振弦式应变计（图3-48）主要由O形密封端座、护管、振弦、激振及拾振线圈等部分组成。

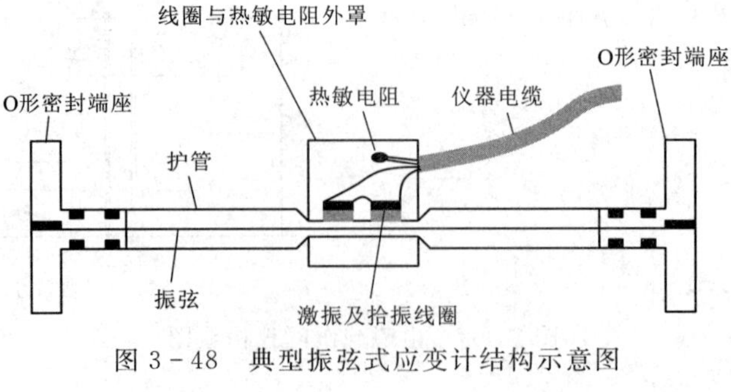

图3-48 典型振弦式应变计结构示意图

应变计组由一个应变计支架和多支应变计就可以组成一个应变计组，用于监测混凝土的应力状态，包括大、小主应力和最大剪应力。应变计组通常包括两向应变计组、三向应变计组、五向应变计组、六向应变计组、七向应变计组和九向应变计组等，如图3-49所示。每组应变计组附近埋设一支无应力计，用于消除温度、湿度、水化热、蠕变等对混凝土变形的影响。

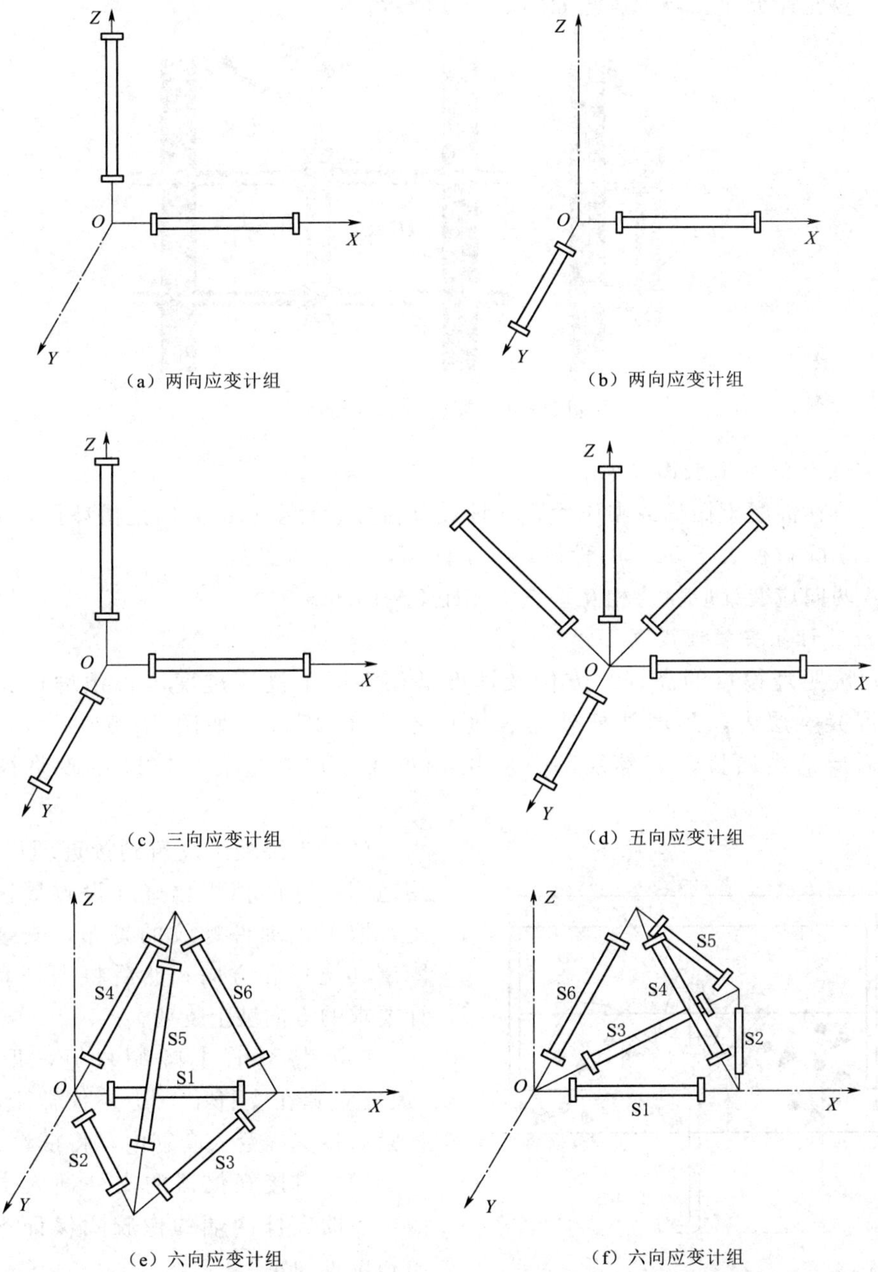

（a）两向应变计组　（b）两向应变计组

（c）三向应变计组　（d）五向应变计组

（e）六向应变计组　（f）六向应变计组

图3-49　应变计组结构示意图

（三）仪器安装

1. 应变计混凝土内部安装

在钢筋混凝土结构中，可在混凝土浇筑前将应变计绑扎在钢筋构架之上；在预应力混凝土中，可将应变计绑扎在预应力锚索上。在钢筋或锚索的捆扎点处，应先缠一道减震的橡胶带。绑扎在一根钢筋（或锚索）上时需加垫块，绑扎在两根钢筋之间则用细钢筋支承，应变计绑扎安装示意图如图 3-50 所示。

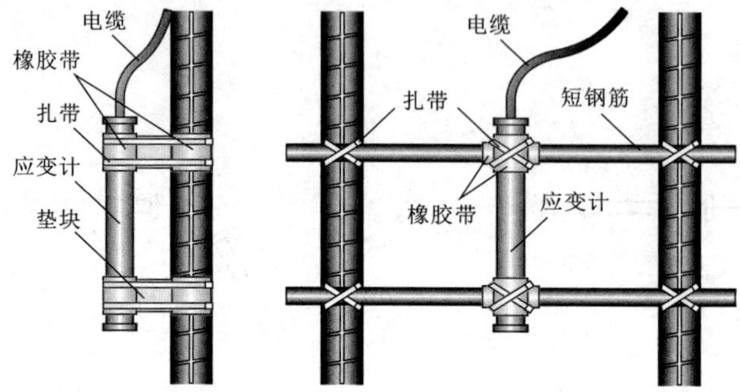

图 3-50　应变计的绑扎埋设

2. 应变计混凝土表面安装

（1）可在混凝土振捣或碾压后，在埋设部位按设计要求的方向挖槽埋设，并用相同混凝土（剔除粒径大于 5cm 的骨料）人工回填，人工捣实。

（2）两向应变计应保持相互垂直，相距 8～10cm。

3. 应变计组安装埋设

（1）按照埋设点的高程、方位及埋设部位混凝土浇筑进度，将预埋件预埋在先浇筑的混凝土层内，预埋件杆外露长度应不小于 20cm，如图 3-51 所示，预埋杆可根据需要适当加长，其螺纹部分应用纱布或牛皮纸包裹好，以免砂浆被沾污或碰伤。

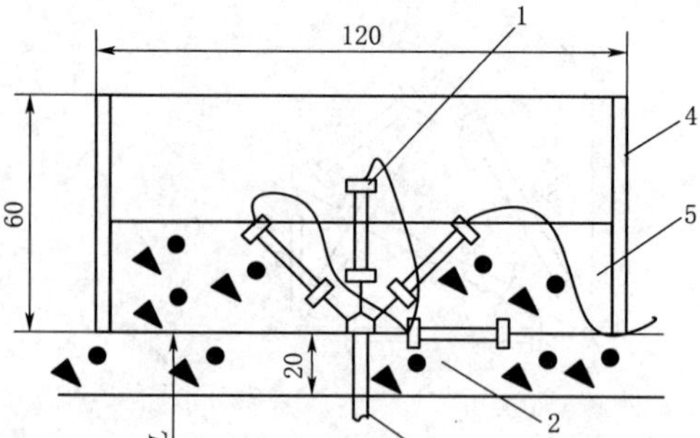

图 3-51　应变计组埋设安装示意图
1—应变计；2—支座（支杆）；3—预埋锚杆；4—保护箱；5—混凝土

（2）当混凝土浇筑到接近埋设高程时，用适当尺寸的挡板挡好埋设点周围的混凝土，取下预埋件螺纹的裹布，安装支座并固定其位置和方向，然后将支杆套管按设计要求的方向装上支座。

（3）将套管上螺帽松开，取出支杆（螺母应套在支杆上）旋入仪器上接座端，拧紧后将支杆套入套管内，将螺帽并紧。

（4）将接好仪器的支杆插入支杆套筒内，借助支杆两端的橡胶圈保证支杆的方向和位置稳定。

（5）按设计编号安装好相应的应变计，应严格控制应变计的安装方向，埋设仪器的角度误差应不超过1°。

(6) 仪器周围的混凝土，应剔除粒径大于5cm的骨料，从周围慢慢倒入仪器附近，并用人工方法捣实。

(四) 现场测读

应变计安装要经历混凝土浇筑、振捣及混凝土硬化等过程。由于温度场及变化不均，往往造成残余应力会影响应变计，造成读数波动大且不稳定。为了确定测点初始值，混凝土浇筑后应当跟踪观测，以稳定后的测值作为初始值。有些测点需较长时间才能稳定。当混凝土材料强度达到使仪器与材料同步变形时，一般应在混凝土浇筑后24h的测值为基准值。

十四、无应力计

无应力计用于测量无应力状态下混凝土的自由体积变形，大多数无应力计能同时监测测点的温度。使用时常和单向应变计或多向应变计组配套埋设在混凝土内，定期进行测量，也可以和钢筋计配合使用。

(一) 监测原理

用锥形双层套筒使埋设在内筒中混凝土内的应变计，不受筒外大体积混凝土荷载变形的影响，而筒口又和大体积混凝土连成一体，使筒内与筒外保持相同的温湿度。这样内筒混凝土产生的变形，只是由于温度、湿度和自身原因引起的，而非应力作用的结果。因此，内筒测得的应变即为混凝土由于温度、湿度以及水泥水化作用等原因产生"自由体积变形"，或称自由应变。

(二) 结构形式

无应力计（图3-52）由应变计传感器和无应力计套筒组成。无应力计应变传感器由与之配套观测的同类应变计或小量程的同类应变计组成，无应力计套筒一般采用锥形双层套筒，套筒内外层之间可填木屑或橡胶，内筒内侧涂抹5mm厚沥青，无应力应变计采用铅丝固定在套筒内。

(三) 仪器安装

无应力计与应变计（组）相配套，主要布置在应变计（组）旁1.5m左右。无应力计的埋设方法与应变计（组）一样，采用深挖坑的方法，坑面积大约为100cm×100cm，具体埋设步骤如下：

(1) 待测点所在部位第一层混凝土浇筑完成后，挖一面积为100cm×100cm高20cm的坑，在坑内支立保护箱，保护箱随周边混凝土的升高而逐渐提升，当坑内深度达到70cm时，取出保护箱，进行无应变计套筒的安装埋设。

(2) 选择相应的锥形双层套筒（小底直径分别为100mm和200mm、开口直径分别为200mm和500mm、套筒高度分别为200mm和500mm），将筒内壁涂5mm厚的沥青（或采用6～8mm厚泡沫板）作为隔层，接缝处要加以封闭，回填混凝土时要小心，不能破坏隔层。

(3) 将无应力计放入相应的锥形双层套筒中，用细铅丝固定在筒内的中心位置。埋设时，将筒的大口向上，向筒内填筑与应变计组附近相同的混凝土、剔除大于5cm的骨料，用钢杆轻轻振捣，将混凝土填到与内筒齐平，然后继续浇注周围混凝土，控制周

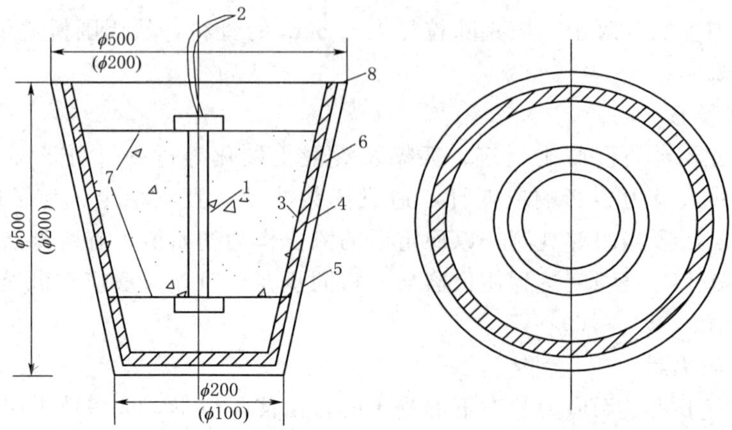

图 3-52 无应力计结构示意图

1—应变计；2—电缆；3—沥青层（5mm 厚）；4—内筒（厚度 0.5mm）；5—外筒（1.2mm）；6—空隙（可填木屑和橡胶）；7—16 号纤拉丝；8—周边焊接

边 1m 范围内不能机械振捣，直到覆盖 1m 以上或本层混凝土结束，如图 3-53 所示。

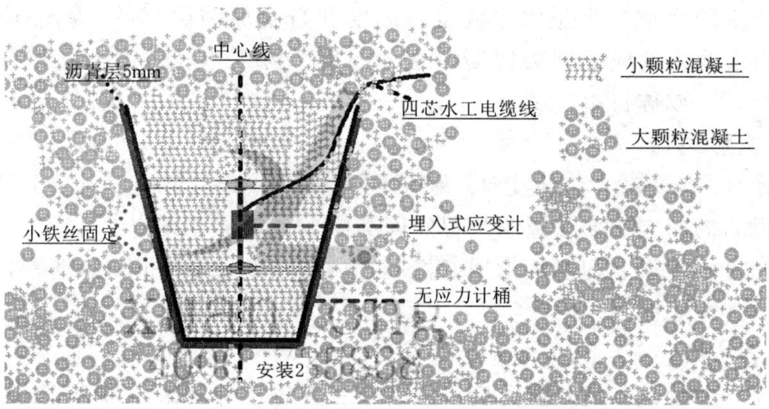

图 3-53 无应力计现场安装埋设图

（四）现场观测

无应力计安装要经历混凝土浇筑、振捣及混凝土硬化等过程。由于温度场及变化不均，往往造成残余应力会影响应变计，造成读数波动大且不稳定。为了确定测点初始值，混凝土浇筑后应当跟踪观测，以稳定后的测值作为初始值。有些测点需较长时间才能稳定。当混凝土材料强度达到使仪器与材料同步变形时，一般应在混凝土浇筑后 24h 的测值为基准值。

十五、钢筋应力计

钢筋应力计主要用于观测钢筋混凝土中的钢筋应力。安装埋设时，将钢筋按照要求的尺寸裁截，按钢筋直径选配相应规格（一般选择等直径）的钢筋计，然后将钢筋应力计对接、对焊或绑扎在钢筋上，并保证钢筋应力计与钢筋在同一轴线上。

（一）监测原理

钢筋应力计与受力钢筋对焊后连接成整体，当钢筋受到轴向拉（压）力时，钢套随之产生拉伸（压缩）变形，与钢套紧固在一起的感应组件跟着被拉伸，使振动频率产生变化，由此可以求得轴向的应力变化，还可以测得测点处的温度。

（二）结构形式

振弦式钢筋应力计（图 3－54）由连接杆、钢套及引出电缆组成。感应组件端部的引出电缆从钢套的出线孔引出，钢套两端各焊接一根连接杆，连接杆的直径大小形成钢筋计的尺寸系列。

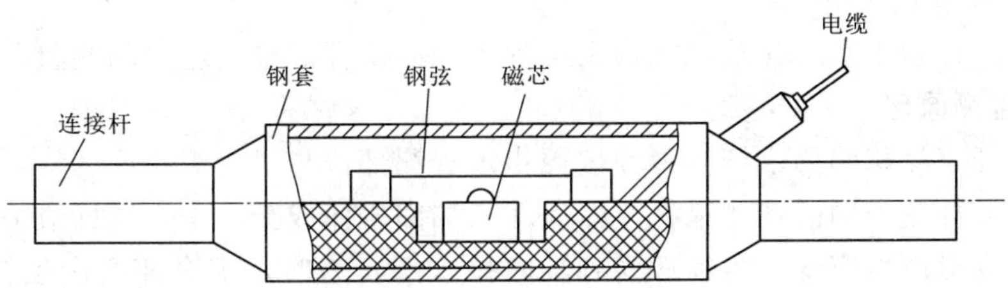

图 3－54　振弦式钢筋应力计结构示意图

（三）仪器安装

（1）焊接安装法。先把钢筋计安装位置的钢筋断开，把钢筋计与安装杆组装后串在钢筋断开处，安装杆全断面焊接在主筋上，焊接时要用潮毛巾包住焊缝与钢筋计安装杆、钢筋计，并在焊接的过程中不断地往潮毛巾上冲水降温，直至焊接结束，仪器温度降到 60℃以下时方可停止冲水。焊接时可采用对焊、坡口焊或熔槽焊，焊接处的强度不低于被测钢筋的强度，如图 3－55 所示。

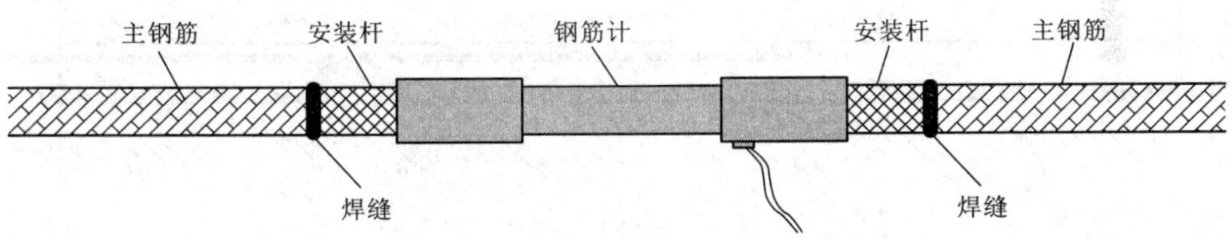

图 3－55　钢筋计焊接安装示意图

（2）机械安装法。只需要将螺纹接头与被测钢筋连接即可，为保证连接效果，连接时可使用管钳等工具将接头拧紧，在安装另一端接头时还应避免钢筋计两端产生相对扭转，否则会对钢筋计造成损坏，如图 3－56 所示。

（3）钢筋计安装好后，周围须用人工浇灌混凝土，用人工插捣，或用小型振捣器在周围插振。浇筑混凝土时禁止振动棒碰到安装有钢筋计的钢筋网上。在浇筑周围部分的混凝土时，特别是振捣器碰在钢筋上，使钢筋发生较大的抖动，钢筋计容易损坏，需要特别注意。

（四）现场测读

当混凝土材料强度达到使仪器与材料同步变形时，一般应在混凝土浇筑后 24h 的测值为基准值。

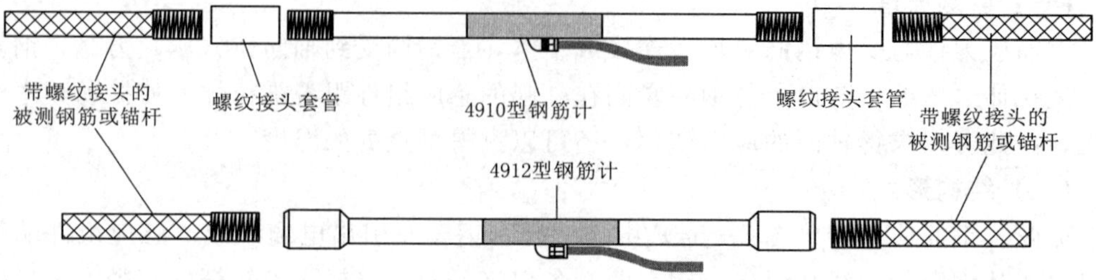

图 3-56 钢筋计机械安装示意图

十六、锚杆应力计

锚杆应力计用于水工建筑物或岩土工程中加固锚杆的轴向应力的测量。

（一）监测原理

将与锚杆直径相同的锚杆应力计按照指定观测部位与锚杆焊接或套接，制作形成与待测锚杆型号规格相同的观测锚杆，然后埋入加固岩体或土体中，锚杆应力计会随着岩体或土体的变形产生应变。当锚杆受到轴向拉（压）力时，钢套随之产生拉伸（压缩）变形，与钢套紧固在一起的感应组件跟着拉伸，使电阻比（或振动频率）产生变化，由此可以求得轴向的应力变化。

（二）结构形式

锚杆应力计由两端连接锚杆、连接杆、钢套、应变传感组件及引出电缆组成。锚杆应力计测量原理和传感组件与钢筋应力计相同，施工时可选用相同规格和相同测量技术指标的钢筋应力计焊接锚杆制作代替，如图 3-57 所示。

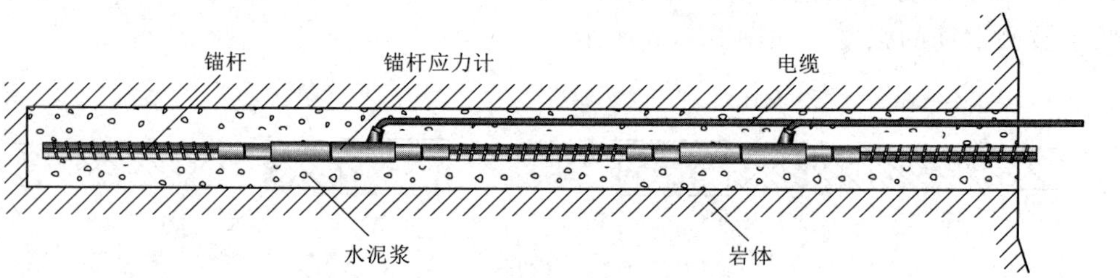

图 3-57 锚杆应力计示意图

（三）仪器安装

（1）钻孔直径应大于锚杆应力计最大直径。钻孔应冲洗干净，并严防孔壁沾油污。

（2）按照观测设计的要求裁截锚杆长度。选用螺纹连接的锚杆应力计，需要在裁截后的锚杆上先焊接螺纹接头（或对锚杆端头套丝，两端采用螺纹套接），然后再与锚杆应力计用螺纹连接，接头与锚杆应保持同轴。

（3）观测锚杆的组装。将锚杆应力计按设计深度与裁截的锚杆对接，同时装好排气管。需要对焊的锚杆应力计，焊接只能采用对焊、坡口焊或熔槽焊，且锚杆应力计与锚杆应保持同轴。

（4）组装检测合格后，将组装的观测锚杆缓慢地送入钻孔内。安装时，应确保锚杆应力计不产生弯曲，电缆和排气管不受损坏，如图 3-58 所示。

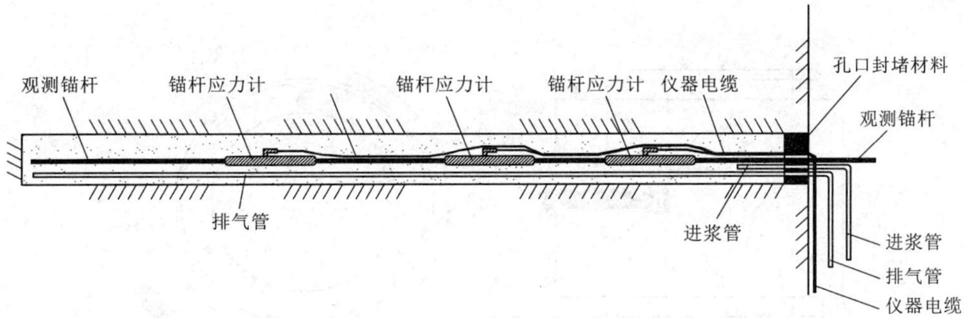

图 3-58 锚杆应力计安装示意图

(5) 安装检测合格后，进行灌浆埋设。在水砂浆凝固前不得敲击、碰撞或拉拨锚杆，待孔内水砂浆凝固后，方可进行下一步作业。水砂浆固化后，读取初始值。

(四) 现场观测

当混凝土材料强度达到使仪器与材料同步变形时，一般应在混凝土浇筑后 24h 的测值为基准值。

十七、锚索测力计

锚索测力计用于监测各种锚索对岩体或支柱（墩、座）、隧道与地下洞室中的支架以及大型预应力钢筋混凝土结构的荷载，可同时兼测埋设点温度。

(一) 监测原理

将锚索测力计套装在锚索上，锚索测力计承压钢管所承受的轴向压力将与锚索所承受的轴向拉力保持一致。当承压钢筒承受压力产生轴向变形时，均布在钢筒周边的应变传感器也与钢筒同步变形，通过测量这些应变传感器即可以推算出锚索所承受的荷载力，从而可以获得锚索所承受的轴向荷载。目前部分锚索测力计还可以通过测读单支应变传感器的应变，测量锚索测力计所承受的不均匀荷载或偏心荷载。

(二) 结构形式

锚索测力计由承压钢筒以及均布在其周边的应变传感器组成，外部用保护罩进行密封，如图 3-59 所示。

(三) 仪器安装

锚垫板与锚束张拉孔的中心轴线应相互垂直，允许的垂直偏差范围是 90°±1.5°。锚索测力计承载筒上下面可设置承载垫板以保证平整结合以便荷载均匀传递，承载垫板应经平整加工，不得有焊疤、焊渣及其他异物，锚索测力计应置于锚板和锚垫板之间，并尽可能保持三者同轴，如图 3-60 所示。

(四) 现场测读

仪器安装就位后，加荷张拉前，准确测量其初始值和环境温度，连续测 3 次，当 3 次读数的最大值与最小值之差小于 1%FS 时，取其平均值作为监测的基准值。

基准值确定后按设计技术要求分级加荷张拉，逐级进行张拉监测。每级荷载测读一次，对最后一级荷载进行稳定监测。每 5min 测读 1 次，连续测读 3 次，最大值与最小值之差小于 1%FS 时则认为稳定。

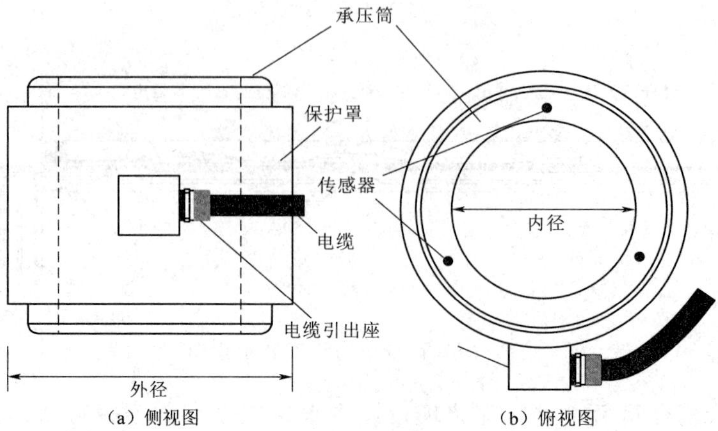

图 3－59　典型锚索测力器

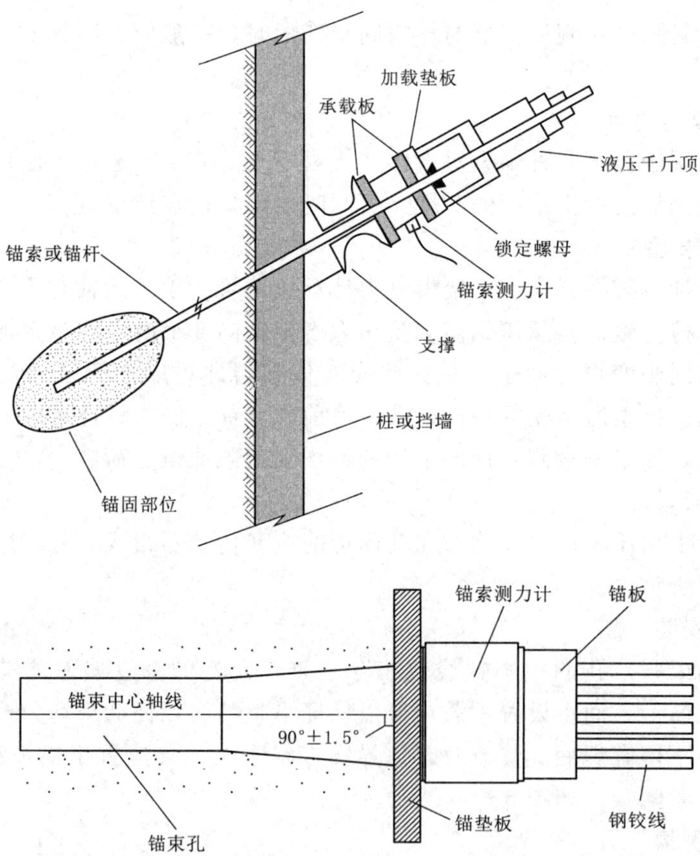

图 3－60　锚索测力器安装示意图

十八、土压力计

土压力计用于测定土体作用建筑物或构筑物上的总压力。土压力计按埋设方法分为埋入式和边界式两种。埋入式土压力计埋入土体中，测量土中应力分布，也称为土中压力计或介质土压力计。边界式土压力计安装在刚性结构物表面，受压面面向土体，测量接触应力，也称界面式或接触式土压力计。

单支土压力计一般只能测量与表面垂直的正压力，3～4 支土压力计成组埋设，相互间成一定角度，即可用应力状态理论求得观测点上的大、小主应力和最大剪应力。

(一) 监测原理

以分离式土压力计为例，当土压力作用于压力盒承压膜（一次膜）上，承压膜产生微小挠性变形，使油腔内液体受压，因液体不可压缩的特性而产生液体压力，通过接管传到压力传感器的受压膜即二次膜上，或使振弦式传感器的自振频率发生变化，测出相应的变化值，经换算即可求得所测土压力值。

(二) 结构形式

振弦式埋入式土压力计（图 3-61）一般设计成分离式结构，主要由膜盒、橡皮边、承压膜、油腔、连接管、传感器、引出电缆等组成。压力盒由两块圆形或矩形的不锈钢板焊接而成。两块钢板间约有 1mm 间隙，构成一空腔，腔内充满防冻液体（如硅油）。油腔通过一根高强度钢管的连接管与钢弦传感器连接形成封闭的承压系统，如图 3-61 所示。

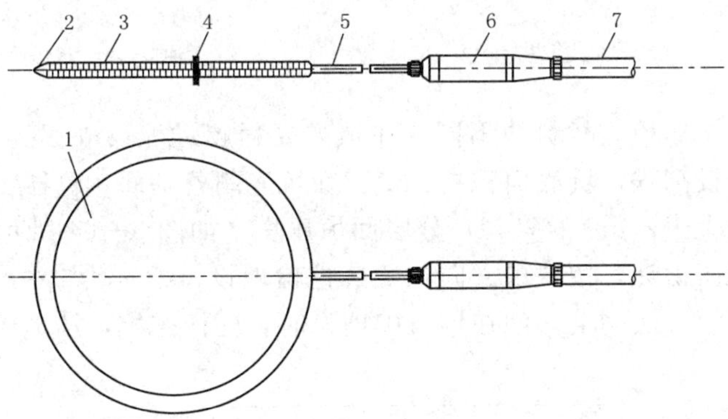

图 3-61 振弦式埋入式土压力计结构示意图

1—膜盒；2—橡皮边；3—承压膜；4—油腔；5—连接管；6—传感器；7—引出电缆

竖式与卧式土压力计均没有连接管。以振弦式土压力计为例，竖式土压力计的钢弦垂直于受压板的中心，一端固定在受压板上，另一端则固定在与受压板连成一体的刚性构架上。因此，当传感器受力后使钢弦松弛，频率降低，如图 3-62 所示。卧式土压力计的钢弦则平行于受压板，钢弦固定支架垂直于受压板。因此，受压板受力后使钢弦拉紧，频率增高，如图 3-63 所示。

(三) 仪器安装

1. 填土中埋设

土压力计可采用坑埋或非坑埋两种方式，并根据工程和施工现场情况决定采用哪种方式。一般采用非坑埋，特别是在堆石体中埋设最适宜。

(1) 非坑埋。在填方高程即将达到埋设高程时，在填筑面上测点位置制备仪器基面。基面必须平整、均匀、密实，并符合规定的埋设方向。在堆石体内，仪器基面应分层填筑，先以较大的砾石或碎石填充堆石表面孔隙，再以较小粒径砂砾、砂铺平，压实。然后按设计观测方位安装压力计，掩埋保护层，铺平，压实。仪器周围安全覆盖厚度以内的填方，应采用薄层铺料、专门压实方法，确保仪器安全，并尽量使仪器周围材料的级配、含水量、密度等与周围填方土料的指标接近。为了不损坏受压板，与其接触的材料一般宜采用中细砂。

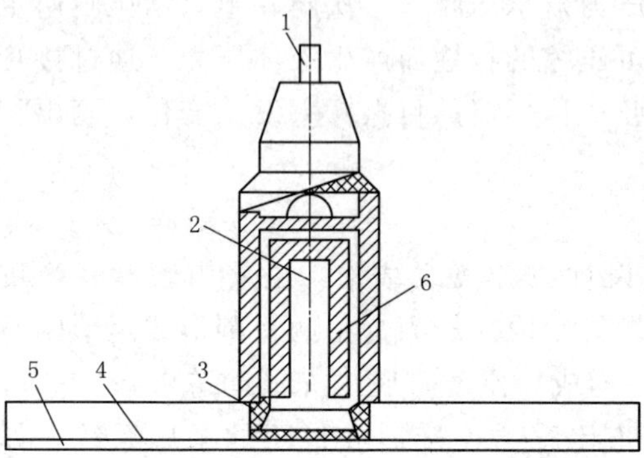

图 3-62　竖式土压力计结构示意图

1—屏蔽电缆；2—钢弦；3—压力盒；4—油腔；5—承压膜；6—磁芯

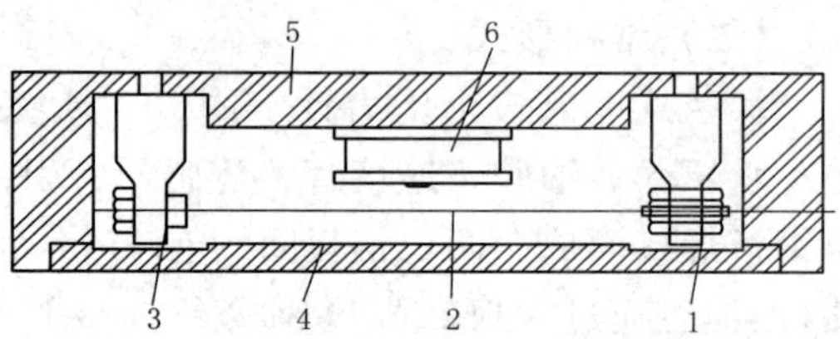

图 3-63　卧式土压力计结构示意图

1—屏蔽电缆；2—钢弦；3—压力盒；4—油腔；5—承压膜；6—磁芯

（2）坑埋时，根据填方材料的不同，在填方高程超过埋设高程 1.0～1.5m 时，在埋设位置挖坑至埋设高程，坑底面积约 $1m^2$。在坑底制备基面，仪器就位后，将开挖的土石料（筛除粒径大于 5mm 的碎石）分层回填压实，如图 3-64 所示。对于水平方向和倾斜方向埋设的压力计，按要求方向在坑底挖槽埋设，槽宽为 2～3 倍仪器厚度，槽深为仪器半径。回填方法同上。如在堆石中埋设时，同样挖坑，按上述要求制备基面。

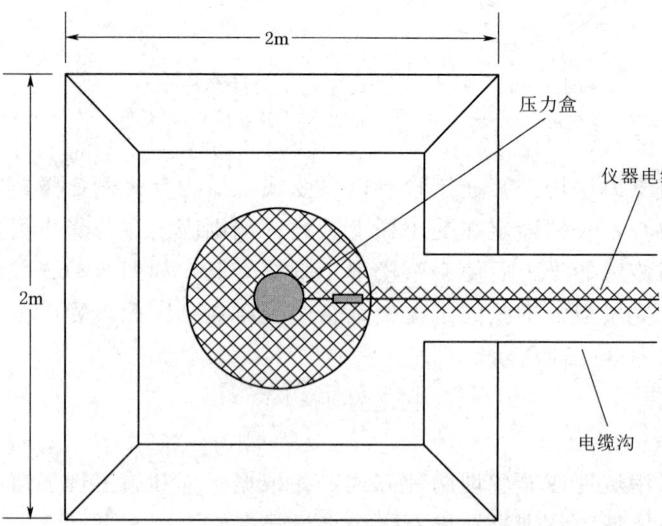

图 3-64　土体中土压力计安装示意图

2. 混凝土结构表面埋设

(1) 在浇筑混凝土结构中安装时，安装步骤如下，如图 3-65 所示：

1) 用钉子和焊接方法将土压力计的挂耳固定到模板上对土压力计进行定位。

2) 将土压力计感应面的薄板直接对着模板。

3) 将土压力计轻轻地钉到板面上使其与混凝土充分结合。

(2) 在已浇筑混凝土结构上安装时，遵循以下步骤，如图 3-66 所示：

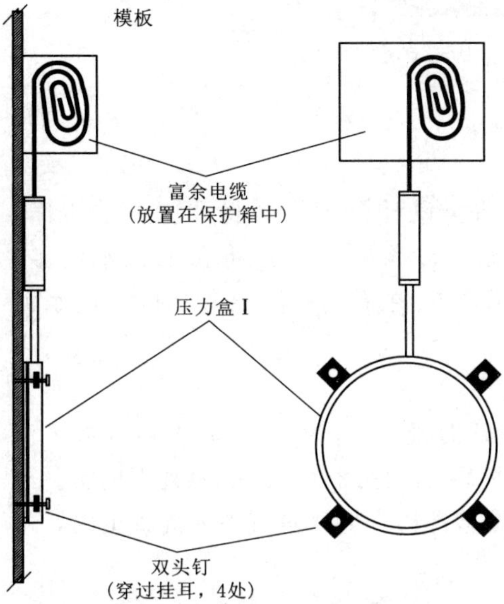

图 3-65 土压力计安装示意图
(现浇混凝土结构)

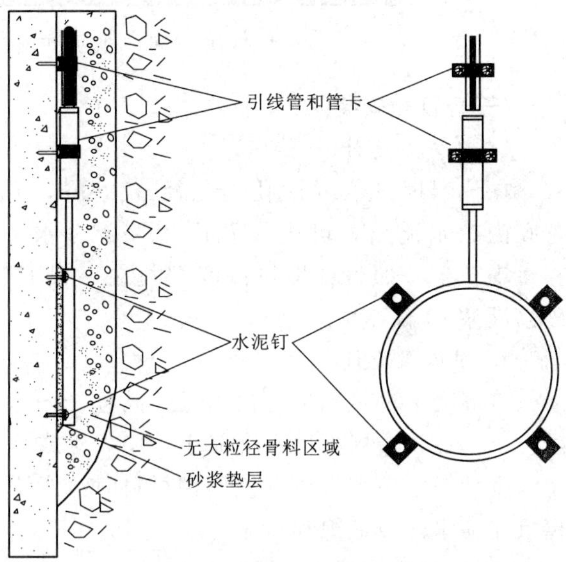

图 3-66 土压力计安装示意图
(已浇混凝土结构)

1) 将土压力位置定位，确定吊耳位置，钻孔用来安装膨胀螺栓。

2) 拌和速凝水泥砂浆或环氧砂浆，将它们抹在表面上，然后，将土压力计压进水泥砂浆中，使多余的水泥砂浆挤出土压力计的边。按住压力计不动，直至水泥砂浆凝固。

3) 用螺栓或用钢钉将土压力计就位。

4) 避免用粒径大于 10mm 石块的细颗粒回填材料覆盖。

(四) 现场测读

对于埋设于土基或侧墙部位的土压力计，仪器安装后，埋设仪器的覆盖回填砂垫层回填后的测值为基准值。对于埋设于隧洞衬砌与围岩间的或基岩上的土压力计，待回填砂浆终凝后（或 24h 后）测值为基准值。

十九、温度计

温度计用于监测混凝土坝、面板堆石坝的库水温度，以及混凝土结构在浇筑过程与运行过程中的温度变化情况。也可埋设于钻孔中，用于监测测点的环境温度。

(一) 监测原理

振弦式温度计是基于钢弦传感体在不受外力作用时，受温度的影响产生不同的膨胀变形，从而导致钢弦频率发生变化的原理制作而成。

（二）结构形式

温度计（图 3-67）由钢弦、不锈钢壳体和电缆三部分组成。

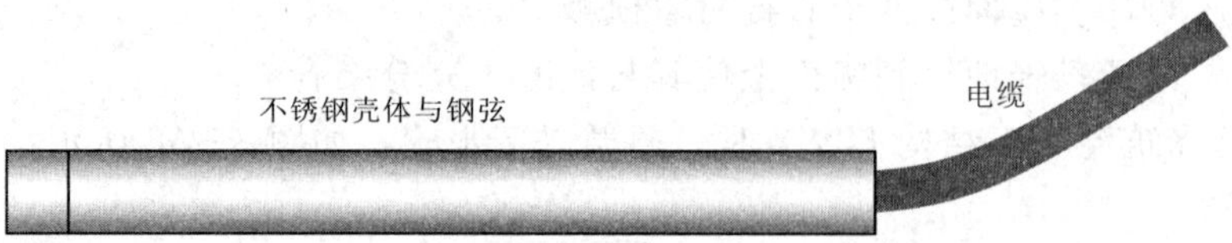

图 3-67 振弦式温度计结构示意图

（三）仪器安装

1. 基岩温度计

在仪器埋设位置钻孔，孔径 ϕ76mm，孔深钻至设计深度。再将孔内清洗干净，若孔内有水流出，可先在孔内填一部分水下砂浆，砂浆凝固后，将孔内积水清干。将每支仪器按照设计埋设深度绑扎在一根 PVC 管上或竹竿上一同放入孔内，用水泥砂浆灌浆。

2. 坝体温度计

待混凝土浇筑到高于仪器设计高程 20cm，挖开混凝土，然后细心将温度计放入混凝土中，在仪器周围填入混凝土，用人工或小功率振捣器仔细将周围的混凝土捣实。或将温度计固定在细木棒（使用钢材料时注意增加隔热材料）上，垂直埋入混凝土内，木棒事先在水中浸泡饱和。

（四）现场测读

新浇混凝土内埋设的，以埋入后 10min 的测值为初始值；新老层面间安装的，以混凝土覆盖 15min 后的测值为初始值。埋设后 12h 之内，每隔 2h 采集 1 次数据；12～24h，每隔 4h 采集 1 次，24～48h，每隔 8～12h 采集 1 次；前 7 天内，1 天 1 次，7 天后，根据设计要求或技术规范采集。

二十、电测水位计

水位计用于测压管（孔）、量水堰、水库、江河等水位量测。

（一）监测原理

电测水位计是根据将水作为导体的原理设计的，当测头接触水面时水导体使电路两电极闭合，信号经电缆传至指示器配置的蜂鸣器或指示灯，此时可从电缆标尺上直接读取水位深度。

（二）结构形式

电测水位计由测头、电线、滚筒、手摇柄和指示器等组成。典型结构有提匣式和卷筒式，如图 3-68 所示。测头为金属制成的短棒，两芯电缆在测头中与电极相接，形成闭合电路的“开关”，当测头接触水面利用水导体接通两极电路。

两芯电缆除信号传输外，同时作为刻度标尺和测头的吊索，一般采用聚乙烯两芯刻度标尺，以测头下端为起点，自下而上标注刻度。滚筒用来盘卷标尺，用手摇柄操作滚筒进行收放。指示器一般采用微安表（或毫伏表），配有蜂鸣器或指示灯，电源采用干

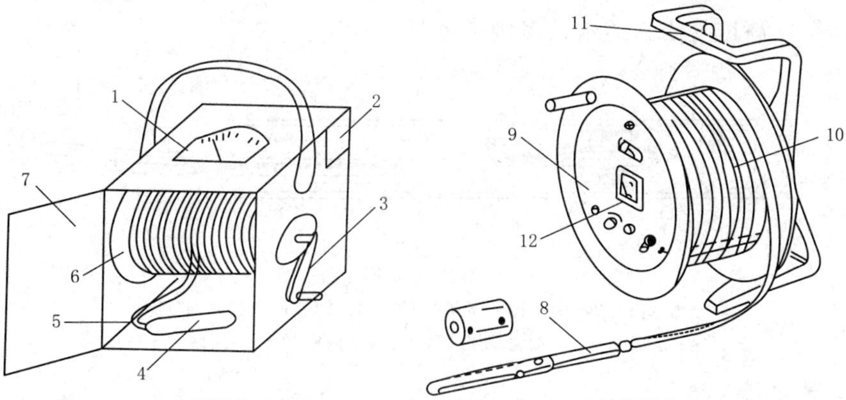

(a) 提匣式　　(b) 卷筒式

图 3-68　电测水位计结构图

1—指示器；2—电池盒；3—手摇柄；4—测头；5—电线；6—滚筒；7—门；8—测头；9—卷筒；10—两芯刻度标尺；11—支架；12—指示器

电池。有的电测水位计在侧头装有测温元件，在水位测量的同时可兼测水温。

(三) 现场测读

(1) 测量时，拧松绕线盘后面的止紧螺丝，让绕线盘自由转动后，按下电源按钮(电源指示灯亮)，把探头放入水管内，手拿钢尺电缆，让探头缓慢地向下移动，当探头的触点接触到水面时，接收系统的音响器便会发出连续不断的蜂鸣声，此时读写出钢尺电缆在管口处的深度尺寸，即为地下水位离管口的距离。

(2) 测量过程中，当探头的触点接触到水面时，音响器会发出声音，或电压表立即会有指示，此时应缓慢地收放钢尺电缆，以便仔细地寻找到发音或指示瞬间的确切位置后读出该点距孔口的深度尺寸。

(3) 若是噪声比较大的环境中测量时，蜂鸣声听不见，可改用峰值指示，只要把仪器面板上的选择开关拨至电压挡即可，测量方法同上，此时的测量精度与音响器测得的精度相同。

二十一、渗压计

渗透压力的监测即对流体压力的监测，可以采用渗压计（也称为孔隙水压力计）、测压管、扬压力孔、地下水位孔、绕坝渗流孔等监测手段，达到监测建筑物基础渗透压力、岩体孔隙水压力、地下水压力的目的。

(一) 监测原理

测压管、扬压力孔、地下水位孔、绕坝渗流孔中，可以安装埋设渗压计得到测试压力水头，也可以直接采用水位计或安装压力表的方法测出水位或水压。当渗压计膜片受力时，引起弹性钢弦的张拉变化，改变钢弦的振动频率，通过频率仪测得钢弦的频率变化即可换算出水压力。

(二) 结构形式

振弦式孔隙水压力计由透水石、承压膜、钢弦、线圈、不锈钢壳体和传输电缆等构成，如图 3－69 所示。透水石有圆锥形、圆板形等，材料一般用氧化硅、不锈钢或青铜粉末冶金烧结，高进气压力透水板多用陶瓷材料烧结。

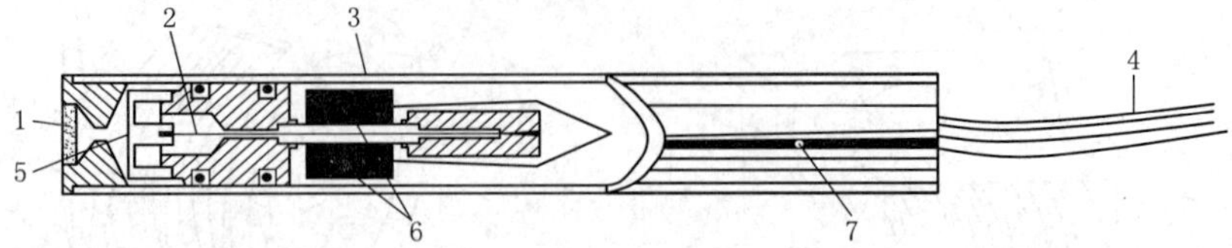

图 3－69 振弦式孔隙水压力计

1—透水石；2—钢弦；3—不锈钢体；4—四芯电缆；5—膜片；6—激励及接收线圈；7—内密封

国内渗压计钢弦一般采用机械夹紧方式，并与支架做成一体；国外则采用了特殊夹持技术来固定钢丝，使得敏感元件做到了微型化，也随之缩小了外形尺寸。承压膜是传感器的受力元件，多采用小直径受压膜片结构，膜片厚度取决于量程大小。线圈有单线圈和双线圈两种，前者为间隙激振型，后者为连续激振型。

（三）仪器安装

1. 坑槽安装埋设法

（1）在土石体内（或基础表面）安装埋设渗压计，当填筑高程超出测点埋设高程约 0.3m 时，在测点开挖坑槽，深约 0.4m，采用砂包裹体的方法，将渗压计在坑槽内就地安设。砂包裹体由中粗砂组成，并以水饱和。然后采用薄层铺料并压实的方法，按设计回填原开挖料，如图 3－70 所示。埋设后的渗压计，仪器以上的填筑安全覆盖厚度应不小于 1m。

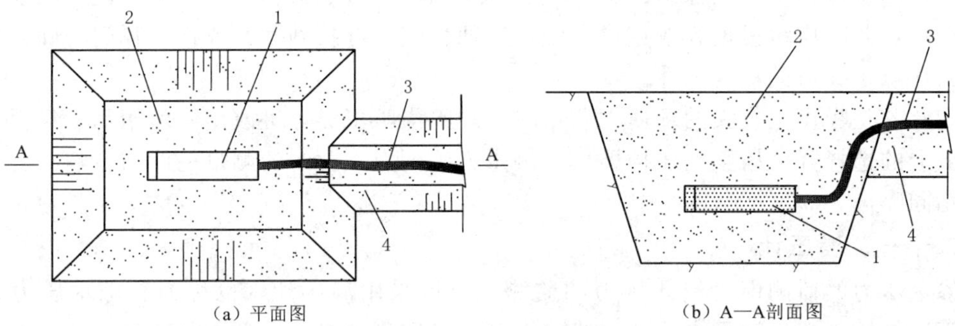

图 3－70 渗压计坑槽安装埋设图

1—孔隙水压力计；2—回填中粗砂；3—仪器电缆；4—回填砂或粒径小于 5cm 的级配碎石料

（2）连接电缆以上的填筑安全覆盖厚度，在黏性土体内应不小于 0.5m，在堆石内应不小于 1m。

2. 钻孔安装埋设法

（1）在建筑物及其基础、地下工程围岩或绕坝渗流两岸深层钻孔安装埋设孔隙水压力计，其钻孔孔径依该孔中安设的仪器数量而定，一般采用 $\phi 90 \sim \phi 146$mm。成孔后应在孔底铺设中粗砂垫层，孔内深 30～50cm。

(2) 渗压计的连接电缆，在孔内宜采用软管套护，并铺以受力铅丝与仪器测头相连。安装埋设时，应自下而上依次进行，并依次以中粗砂封埋仪器测头，据不同介质以回填料逐段封孔，与测压管封孔一致（参见测压管的封孔方法），如图 3－71 所示。封孔段长度应符合设计规定。回填料、封孔料应分段捣实。

3. 混凝土内安装埋设

(1) 在现浇混凝土内埋设：在现浇混凝土内埋设渗压计，通常埋设在采用分层浇筑施工时的混凝土块施工缝上，主要用于监测在库水作用下沿混凝土施工缝的渗透水压力。

1) 在先浇筑的混凝土块层面上的测点处预留一个直径 20cm、深 30cm 的孔。

2) 在上层混凝土浇筑前，将包裹反滤料的渗压计放入孔中，孔内填满饱和细沙，孔口加一盖板，如图 3－72 所示。

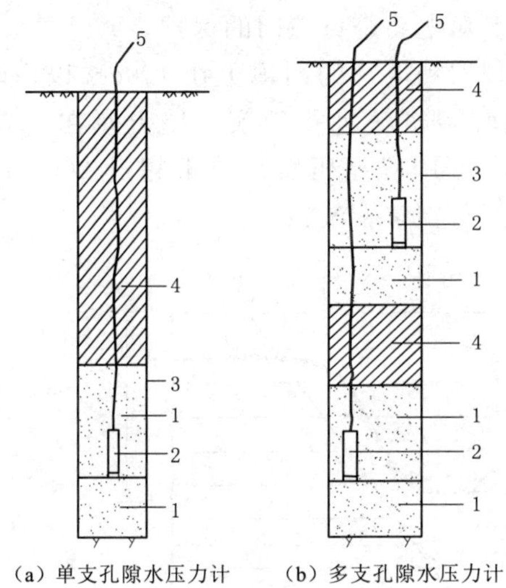

图 3－71 渗压计钻孔安装埋设图

1—中粗砂反滤；2—孔隙水压力计；
3—钻孔；4—封孔料；5—仪器电缆

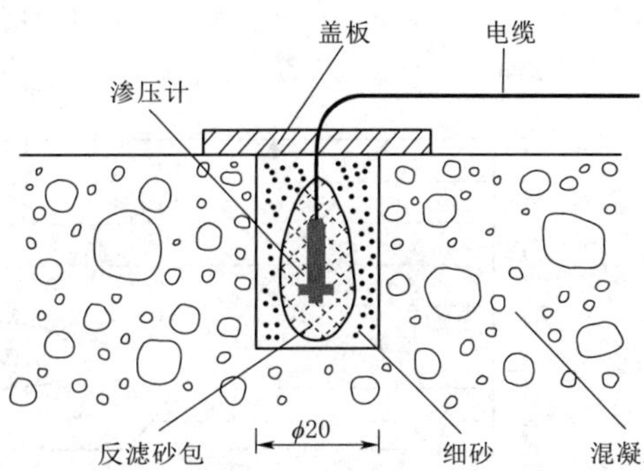

图 3－72 在混凝土中安装埋设渗压计示意图

3) 理顺电缆，引向测站，纪录埋设前后的仪器测值，开始混凝土浇筑。

(2) 在基础面上埋设：混凝土结构物基础。

1) 在基岩上钻一集水孔，孔径一般不小于 15cm，深 100cm，孔内填以中粗砂至仪器埋设高程。

2) 然后将包裹反滤料的渗压计放入埋设高程，孔内填满饱和细砂，孔口加一盖板，如图 3－73 所示。

4. 在土体中埋设

填筑体（如土石坝）在施工期埋设渗压计，可采用坑埋方法；在施工完毕后的运行期埋设渗压计，则可采用钻孔方法。

(1) 当土石料填筑高于设计埋设高程 40cm 时，在测点处暂停填筑，挖出一个底部尺寸（长×宽）为 30cm×30cm，深为 50cm 的坑。

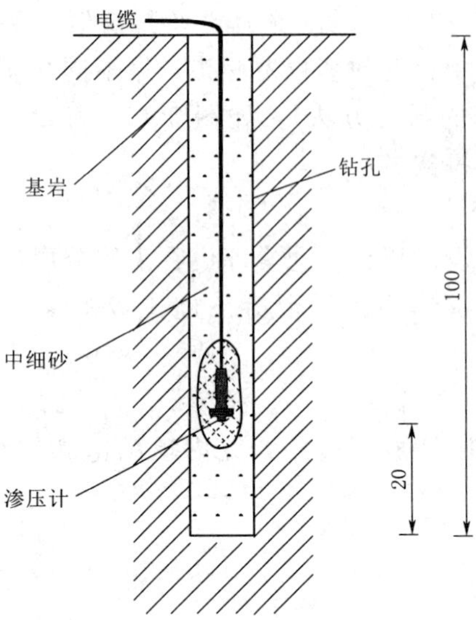

图 3-73 在混凝土结构物基础面上安装埋设渗压计示意图

(2) 在底部填 10cm 的干净中粗砂，放入包裹细沙反滤料的渗压计，再覆盖 20cm 的中粗砂，浇水使砂层饱和，如图 3-74 所示。

(3) 用原填筑料分层回填，并用木槌分层击实。回填压实密度和含水量应与坝体设计一致。对粗颗粒料中的埋设，应采用反滤的形式整平埋设基床和回填土料，靠近仪器为细料向粗料过渡。

(4) 仪器电缆沿挖好的电缆沟引向观测站。电缆沟宽 40cm、深 40cm，电缆线之间应平行排列，呈 S 形向前引伸。可根据设计要求，采用套管、槽板等对电缆进行专门的保护。

(5) 仪器和电缆的回填土在 120cm 以内时，用人工或轻型机械进行压实；填土厚在 120～200cm 时，可用静碾压实；填土超过 200cm 以上时，可进行正常碾压施工。

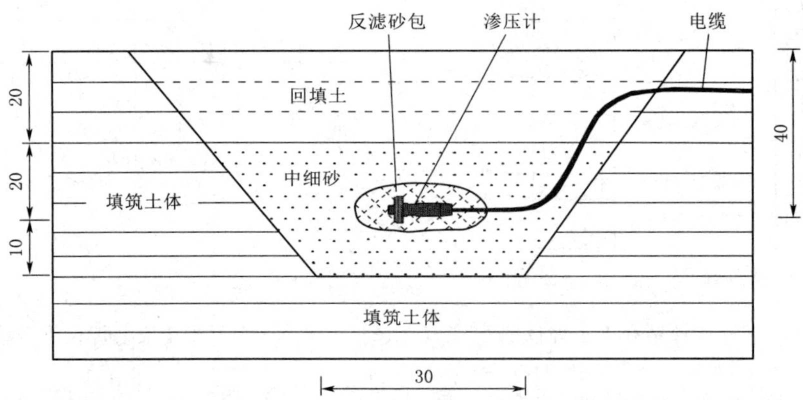

图 3-74 在一般土料中安装埋设渗压计示意图（单位：cm）

5. 在水平浅孔中埋设

在地下洞室围岩内或边坡岩体表面浅层埋设渗压计，需要采用水平浅孔埋设和集水。浅孔的深度为 50cm，直径 ϕ150～ϕ200mm。如果孔内无透水裂隙，可根据需要的深度，在孔底钻一个 ϕ30mm 的小孔，经渗水试验合格后，小孔内填入砾石，在大孔内填含水细砂，将饱水的渗压计埋设在细砂中，孔口封以盖板，并用水泥砂浆封固，砂浆凝固后即可浇注混凝土或填筑土石料，如图 3-75 所示。

6. 在深孔中埋设

在坝基深部、边坡、运行期建筑物内进行渗透水压力监测，需要在钻孔内安装埋设渗压计。钻孔的深度由设计确定，孔径一般不小于 150mm。岩体钻孔应做压水试验，钻孔位置应根据地质条件和压水试验结果确定。埋设前测量好孔深，先向孔内倒入

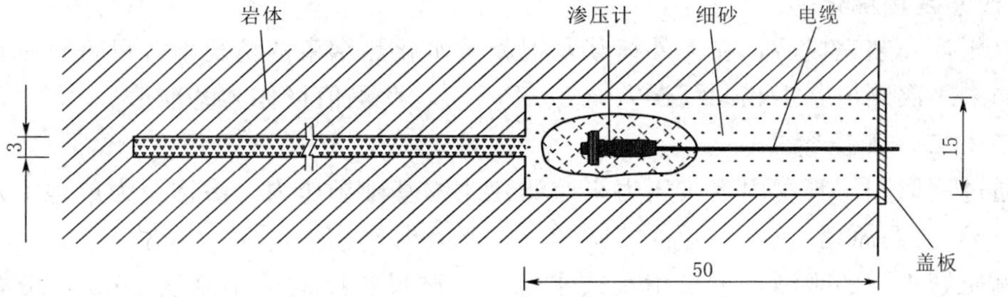

图 3-75　在水平浅孔中安装埋设渗压计示意图（单位：cm）

20～40cm 厚的中粗砂至仪器埋设高程，然后将带反滤沙包的渗压计放入孔底。如钻孔太深，为防止沙包及电缆自身过重受损，可用钢丝吊住沙包，并把电缆绑在钢丝上进行吊装。经检验合格后，在其上填 20～40cm 中粗砂，并使之饱和，再填入 10～20cm 细砂，最后在余孔段灌入水泥膨润土浆或预缩水泥砂浆，如图 3-76 所示。

7. 在测压管中安装

在介质渗透系数较大部位（如土石坝坝壳）的渗透水压力监测、混凝土坝的扬压力监测以及大坝两岸的绕坝渗流监测等，通常采用测压管式孔隙压力计。当工程需要实施自动化监测时，可通过在测压管中安装渗压计来实现。渗压计的典型安装方法是将仪器直接投入到测压管中的设计位置，如图 3-77 所示。

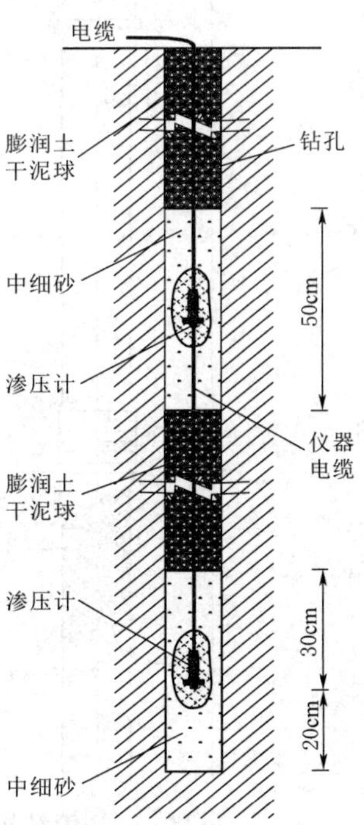

图 3-76　在深孔中安装埋设渗压计示意图

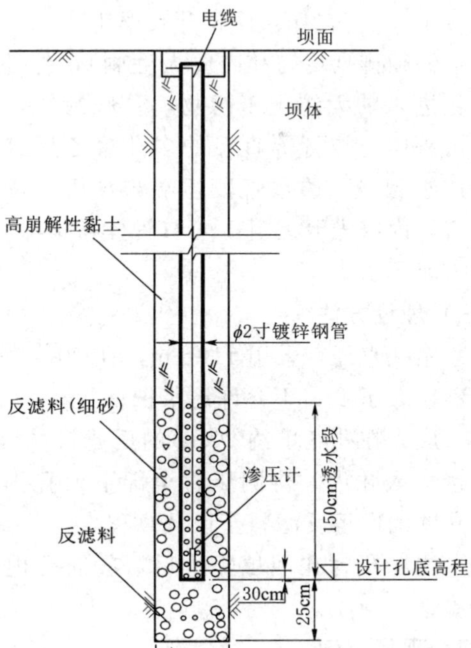

图 3-77　在测压管中安装埋设渗压计示意图

当测压管很深时，应采用钢丝或细钢丝绳拴住渗压计，仪器电缆绑在钢丝绳上，缓缓放入测压管中，钢丝绳固定在管口上部。

（四）现场测读

渗压计安装完成后，在无外荷载及混凝土水化热结束的情况下，可进行基准值的测试，如果多次测值基本相同（误差0.5%F.S.），此测值可作为基准值。

二十二、测压管

通过读取测压管管内水头压力来监测建筑物基础扬压力、渗透压力或地下水位。

（一）监测原理

测压管水位的观测，可采用尺式水位计，测尺长度的最小刻度1mm，带有不锈钢温度测头，且耐用、防腐蚀；对有压管采用压力表量测测压管水头时，应据管口可能产生的最大压力值，选用量程合适的精密压力表，使读数在1/3～2/3量程范围内，精度不得低于0.4级，测读压力值时应读到最小估读单位，对于拆卸后重新安装的压力表应待压力稳定后才能读数；用渗压计量测测压管水头时，精度不低于±0.25%FS；测压管水位，两次测读误差应不大于1cm；尺式水位计的测尺长度标记，应每隔3～6个月用钢尺校正1次；测压管的管口高程和有压管的压力表，在施工期和初蓄期应每隔3～6个月校测1次；在运行期至少应每年校测1次。

（二）结构形式

（1）宜采用金属管或硬工程塑料管，一般选用管径为ϕ38～ϕ50mm。

（2）测压管由透水管段和导管组成。透水管段可用导管管材加工制作，一般长1.5～3.0m，当用于点压力监测时应不大于0.5m，面积开孔率10%～20%（孔眼形状不限，但须排列均匀和内壁无毛刺），外部包扎足以防止土颗粒进入的无纺土工织物，管底封闭，不留沉淀管段，也可采用与导管等直径的多孔聚乙烯过滤管或透水石管作透水管段。透水管段顶端与导管牢固相连，导管段应顺直，内壁光滑无阻，两节管连接应采用外箍接头，如图3-78所示。

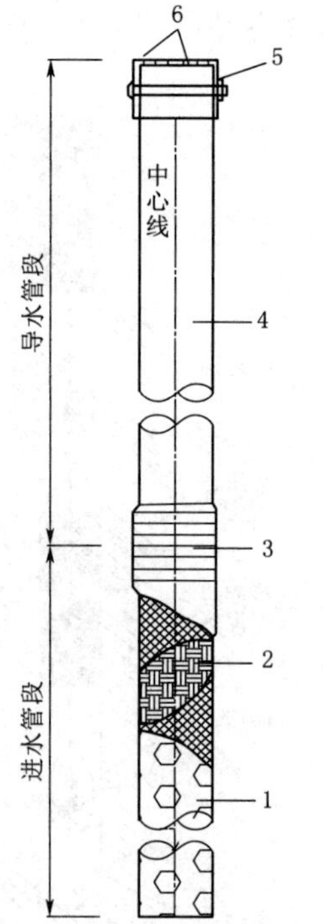

图3-78 测压管结构图

1—透水孔；2—土工织物过滤层；3—外缠铅丝；4—金属管或硬工程塑料管；5—管盖；6—电缆出线及通气孔

（三）埋设方法

（1）钻孔直径宜采用110mm，在50m深度内的钻孔倾斜度不应大于3°，不允许泥浆护壁。

（2）应先在孔底填约20cm的反滤料，然后将测压管逐根对接下入孔内。待测压管全部下入孔内后，应在测压管与孔壁间回填反滤料至设计高程。

（3）测压孔封孔回填完成后，应向孔内注水进行灵敏度试验。

（四）现场测读

对无压测压管，一般采用尺式水位计（如电测水位计）进行观测，也可采用测绳配万用表进行观测。测尺长度的最小刻度为1mm，应带有不锈钢温度测头，且耐用、防腐蚀。

对有压测压管，一般在测压管管口安装压力表进行观测。应根据管口可能产生的最大压力值，选用量程合适的精密压力表，使读数在1/3～2/3量程范围内，精度不得低于0.4级，测读压力值时应读到最小估读单位；对于拆卸后重新安装的压力表，应待压力稳定后才能读数。

二十三、流量堰系统

流量在1～300L/s之间时，一般采用量水堰法。渗流量监测一般分为点渗流量监测和面渗流量监测。所谓点渗流量，是指为及时排除建筑物及其基础部位的渗流而在建筑物及其基础内设置的具有一定深度的排水管或排水孔排出的渗流水流量。所谓面渗流量，是指一定区域内的渗流量根据渗流量的大小而将渗流范围划分为若干渗流区域、分区域将渗流量汇集至集水沟来量测的方法。而渗流量也可称为区域渗流量。

当建筑物的渗流处于稳定状态时，在渗透通道面积不变的情况下，其渗漏量将与水头的大小保持稳定的相对变化，渗漏量在同样水头作用下的显著增加和减少，都意味着渗流稳定的破坏或排水系统的失效。因此进行渗流量监测具有重要意义。

（一）监测原理

量水堰计保护筒内水面随堰槽内水位变化时，浮子会随着水位上升或下降，导向装置保证浮子随水面变动作上下垂直运动。浮子的升降变化将通过连杆传递给位移传感器，从而测量出量水堰内水位变化，根据对应类型的量水堰公式计算得到渗流量的大小。

（二）结构形式

量水堰计由保护筒、浮子、连杆、导向装置、位移传感器等组成。保护筒底板用地脚螺栓固定在堰槽测点的混凝土壁上，传感器固定于保护筒的顶端，保护筒下部有网状滤孔，容许渗流水自由进入保护筒内，浮子悬浮于保护筒内，如图3-79所示。

量水堰的堰板宜采用不锈钢板制作，堰板类型如下：

（1）直角三角形量水堰：当流量在1～70L/s之间（堰上水头50～300mm）时采用，如图3-80所示。直角三角形量水堰的流量推荐计算公式如下：

$$Q=1.4H^{5/2} \tag{3-11}$$

式中：Q为渗流量，m^3/s；H为堰上水头，m。

（2）梯形量水堰：当流量在10～300L/s时采用。一般常用1∶0.25的侧边坡比。底（短）边宽度b应小于3倍堰上水头H，一般应在0.25～1.5m范围内，如图3-81所示。梯形量水堰的流量推荐计算公式如下：

$$Q=1.86bH^{3/2} \tag{3-12}$$

式中：Q为渗流量，m^3/s；H为堰上水头，m；b为堰口宽底，m。

（3）矩形量水堰：当流量大于50L/s时采用。堰口b应为2～5倍堰上水头H，一般应在0.25～2m范围内，如图3-82所示。矩形量水堰的流量推荐计算公式如下：

$$Q=mb\sqrt{2g}H^{3/2} \tag{3-13}$$

式中：Q为渗流量，m^3/s；H为堰上水头，m；b为堰口宽底，m；$m=0.402+0.054H/P$，其中P为堰口高度（堰槽底板至堰顶的距离），m。

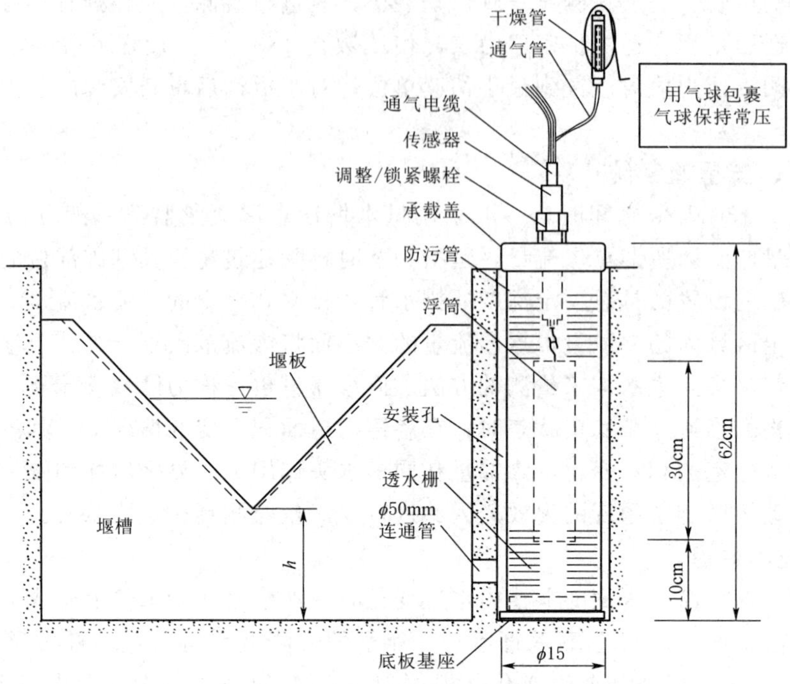

图 3-79 量水堰计及堰板图

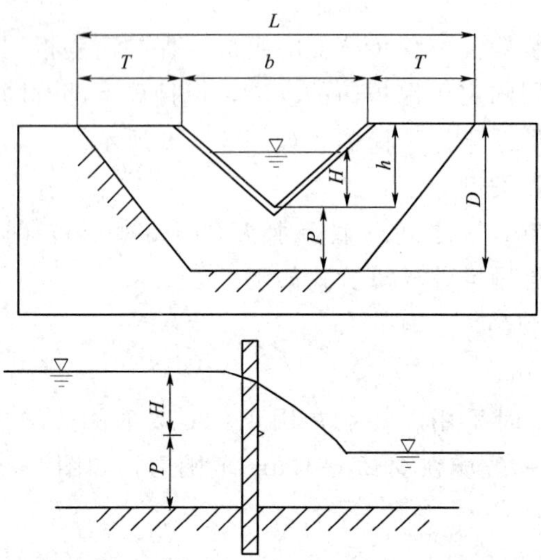

图 3-80 直角三角形量水堰结构图

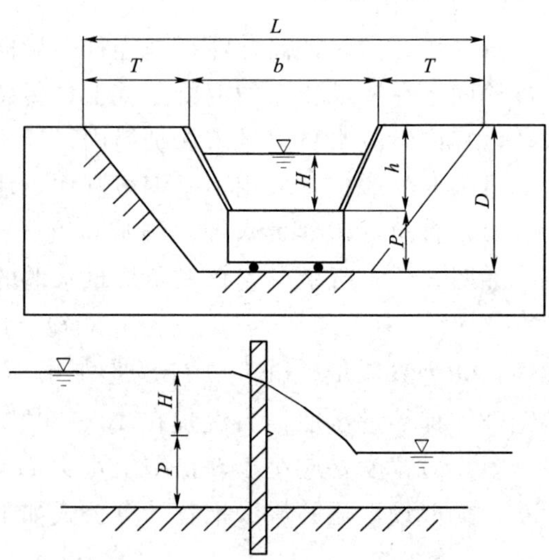

图 3-81 梯形量水堰结构图

（三）仪器安装

（1）流量堰应设在排水沟直线段的堰槽段。该段应采用矩形断面，两侧墙应平行和铅直。槽底和侧墙应衬护防渗。

（2）堰板应与堰槽两侧墙和水流向垂直。堰板应平整，高度应大于 5 倍的堰上水头。

（3）堰口过流应为自由出流，如图 3-83 所示。

(4) 测读堰上水头的水尺或测量仪器，应设在堰口上游 3～5 倍堰上水头处。尺身应铅直，其零点高程与堰口高程之差不得大于 1mm。必要时可在水尺或测量仪器上游设栏栅稳流或设置连通管量测。

(5) 流量堰的安装。

1) 堰槽段的尺寸及其与堰板的相对关系应满足如下要求：堰槽段全长应大于 7 倍堰上水头，但不小于 2m。其中，堰板上游段应大于 5 倍堰上水头，但不得小于 1.5m；下游段长应大于 2 倍堰上水头，但不小于 0.5m。堰槽宽度应不小于堰口最大水面宽度的 3 倍。

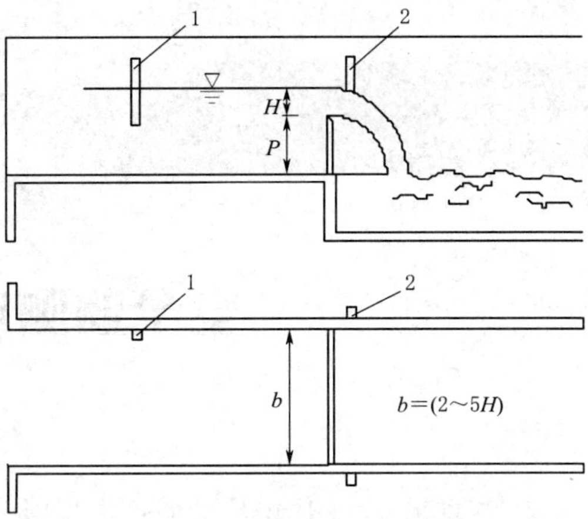

图 3-82　矩形量水堰结构图
1—水尺或测量仪器；2—通气孔

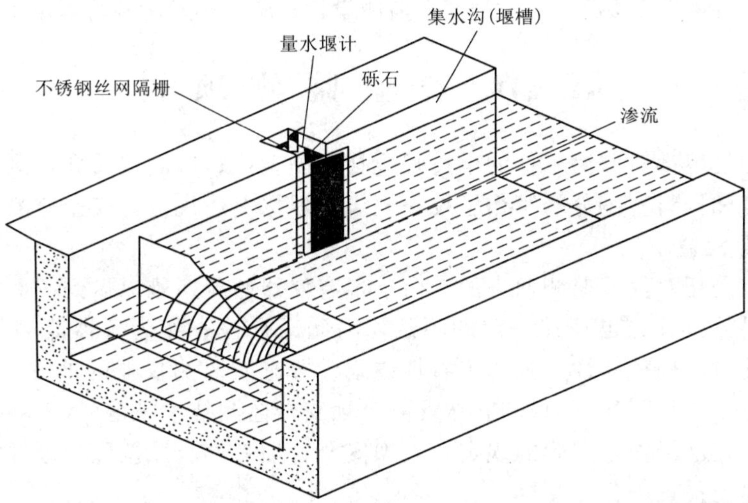

图 3-83　量水堰系统安装图

2) 堰板应为平面，局部不平处不得大于±3mm。堰口的局部不平处不得大于±1mm。

3) 堰板顶部应水平，两侧高差不得大于堰宽的 1/500。直角三角堰的直角，误差不得大于 30"。

4) 堰板和侧墙应铅直。倾斜度不得大于 1/200。侧墙局部不平处不得大于±5mm。堰板应与侧墙垂直，误差不得大于 30″。

5) 两侧墙应平行。局部的间距误差不得大于 10mm。

(四) 现场测读

量水堰壅水高度可以采用水尺或水位测针进行人工测读，也可以采用具有自动化测量功能的量水堰计进行观测。量水堰观测渗流量，其水尺的水位读数应精确至 1mm，测量仪器的观测精度应与水尺测读一致。堰上水头两次观测值之差应不大于 1mm，量水堰堰口高度与水尺、测量仪器零点应定期校测，每年至少 1 次。

第四章

安全监测项目及设计

从 20 世纪 80 年代中期开始，大坝安全监测方面的专家学者总结了我国多年的监测经验，编制了多部监测技术规范，即先后颁布《大坝安全自动监测系统设备基本技术条件》（SL 268—2001）、《土石坝安全监测技术规范》（SL 551—2012）、《混凝土坝安全监测技术规范》（SL 601—2013）等。与此同时有关测量规范、仪器系列型谱等也相继得到更新和颁布。上述规范的实施，为大坝安全监测设计、施工和检验验收奠定了基础。

第一节　安全监测项目

上述监测规范都对监测工作的全过程包括监测设计、监测仪器和监测方法、施工埋设、运行管理和资料整编分析等作了统一规定。根据上述规范，安全监测分类如下。

一、巡视检查

巡视检查是相对仪器监测而言的。由于现有仪器监测还难以做到“面”和“体”监测，现有资料分析方法也存在一定的不足，因此巡视检查作为仪器监测的补充十分必要，尤其是针对结构整体性不强的土石坝或未设置有效监测仪器的地方。《土石坝安全监测技术规范》（SL 551—2012）和《混凝土坝安全监测技术规范》（SL 601—2013）中对人工巡视检查已经作了明确的规定，大坝安全管理人员应该按照规范规定做好各种工况下的人工巡视检查工作。

将检查工作划分为日常巡视检查、年度巡视检查和特别巡视检查。

日常巡视检查中，要求由有经验的技术负责人对大坝、基础及各项设施进行经常巡视检查。

年度巡视检查中，规定每年汛前、汛后、用水期前后、冰冻期和融冰期，要求由管理单位负责人组织领导，进行全面或专项检查，同时结合观测工作及有关分析资料进行。

特别巡视检查中，规定在发生特大暴雨、大洪水、强热带风暴、有感地震以及库水位骤升骤降或持续高水位等，有可能发生比较严重的破坏现象或出现其他危险迹象时，要求管理单位负责人及时组织力量进行巡视检查，必要时，还要报请上级主管部门及有关单位会同检查。

二、仪器监测

1. 变形监测

变形监测包括水平位移（横向和纵向）、垂直位移（竖向位移）坝体及坝基倾斜、表面接缝和裂缝监测。对于土石坝，除设有上述变形（称为表面变形）监测项目外，还设有内部变形监测。内部变形包括分层竖向位移、分层水平位移、界面位移及深层应变观测。对于混凝土面板坝还有混凝土面板变形监测，具体包括表面位移、挠度、应变、脱空及接缝监测。另外，岸坡及基岩表面和深层位移监测也属变形监测。

2. 渗流监测

混凝土坝渗流监测包括坝基和坝体扬压力、坝基和坝体渗漏量、绕坝渗流和地下水位监测。

土石坝渗流监测包括坝体渗流压力、坝基渗流压力、绕坝渗流、渗流量监测。

3. 应力、应变及温度监测

混凝土坝的应力、应变及温度监测包括混凝土的应力和应变、无应力、钢筋应力、钢板应力、坝体和坝基温度、接缝和裂缝开度监测。

土石坝的压力（应力）监测包括孔隙水压力、土压力、接触土压力、混凝土面板应力监测。

4. 环境量或水文、气象监测

大坝所在位置的环境对大坝和坝基工作性态有重大影响，需予以监测。监测项目有大坝上下游水位、水温、气温、库区雨量、冰压力、坝前淤积和下游冲刷等。

5. 地震监测

强地震是大坝安全的一大威胁，1962 年 3 月广东新丰江水库诱发 6.1 级地震，使混凝土大头坝上部发生贯穿性的水平裂缝，并使有的坝段间接缝止水受损，漏水增加。为了监测大坝在地震作用下的安全状况，也为了验证设计，为抗震理论的发展提供依据，对地震区的大坝应进行强度安全监测。

除上述监测项目外，还有水力学监测，该监测项目应根据建筑物级别和水力学条件设置。

以上几大类监测项目涉及几十种物理量的监测，每一种物理量监测都需要在设计时布置必要的测点、选择适当的监测仪器、做出经费概算、才能得以顺利实施。监测项目的选择按照工程等级、建筑物等级、坝型、坝基和基岩地质条件以及大坝设计施工的特点作了规定，而测点的选择带有比较大的主动性，对设计人员的工作经验要求比较高。一般认为测点布置宜满足“少而精”的要求，但实际上由于大坝的非线性、非连续性和难以预测性，要做到“少而精”比较困难，特别是缺少投资上的标准。此外，监测项目的投资可参照国际上的相应指标，即监测设施和实施费用相当于工程总造价的 1%来确定。大中型工程或大坝安全特别重要的小型工程均应考虑到现代化管理的需要，即通过监测项目的自动化实现大坝安全管理的现代化。

第二节 安全监测设计

安全监测设计应该看成整个工程设计的一个重要组成部分，根据建筑物的等级确定监测项目，监测设计必须与所有其他工程设计一样统一安排。监测设计贯穿于工程设计、施工以及整个工程寿命期内，合理的监测设计可以获得作为工程安全状况的正确评估，还可以改进大坝的设计、指导大坝的施工，使未来的设计、施工和运行更合理、更安全。

大坝安全监测工作一般分以下几个阶段：

（1）可行性研究阶段。应提出监测系统的总体设计方案、观测项目及其所需要的仪器设备的数量和投资估算（一般占主体建筑物总投资的1%～3%）。

（2）初步设计阶段。应优化监测系统的总体设计方案、测点布置、观测设备及仪器的数量和投资概算。

（3）招投标设计阶段。应提出观测仪器设备的清单、各主要观测项目及测次；各观测设施安装技术要求和投资预算。

（4）施工阶段。应根据监测系统设计和技术要求，提出施工详图。承包商应编制施工规程，做好仪器设备的安装、埋设、调试和保护、电缆走线、施工期观测及施工期观测资料分析，及时指导大坝施工，并应保证观测设施的完好率及观测数据连续、准确、完整。工程竣工时，应将观测设施和竣工图、埋设记录、施工期观测记录以及整理分析等全部资料汇编成正式文件，移交管理单位。

（5）正常运行阶段。应根据正常运行阶段的监测设计，进行巡视检查与观测。对监测系统的设施进行检查、维护、校验、更新、完善，定期委托科研院所等专业机构对监测资料进行整编、分析、作出工程性态评价，提出监测报告和安全预报意见。

一、混凝土坝的监测设计

在混凝土大坝安全监测技术规范中按照大坝的级别对各个监测项目的设定有明确的规定，对新建大坝各个观测项目规定了观测周期，见表4-1。各个监测项目应该相互协调和同步，变形监测、渗流渗压监测和应力应变温度等监测仪器宜在同一重要观测坝段上布置，以便相互校核和补充。

表4-1　混凝土坝安全监测项目分类表

序号	监测类别	监测项目	大坝级别		
			1	2	3
1	巡视检查	坝体、坝基、坝肩及近坝库岸	●	●	●
2	变形	（1）坝体位移	●	●	●
		（2）倾斜	●	○	
		（3）接缝变化	●	●	○
		（4）裂缝变化	●	●	●
		（5）坝基位移	●	●	●
		（6）近坝岸坡位移	○	○	○
3	渗流	（1）渗流量	●	●	●
		（2）扬压力	●	●	●
		（3）渗透压力	○	○	
		（4）绕坝渗流	●	●	●
		（5）水质分析	●	●	○

续表

序号	监测类别	监测项目	大坝级别		
			1	2	3
4	应力、应变及温度	(1) 应力	●	○	
		(2) 应变	●	○	
		(3) 混凝土温度	●	●	○
		(4) 坝基温度	●	○	
5	环境量	(1) 上下游水位	●	●	●
		(2) 气温	●	●	●
		(3) 降水量	●	●	●
		(4) 库水温	●	○	
		(5) 坝前淤积	●	○	
		(6) 下游冲淤	●	○	
		(7) 冰冻	○		

注 1. 有●者为必设项目，右○者为可选项目，可根据需要选设。
2. 坝高70m以下的1级坝，应力应变为可选项。

观测断面的选择和观测仪器的布置应该根据工程规模、建筑物等级、结构特点及监测目的确定。仪器布置应该选择有代表性的坝段进行，所谓有代表性的坝段，一般指最大坝高坝段或观测成果易于与设计比较的坝段。当地基存在地质问题时，如软弱夹层、泥化夹层，监测重点应是基础和与基础结合的混凝土坝内的坝踵、坝址部位。

重力坝可以选取溢流坝段或非溢流坝段作为重点观测坝段，对地质复杂的工程可增设一个坝段作为次要观测坝段，其他作为一般观测坝段；拱坝拟选择拱冠梁和拱座作为重点观测坝段，对于高拱坝还可以在1/4拱、3/4拱处各选择一个坝段作为次要观测坝段；对于支墩坝一般选择一个坝高较大的支墩作为重点观测坝段，对于重要和基础地质情况复杂的工程，可以增设观测坝段，并作为次要观测坝段，其他作为一般观测坝段。

1. 变形监测

混凝土坝的变形监测项目主要有坝体变形、接缝、裂缝，以及坝基变形、滑坡体和高边坡的位移等。在混凝土大坝安全监测技术规范中规定了各个监测量的精度要求和符号约定，各个项目测量时应该尽量同步。

变形监测变形量的正负号遵守如下规定：①水平位移：向下游为正，向左岸为正，反之为负；②垂直位移：下沉为正，上升为负；③倾斜：向下游转动为正，向左岸转动为正，反之为负；④接缝和裂缝开合度：张开为正，闭合为负；⑤高边坡和滑坡体位移：向下滑为正，向左为正，反之为负。

(1) 引张线设计。

顺水流方向和垂直坝轴线方向的水平位移，可以用垂线-引张线或视准线方式观测。垂线直线-引张线方式配置适当的自动化测量仪器就可实现自动化测量，并且可以和人工观测并存。直形重力坝或支墩坝坝体和坝基水平位移宜采用垂线-引张线方式观测，引张线可以分段布置，分段中间要设垂线。如果坝体较短，条件有利，坝体水平位移可采用视准线法观测。拱坝坝体和坝基水平位移宜采用导线法观测，如果条件允许，也可以用垂线方式测量水平位移。拱坝和高重力坝近坝区岩体水平位移，应布设边角网，监测岩体的变形，如图 4-1 所示。

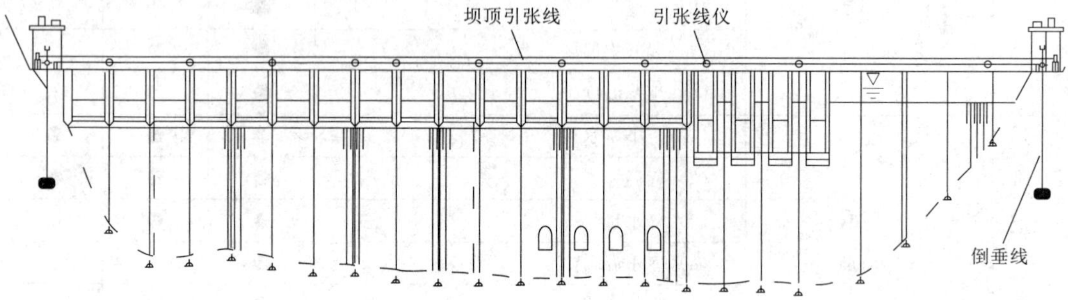

图 4-1 大坝下游立视图

水工建筑物位移标点的布置，应该根据建筑物的重要性、规模、施工、地质情况以及采用的观测方法而定，以能全面掌握建筑物及基础的变形状态为原则。通常垂直位移与水平位移标点设在同一观测墩上。

垂线应该选择地质或结构复杂的坝段，其次是最高坝段和其他有代表性坝段。拱坝的拱冠和拱座应设置垂线，较长的拱坝还应在 1/4 拱和 3/4 拱处设置垂线，各高程廊道与垂线相交处应设置垂线观测点。

水平位移测点，应尽量在坝顶和基础廊道设置。高坝还应该在中间高程廊道设置测点，每个坝段宜设置一个测点。

(2) 垂线的设计。

垂线测量的是坝体顺水流方向及垂直水流方向的坝体水平位移，有正垂线、倒垂线之分。正垂线就是在建筑物顶上悬挂钢丝，在基础廊道内设挂重及垂线测点，利用倒垂线可以测量坝顶到基础廊道的相对位移，设备简单，安装方便。倒垂线是指从坝顶或坝体基础廊道钻孔到坝基相对不动点，将钢丝锚固在孔底，在坝顶或基础廊道设浮桶及垂线测点，利用正垂线可以测量坝顶或基础廊道的绝对位移，如图 4-2 所示。

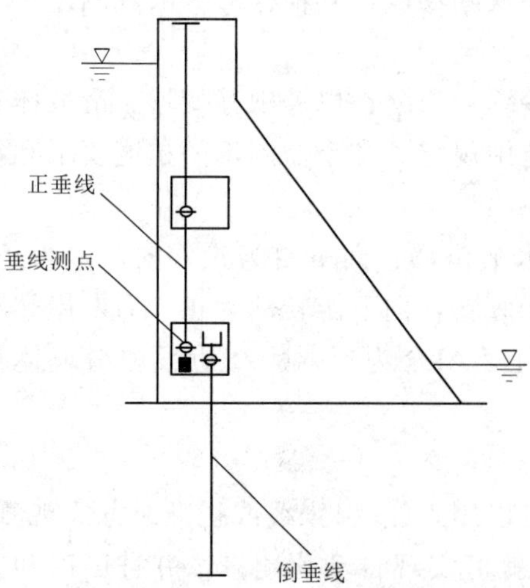

图 4-2 正、倒垂线布置

垂线的中部坝体廊道内也可以设垂线测点。垂线长度不宜大于 50m，否则垂线容易受空气对流而震动，不易回到平衡位置，造成测量误差。

正倒垂结合时宜在同一个观测墩上衔接，否则正倒垂之间的坝体变形应设因瓦尺或量具仪观测。

1) 正垂线设计。正垂线重锤应设止动片，阻尼箱内应装防锈、黏性小的抗冻液体，其内径高度应该比重锤直径和高度大 10～20cm。重锤重量一般按式（4-1）确定：

$$W>20(1+0.02L) \tag{4-1}$$

式中：W 为重锤重量，kg；L 为垂线长度，m。

垂线钢丝宜采用强度不锈钢丝，直径应保证极限拉力大于重锤重量的 2 倍，宜适用 $\phi1.0$～$\phi1.2$mm 的钢丝，一般垂线钢丝直径不宜大于 $\phi1.6$mm。垂线安装完成有效孔径应不小于 85mm。

观测站宜用钢筋混凝土观测墩，观测站宜设防风保护箱或修建安全保护观测室。

2）倒垂线设计。

倒垂线钻孔深入基岩深度应该按照坝工设计计算结果，达到变形可以或略处，缺少该项计算结果时，可取坝高的 1/4～1/2，钻孔深度不小于 10m。

倒垂线孔内宜埋设壁厚 5～7mm 无缝钢管作为保护管，内径不宜小于 100mm，垂线安装完成有效孔径应不小于 85mm。

垂线浮体组宜采用恒定浮力式，浮子的浮力一般按式（4-2）确定：

$$P>250(1+0.01L) \tag{4-2}$$

式中：P 为浮子浮力，N；L 为测线长度，m。

垂线钢丝宜采用强度不锈钢丝，直径应保证极限拉力大于重锤重量的 3 倍，宜适用 $\phi1.0$～$\phi1.2$mm 的钢丝，一般垂线钢丝直径不宜大于 $\phi1.6$mm。

（3）视准线设计。

观测纵断面：通常平行坝轴线在坝顶及坝基廊道设置观测纵断面，当坝体较高，可在中间适当增加 1～2 个纵断面。当缺少纵向廊道时，也可布设在平行坝轴线的下游坝面上。内部断面：布置在最大坝高坝段或地质和结构复杂坝段，并视坝长情况布设 1～3 个断面。应将坝体和地基作为一个整体进行布设。

在观测纵断面上的每个坝段、每个垛墙或每个闸墩布设 1 个位移标点，对于重要工程也可在伸缩缝两侧各布设 1 个观测标点。校核基点可布设在两岸灌浆廊道内，也可采用倒垂线作为校核基点。

视准线方式一般用于人工观测，视准线应离障碍物 1m 以上。工作基点应采用钢筋混凝土墩，测点设观测墩，墩上埋设强制对中底盘要求水平，配活动觇标，高于地面 1.2m。为了保证观测精度，视准线的长度不能过长，一般按如下控制：重力坝和支墩坝 300m，拱坝 300m，滑坡体 800m。

（4）竖直变形监测。

水准基点是观测的基准点，应根据建筑物规模、受力区范围、地形地质条件及观测精度要求等综合考虑，原则上要求该点长期稳定，且变形值小于观测误差，一般在大坝下游 1～3km 处布设一组或在两岸各布设一组 3 个水准基点，组成边长为 50～100m 的等边三角形，以便检验水准基点的稳定性。对于山区高坝，可在坝顶及坝基高程附近的下游分别建立水准基点。

工作基点是观测位移标点的起始点或终结点，应力求布设在与所测标点处大致相同的高程上，如坝顶、廊道或坝基两岸的山坡上，对于土坝，可在每一纵排标点两端岸坡上各布设 1 个。

一般分别在坝顶及坝基处各布设 1 排标点，对于混凝土坝每个坝段相应高程布设 1 个测点。在高混凝坝中间高程廊道内也可以适当布设垂直位移观测标点。

竖直变形是指坝体铅直方向的变形，即坝体沉降。沉降测点可以和水平位移测点结合布置，可与视准线的水平位移测点布置在同一个测点墩上。坝体廊道和坝面的沉降变形可以使用精密水准测量，如需要实现自动化测量，可以采用利用连通管原理设计的静力水准仪系统。

2. 渗流监测

大坝及其基础的渗流监测，是安全监测的主要项目。坝基扬压力是坝体外荷载之一，是影响大坝稳定的重要因素，坝体扬压力主要是指坝基水平施工缝上的孔隙水压力。如果孔隙水压力过大，说明施工面上结合不良。坝基渗流量突然增大，说明坝基破碎带处理或灌浆效果不佳，两岸混凝土与基岩接触不良。若坝体渗流量突然增大，可能是坝体混凝土出现裂缝所致。总之，渗流监测必不可少。

(1) 坝基扬压力监测的布置。

扬压力观测应该根据建筑物的类型、规模、坝基地质条件和渗流控制的工程措施等设计布置。一般应该设纵向观测断面 1～2 个，每个坝段不少于 1 个测点，如地质条件复杂，则应适当增加测点。横向观测断面至少 2 个，依据坝的长度而定，横断面间距一般 50～100m。以重力坝、重力拱坝及支墩坝为例，横断面上测点的布置以能绘制扬压力分布图形为准，一般 5～6 个，帷幕前一个测点，帷幕后一个测点，排水幕线上一个，排水幕后 2～3 个，测点一般布置在坝段中心线或支墩中心线上。薄拱坝一般不测扬压力，仅在排水幕上布置测点，检验帷幕灌浆效果，测点也一般每个坝段设一个点。

坝基扬压力监测一般埋设 U 形测压管，测压管用 ϕ30～60mm 钢管引到观测廊道，必要时也可以埋设渗压计。排水幕处的测压管一般布置在排水孔之间，但决不能用排水孔作测压管观测孔。排水孔一般深入坝基深处，而扬压力观测孔一般在建基面下 1.0m，如图 4-3 所示。

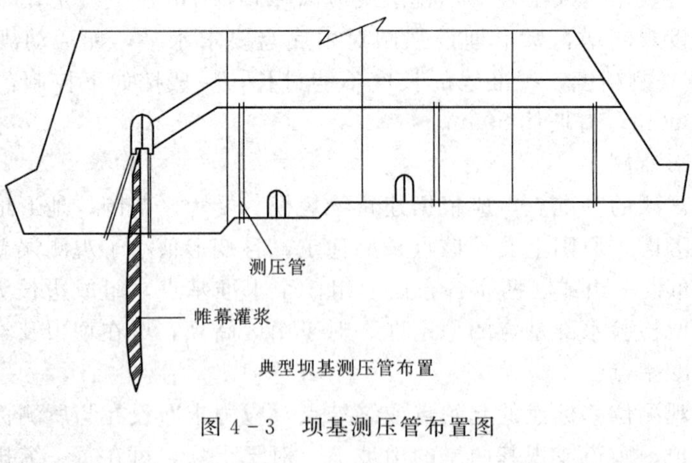

图 4-3 坝基测压管布置图

(2) 坝体扬压力的监测布置。

观测混凝土坝坝体的渗透压力，宜采用渗压计（或称孔隙水压力计），观测断面一般设在水平施工缝上。每个截面上的测点宜在上游坝面到坝体排水管之间，或在该截面高程上最大静水压力的十分之一处，而且在廊道上游面排水管中心线上观测。

(3) 渗流量监测布置。

渗流量的布置应该结合枢纽布置，对渗流的流向、集流和排水设施统筹规划，然后进行渗流量的观测设计。渗流量观测一般采用单孔排水量和量水堰观测，或者采用容积法观测。布置时应该注意将坝体渗流量和坝基渗流量分开观测，坝体渗流排水多流入排水沟内。因此，可以在不同高程的廊道设置量水堰观测不同部位的渗流量。坝基渗流量应将河床坝段和两岸坝段分开观测，可以采用单孔渗流量计，如图 4-4 所示。大坝总渗流量可以通过集水井用容积法观测。

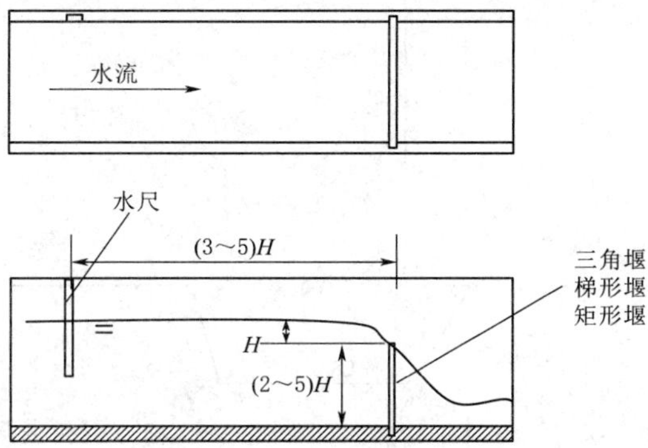

图 4-4　量水堰布置图

(4) 绕坝渗流监测布置。

测点布置应该根据地形、枢纽布置和绕坝渗流区岩体渗流特性而定。在两岸的帷幕后顺帷幕方向布置两排测点，测点布置在靠坝肩处较密，帷幕前可以布置少量的测点。

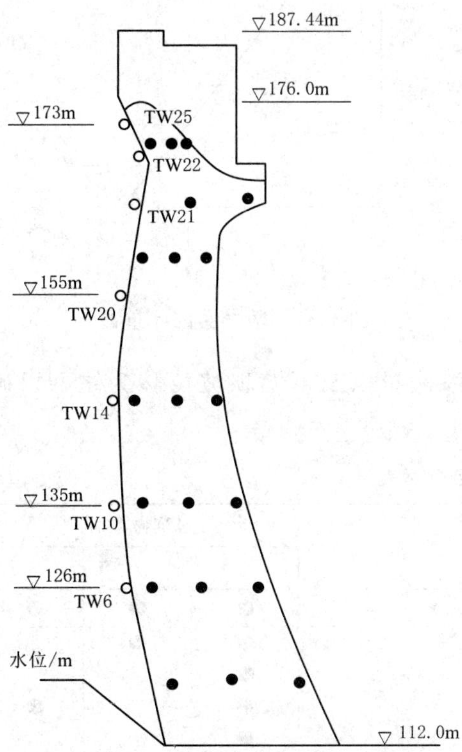

图 4-5　拱坝坝体温度计分布

3. 温度监测设计

温度是影响大坝位移的主要因素，也是施工期间浇筑混凝土和进行坝缝灌浆的重要控制参数，基础约束区混凝土的温度控制不好，就容易引起不易发现的贯穿性裂缝，因此在观测坝段需要进行监测。温度计在观测断面上一般呈网格形布置，测点的间距一般为 8～15m，坝面附近的测点间距可小些，上游坝面布置水温计，下游坝面布置混凝土表面温度测点及导温系数测点，如图 4-5 所示。

4. 应力应变监测设计

坝体应力状态的观测重点是靠近底部的基础观测截面，因为距离坝底越近，水荷载和自重引起的应力越大，因此基础观测截面的应力状态在坝体强度和稳定控制方面起关键作用。但为了避开基坑不平和边界造成的应力集中，基础观测截面距坝底不宜小于 5m。重力坝的应力分布受到坝体施工方法的影响，同仓浇筑的混凝土基础观测截面的应力是连续分布的，应变计组的布置按平面变形问题考虑，可以布置 4 向或 5 向应变计组，其中 4 向应变计组构成的平面与观测基面重合，如图 4-6 所示。

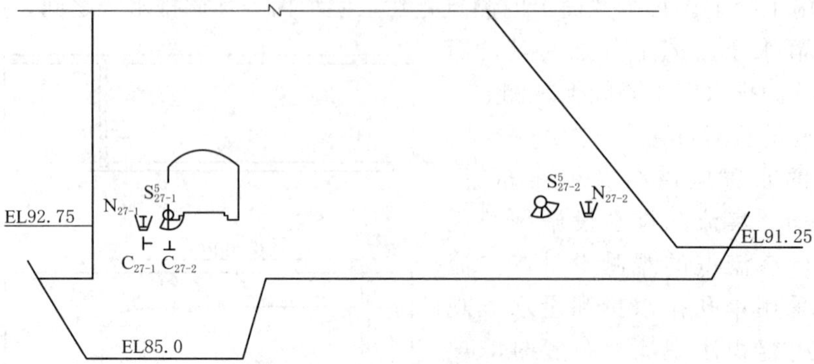

图 4-6 应力应变观测示意图（单位：m）

5. 坝体接缝和坝基基岩接缝设计

重力坝和支墩坝的纵缝都需要灌浆胶结成整体，整体重力坝的横缝也需要进行灌浆。为了监测灌浆前后坝缝的开度变化，以及在灌浆时控制压力，在灌浆区中部坝缝内要设置测缝计。

坝基底部的坝踵和坝趾分别埋设 2 支以上基岩变形变位计对于坝体抗滑稳定性有监测作用，坝踵垂直向布置的基岩变形计可以同时监测上游坝踵是否因为拉应力引起基岩裂缝张开或坝底和基岩脱开，如图 4-7 所示。

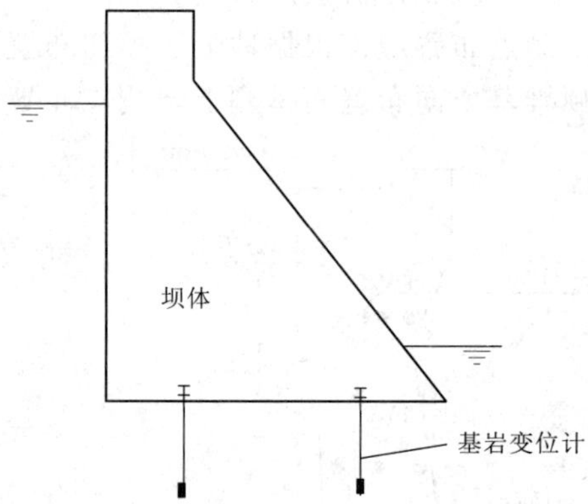

图 4-7 基岩变位计布置

二、土石坝的监测设计

土石坝的安全监测，必须根据工程等级、规模、结构形式，地形、地质条件等因素，设置必要的监测项目及其相应设施，定期进行系统的观测，见表 4-2。土石坝施工期以监测填筑坝体的孔隙水压力和变形为主保证坝体填筑的稳定，运行期以监测坝体浸润线和渗流量以及下游坝坡位移为主，以确保坝坡稳定。

表 4-2 土石坝安全监测项目分类表

序号	监测类别	观测项目	建筑物类别		
			1	2	3
1	巡视检查	巡视检查（含日常、年度和特别三类）	●	●	●
2	变形	（1）表面变形	●	●	
		（2）内部变形	●	○	
		（3）裂缝及接缝	●	○	●
		（4）岸坡位移	●	○	
		（5）混凝土面板变形	●	○	

续表

序号	监测类别	观测项目	建筑物类别		
			1	2	3
3	渗流	（1）渗流量	●	●	●
		（2）坝基渗流压力	●	●	○
		（3）坝体渗流压力	●	●	○
		（4）绕坝渗流	●		
4	压力（应力）	（1）孔隙水压力	●	○	
		（2）土压力（应力）	○	○	
		（3）接触土压力	●	○	
		（4）混凝土面板应力	●	○	
5	水文、气象	（1）上、下游水位	●	●	●
		（2）降水量、气温	●	●	●
		（3）水温	○	○	○
		（4）波浪	○		
		（5）坝前（及库区）泥沙	○		
		（6）冰冻	○		
6	地震反应	（1）地震强震	○	○	
		（2）动孔隙水压力	○		
7	水流	泄水建筑物水力学	○		

注 1. 有●者为必设项目，有○者为一般项目，可根据需要选设。
2. 对必设项目，如有因实际情况难以实施者，应报上级主管部门批准后缓设或免设。

1. 渗流监测设计

安全监测项目的选择以确保工程安全为前提，优先保证重点部位的监测。加强土石坝渗流和外部变形观测，同时辅之以一些特定项目的监测。

渗流量监测在大坝下游坝趾建量水堰，是常用的方法。这需要作截水墙以汇集渗水，对于建在深冲积层上的土坝更必须这样做，否则大部分渗水从下部的冲积层漏走了。截水墙在施工期进行坝基处理时就进行，减少一些重复工程量和后期施工时的困难。由于土石坝所在范围广，渗流量监测容易受到降雨的影响。

（1）坝体浸润线观测。

浸润线观测断面宜选择在最大坝高处、合龙段、地形或地质条件复杂处，一般不少于 3 个，并尽量与变形、应力应变观测断面相结合。在每个横断面内从坝顶往下游坝坡布置 3～5 个测点，观测水位，绘制浸润线，如图 4-8、图 4-9 所示。

浸润线观测的可以采用测压管方式或埋设渗压计方式。一般如下原则选择：

1）作用水头小于 20m 的坝，渗透系数大于或等于 10^{-4}cm/s 的土体中，渗透压力变幅小的部位，宜采用测压管方式。

2）作用水头大于 20m 的坝，渗透系数小于 10^{-4}cm/s 的土体中，观测不稳定渗流过程以及不适宜埋设测压管的部位（如上游铺盖或斜墙底部、接触面等），宜采用埋设渗压计方式，其量程应与测点水压力相适应。

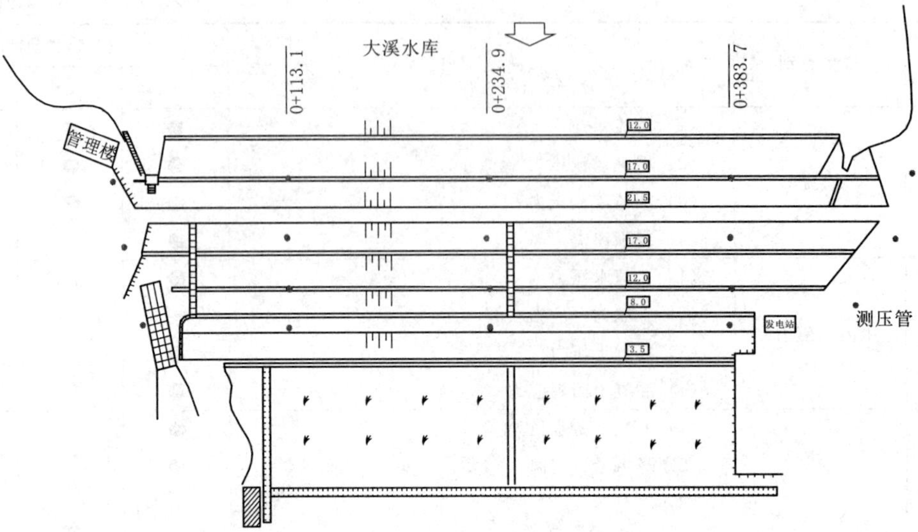

图 4-8 某土坝的坝体测压管浸润线观测

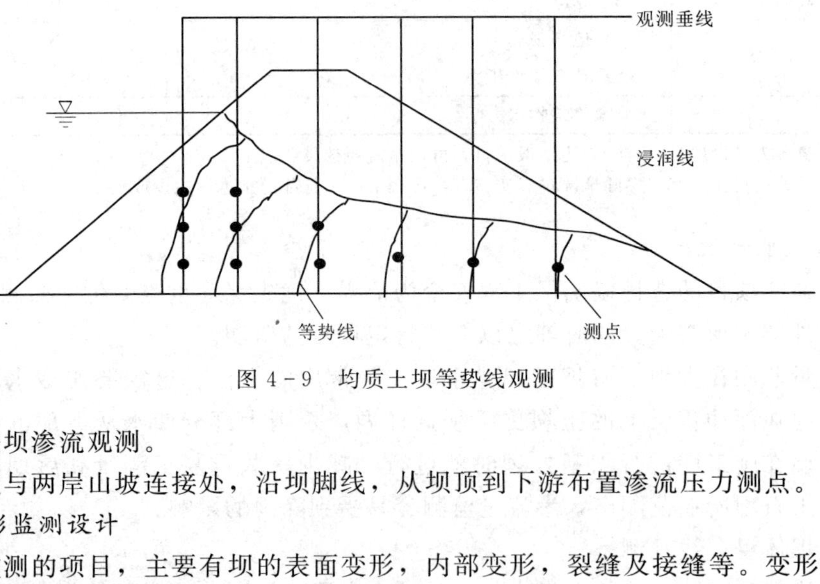

图 4-9 均质土坝等势线观测

(2) 绕坝渗流观测。

在大坝与两岸山坡连接处，沿坝脚线，从坝顶到下游布置渗流压力测点。

2. 变形监测设计

变形监测的项目，主要有坝的表面变形，内部变形，裂缝及接缝等。变形监测的正负号规定与混凝土坝类似。

(1) 表面变形监测。

水平位移是指垂直坝轴线方向和平行坝轴线方向的位移，大坝在上游水压力作用下，可能向下游方向位移，也可能是由于坝基或坝体的抗剪强度降低，产生的侧向位移，这样的侧向位移可能引起坝体横向开裂，以及两岸脱离，形成不利于坝体安全的渗流通道。因此，在这些可能产生较大位移部位安装位移计，观测大坝在施工和运行期间坝体内部的位移情况，结合其他观测项目综合分析，判断坝坡的稳定性，坝内有无隐蔽性裂缝，作为施工和运行安全运用的依据。

表面水平变形的横向观测断面通常选在最大坝高、合龙处、地形突变处、地质条件复杂处，一般不少于3个。每个横向观测断面一般不少于4个标点，通常在上游坝坡正常蓄水位以上1个，正常蓄水位以下可根据需要设临时测点，坝顶下游坝肩布置1个，下游坝坡半坝高以上1～3个，半坝高以下1～2个（含坝脚一个），如图4－10所示。

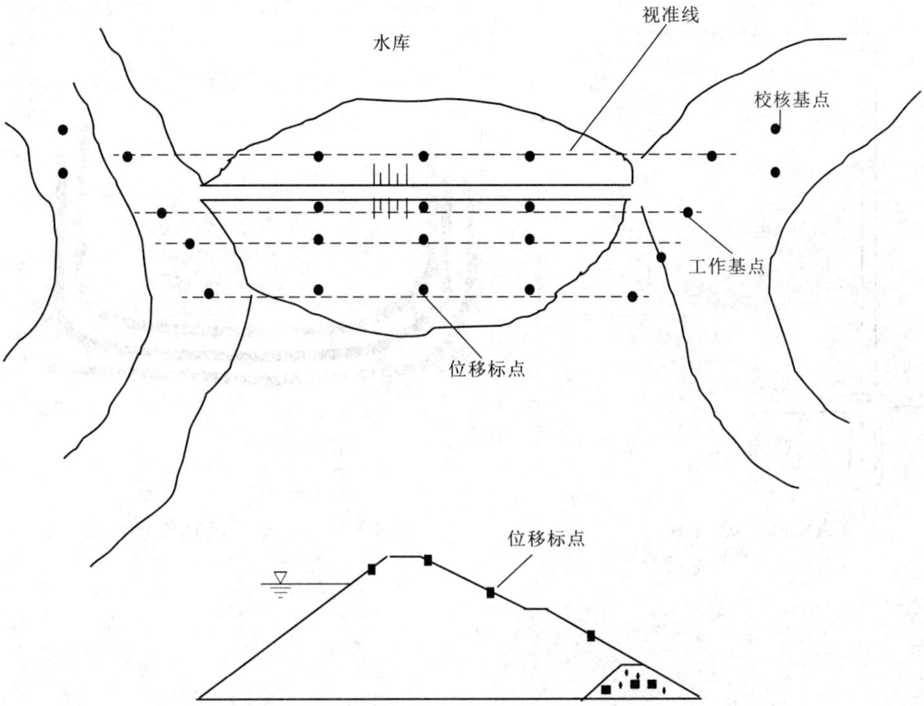

图4－10　土坝视准线观测布置

在坝轴线方向上测点的间距，一般坝长小于300m时，宜取20～50m，坝长大于300m时，宜取50～100m。表面竖向位移及水平位移变形一般共用一个测点。

（2）内部变形监测。

为了了解土石坝在施工和运行期间坝体内的固结和沉降（垂直位移）情况，结合其他有关观测资料进行综合分析，以判断其稳定性和有无变形裂缝，作为施工控制和工程安全运行的依据。

土石坝坝体内部的固结和沉降，一般采用在坝体内逐层埋设横梁管式沉降仪、电磁式沉降仪、干簧管式沉降仪、水管式沉降仪等方式，如图4－11、图4－12所示。

沉降观测应该与坝体其他各种位移观测、坝体内孔隙水压力的观测配合进行。内部变形观测的布置应该根据工程的重要程度，结构形式，地质，地形，坝长以及施工方法等确定，一般应在原河床、最大坝高、合龙段、代表性地质、特征地质处。每根沉降管的测点间距，应根据坝身填料特性，施工方法而定，一般为2～5m。沉降管最下一个测点应置于坝基表面，同时测量坝基的沉降量。

水管式沉降仪，测点的布置，一般沿坝高横向布置3排，即1/3坝高处，2/3坝高处，1/2坝高处。

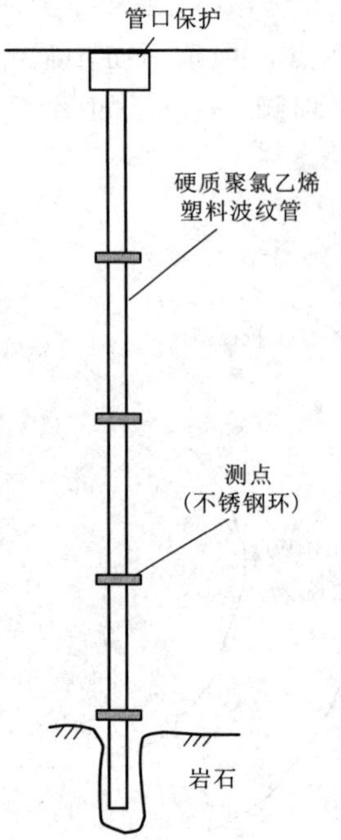

图 4－11　水管式沉降仪原理图

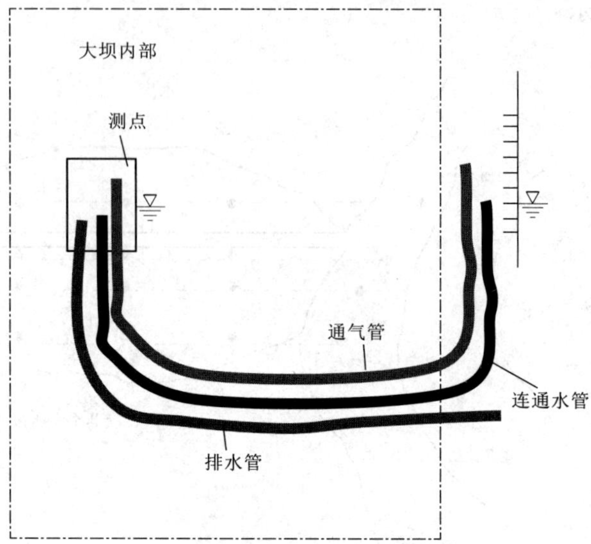

图 4－12　电磁式沉降仪示意图

第五章

安全监测自动化系统

第一节　安全监测自动化概述

一、实现安全监测自动化的重要性及必要性

安全监测系统是监视水工建筑物安全的耳目，通过日常的监测和分析，掌握水工建筑物的工作性态，当水工建筑物遇到洪水、水库高水位、地震等情况时，为在确保建筑物安全的前提下，充分发挥工程在防洪、发电以及航运等方面的综合效益，就需要得到工程实时监测资料的快速反馈，使管理人员能及时掌握工程的安全性态，以便其能作出科学的决策和调度。

在这种情况下，传统的人工观测显然无法提供大量有效的数据供分析和决策，从而难以满足对工程实时监测和快速反馈的要求。因而，建立高效的自动化监测系统，实现监测数据的实时采集、传输、分析和反馈，是完全必要的。

特别是在水利水电建设快速发展的今天，水工枢纽建筑物规模和难度越来越大，安全监测的测点越来越多，监测系统十分庞大并且十分分散，用人工观测已很难应付日常的安全监测工作，更不用说进行实时监测和快速反馈，因此，实现安全监测自动化显得更为紧迫。

（一）适应现代化工程运行管理的需要

随着计算机技术的深入发展，各级政府，各大中型企业和工程管理部门基本上实现了办公自动化和管理自动化，如果工程安全监测继续延续人工监测和手工录入数据库的方式，势必制约工程运行管理单位的工作效率。安全监测自动化系统实现了安全信息的自动采集、自动传输、自动存储、自动化管理，有关人员通过网络可及时了解大坝安全信息，真正实现远程管理与现场检查相结合的现代化工程运行管理模式，使管理上了一个新台阶。

（二）满足工程安全监测快速反馈的需要

为了及时掌控建筑物的安全性态，要求工程安全监测系统能够及时、完整、准确同步采集工程建设、运行各个阶段建筑物的状态信息和关联信息。

（1）及时性要求是指按照相关规范要求及时采集数据；及时分析判断采集到的数据；及时整理保存数据；及时发现和报告异常信息。

由于工程安全监测传感器数据量大，传感器或者传感器电缆汇集处交通条件差，人工采集数据的工作量大，如果遇到紧急情况需要及时采集数据时，人工采集系统将难以满足需要。

（2）准确性要求是指在数据采集的同时，对于异常数据进行校核验证，保证采集数据的准确性。

人工采集数据时，在测量和数据录入过程都可能由于操作人员的疏忽而导致人为误差，人为误差是一种随机性误差，很难使用软件方法校正和剔除，因此，人工数据采集方式难以保障准确性要求。

（3）完整性要求是指保证设计施工运行全过程的资料完整性；保证传感器相关参数的完整性；保证每次监测资料的完整性。

在资料分析过程中，需要用到被监测的建筑物各个阶段和各个方面的数据，如结构图纸、环境信息、监测数据、传感器的原始参数等，纸质方式保存和管理数据，不利于数据检索和处理。

（三）降低工程运行管理成本

工程安全监测对象的变化非常缓慢，这就意味着监测数据采用不需要连续进行，两次监测之间间隔的时间较长，但是要求每一次监测工作尽可能在较短的时间内完成，这样的要求给监测技术人员的配置带来了困难，如果安排的人数较多，工作量不饱满，导致工程运行管理成本上升；如果安排的人数较少，在工程度汛期间或者发生地质灾害时，满足不了监测过程的技术要求。

监测工作是一项专业性极强的工作，它涉及多个工程学科，需要专门的技术人员来从事这项工作，如果每个工程都配备大量的监测技术人员，客观上难以实现，采用监测自动化系统后，既可提高监测质量，又可适当减少监测人员，降低运行单位的管理成本。

（四）提高信息交流速度、有利于开展会商专家在线咨询

现代工程运行管理过程中，不可避免与外界交换数据和信息，如技术顾问远程咨询，设备生产厂家远程帮助，企业管理者远程指挥等。工程安全监测自动化系统可有效提高相关信息交流速度，有利于开展各种在线咨询及技术服务等工作。

二、设计依据和原则

（一）设计依据

1. 规程规范

（1）《大坝安全监测数据自动采集装置》（DL/T 1134—2009）。

（2）《混凝土坝安全监测技术规范》（SL 601—2013）。

（3）《混凝土坝安全监测资料整编规程》（DL/T 5209—2020）。

（4）《土石坝安全监测技术规范》（SL 551—2012）。

（5）《大坝安全自动监测系统设备基本技术条件》（SL 268—2001）。

（6）水工建筑物设计规范中有关安全监测的条款。

2. 工程基本资料

（1）工程的水工结构设计计算和科研试验资料。

（2）安全监测设计文件、审批意见和合同要求。

(3) 现场有关监测实施文件。

(二)设计原则

1. 整体规划,统一平台

水利水电工程安全监测涉及的监测项目、测点数量以传感器的类型较多,且分布在整个枢纽的各建筑物中,因此必须进行整体规划,制定统一的软、硬件平台,以保证系统的完整和统一。

2. 抓住重点,兼顾全面

监测自动化系统的总体规模及布置一般应根据监测项目设置、测点数量、仪器种类以及相应的布置情况来确定。纳入自动化监测系统的测点,以满足监测工程安全工作性态为主,抓住对建筑物安全起控制性作用的关键部位的项目和测点,并确保这些项目和测点能长期可靠地对建筑物进行实时监测。对未接入自动化系统或自成系统的监测项目,其监测的数据应能方便地输入或导入监测信息管理系统。

3. 技术先进,稳定可靠

保证自动化系统长期稳定可靠运行是实现对建筑物进行安全监测的重要前提,否则会导致监测数据不准确,造成数据的可信度会降低,因此,在满足观测精度和可靠性的前提下,采用先进、成熟的自动化监测系统是十分必要的。为保证在任何情况下都不会发生长时间的数据中断,对关键部位的监测必须留有人工监测的接口。

4. 开放性

系统应具备良好的开放性,应便于系统功能的修改、增加、删除、扩充和完善。

5. 实时性

建立高效的自动化监测系统,实现监测数据的实时采集、传输、分析和反馈,及时掌握建筑物工作状态,以便运行管理作出科学决策和调度。

6. 实用性

应从各个工程实际出发,以满足相应工程安全监测数据采集、处理、报表制作、信息报送以及不同建筑物工作状态评价的不同要求。

7. 安全性

监测自动化系统应具有完善的安全保密、安全控制和安全管理的功能。

8. 分步实施,逐步完善

在安全监测系统规模庞大的情况下,可以采取分步实施,由小到大,最终形成统一的系统。

9. 性能价格比高

高的性能价格比是确定选用自动化系统的重要因素,在技术先进、稳定可靠的前提下,选用经济合理的产品。

第二节 安全监测自动化系统的总体结构

一、安全监测自动化系统的类型

经多年的研制、开发和应用,监测自动化系统的结构布置已形成了三大基本形式:

集中式监测系统、分布式监测系统和混合式监测系统。应根据工程大小、测点多少选定合适的系统结构形式。

(一) 集中式监测系统

集中式监测系统是将自动化监测仪器通过安装在现场的切换单元或直接连接到安放在监测主机附近的自动采集装置的一端进行集中观测，如图 5-1 所示。

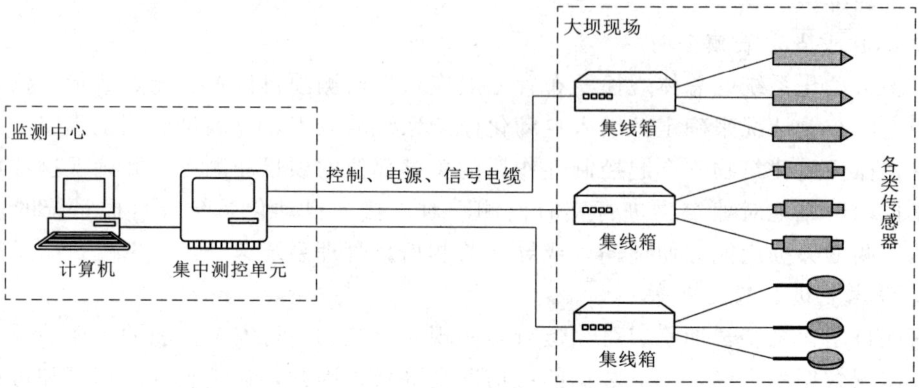

图 5-1 集中式监测系统结构示意图

集中式监测系统的结构简单，系统重复部件少；高技术设备都集中在机房内，工作环境好；便于管理。但系统共用一台自动采集装置，一旦自动采集装置发生故障，所连接的监测仪器都无法测量，造成整个系统瘫痪，系统风险过分集中；另外，由于控制电缆和信号电缆都较长，所传输的又都是模拟信号，极易受到外界干扰；因此，集中式监测系统存在可靠性不高，测值准确性差，测量时间长，专用电缆用量大，不易扩展等不足。

(二) 分布式监测系统

分布式监测系统由自动化监测仪器、数据自动采集单元和监测主机组成，如图 5-2 所示。其中数据自动采集单元布设在现场，各类自动化监测仪器通过专用电缆就近接入采集单元，由采集单元按照采集程序进行数据采集、A/D 转换、存储并通过数据通信网络发送至监控中心主机做深入分析和处理。

对于监测范围广、测点数量多、工程规模巨大或有主、副坝，以及总厂、分厂的水利水电枢纽，宜采用二级管理方案。根据枢纽结构特点，以建筑物或工程为基本单元，将枢纽划分为若干监测子系统；由各子系统再组成上一级管理网络，并对各子系统现场网络进行管理。

分布式监测系统与集中式监测系统相比，有以下优点：

(1) 可靠性高。因为采集单元分散了，如果发生故障，只影响这台采集单元上所接入的自动化监测仪器，不会使整个系统停止测量，系统的风险分散，可靠性增加。

(2) 抗干扰能力强。分布式监测系统的数据通信网络上传输的是数据信号，不同于集中式监测系统专用电缆上传输的模拟信号，不受外界干扰。

(3) 采集时间短。由于分布式监测系统由多台采集单元同时进行数据采集，系统数

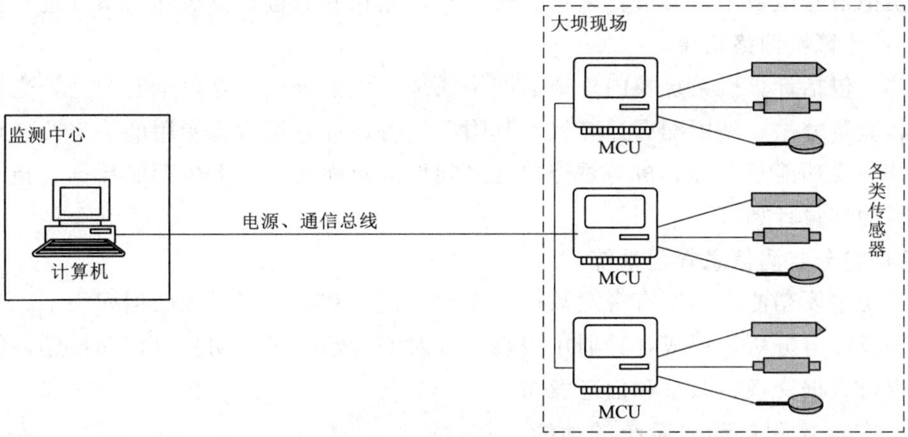

图 5－2　分布式监测系统示意图

据采集速度比集中式单台采集单元快，采集时间短。

(4) 便于系统扩展。增加采集单元及进行相应系统配置后，就可在不影响系统正常运行情况下将更多的自动化监测仪器接入。

（三）混合式监测系统

混合式监测系统是介于集中式和分布式之间的一种采集方式，又称集散式监测系统。它具有分布式布置的外形，而采用集中方式进行采集。设置在仪器附近的遥控转换箱类似 MCU 简单，汇集其周围的仪器信号，但不具有 MCU 的 A/D 转换和数据暂存功能，故其结构比 MCU 简单。转换箱仅是将仪器的模拟信号汇集于一条总线之中，然后传到监控室进行集中采集和 A/D 转换，再将数据输入计算机进行存储和处理。

混合式转换箱结构简单，维修方便，系统造价低，但系统风险大，测值准确性低。

70 年代中期及以前自动化采集系统为集中式的采集系统，以后的系统逐渐发展了分布式自动化监测系统，以下叙述的总体结构主要针对后者。

二、安全监测自动化系统的总体结构

安全监测自动化系统总体由以下 4 部分组成：

（一）监测仪器系统

该系统由分布在各个建筑物的监测仪器组成，包括环境量监测仪器、变形监测仪器、渗压及渗流监测仪器、应力应变及温度监测仪器等。

该系统的特点是监测仪器分散，它们之间各自独立，相互之间基本不存在什么联系，但从监测点的布置来看却是系统整体的有机联系体。系统中成千上万个测点测量到的信息之间有着密切的相关关系，这种关系的实质表示了水工建筑物的安全因素。接入自动化系统的监测仪器应以构筑物的强度、刚度稳定等安全起控制性作用的关键断面、控制断面的测点为主，并考虑其他不利条件、结构物特别复杂等不利因素。自动化系统的最终规模，应根据工程环境、建筑物规模、特点及技术经济条件等因素综合考虑。

（二）自动化数据采集系统

该系统的主要装置是测控单元，它在计算机网络支持下通过自动采集和 A/D 转换对现场模拟信号或数字信号进行采集、转换和存储；并通过计算机网络系统进行传输。

（三）计算机网络系统

该部分包括计算机系统及内外通信网络系统，该系统可以是单个监测站，也可分为中心站和监测分站，站中配有计算机及其附属设备，计算机配置专用的采集及通信管理软件，其主要功能是在计算机与测控单元之间形成双面通信，上传存储数据、指令下达以及进行物理量计算等。

（四）安全监测信息管理系统

该系统主要功能是对所有观测数据、文件、设计和施工资料以数据库为基础进行管理、整编及综合分析，形成各种通用报表，并对安全情况进行初步分析和报警，并与相关系统进行数据交换、共享和信息发布。

三、安全监测自动化系统的功能

目前国内外安全监测自动化系统一般都具有以下几方面的功能。

（一）采集功能

采集功能包括对各类传感器的数据采集功能和信号越限报警功能。采集系统的运行方式可分为：

（1）中央控制方式（应答式）：由后方监控管理中心监控主机（工控）或联网计算机命令所有 MCU 同时巡测或指定单台单点测量（选测），测量完毕将数据存于计算机中。

（2）自动控制方式（自报式）：由各台 MCU 自动按设定时间进行巡测、存储，并将所测数据按监控主机的要求送到后方监控管理中心的监控主机；

（3）监测数据的采集方式。每台 MCU 均具备常规巡测、检查巡测、定时巡测、常规选测、检查选测、人工测量。

（二）显示功能

显示功能包括显示建筑物及监测系统的总貌、各监测子系统概貌、监测布置图、数据过程曲线、监控图、报警状态显示窗口等。

（三）操作功能

在现场监控主机或管理计算机上可实现监视操作、输入/输出、显示打印、报告现在测值状态、调用历史数据、评估运行状态；根据程序执行状况或系统工作状况发出相应的音响；整个系统的运行管理（包括系统调度、过程信息文件的形成、进库、通信等一系列管理功能，利用键盘调度各级显示画面及修改相应的参数等）；修改系统配置、系统测试、系统维护等。

（四）数据检验功能

在监测子站和数据采集单元应具有如下的数据检验功能。

（1）测值自校。在数据采集单元内具有自校设备，以保证测量精确度。

（2）超差自检。可以输入并储存检验标准，对每一监测仪器的每次测值自动进行检验，超过检验标准的数据能自动加以标记并显示报警信息以及通过 Internet 的信息发布。

（五）数据通信功能

数据通信功能包括现场级和管理级的数据通信，现场级通信为测控单元DAU之间或DAU与监控管理中心监控主机之间的双向数据通信；管理级通信为监控管理中心内部及其同上级主管部门计算机之间的双向数据通信。

（六）数据管理功能

经换算的数据自动存入数据库，可供浏览、插入、删除、查询及转存等。并具有绘制过程线、分布线、相关线和进行一定分析处理的能力。

（七）综合信息管理功能

综合信息管理功能可实现在线监测、大坝性态的离线分析、预测预报、图表制作、图文资料、数据库管理及安全评估等。

（八）硬件自检功能

系统具有硬件自检功能，能在管理主机上显示故障部位及类型，为及时维修提供方便。

（九）人工接口功能

自动化监测系统备有与便携式检测仪表的接口，能够使用便携式监测仪表采集监测数据，并送入监测系统，可防止资料中断。

四、安全监测自动化系统的性能

（一）可靠性

（1）系统中平均单台设备的故障率不超过年运行次数和的2%（计算方法为按规定的年采集次数中，所有因设备故障不能采集的次数与全年所有设备应采集总次数之比）。

（2）系统平均无故障工作时间（MTBF）监测子站不小于6300h，MCU不小于20000h。

（3）系统的全年自动化平均数据采集故障率小于2%（计算方法：按规定的年采集次数中，数据采集单元全年因设备故障未能自动采集到的数据个数之和与全年应采集数之比值）。

（4）数据采集系统及设备能适应现场工作环境，具有足够高的抗干扰性能，能长期可靠地稳定运行。能适应恶劣的工作环境，环境温度－10～60℃，环境湿度98%Rh。

（5）系统具备耐久性，系统中各台设备和电缆应能稳定工作10年。

（二）准确度

各种监测项目的监测准确度高于或满足《混凝土坝安全监测技术规范》（SL 601—2013）、《土石坝安全监测技术规范》（SL 551—2012）等有关规程规范的要求。

（三）兼容性

数据采集单元应能接入所在位置埋设的所有类型的传感器，数值全部变换为标准数字量输出，并能手工录入，人工测读数据。

（四）防雷性能

数据采集系统具备防雷和抗干扰措施，能保证系统在雷电感应和电源波动情况下正常工作。

防雷电感应大于1500W。

(五) 易维修性

平均修复时间(MTTR)不大于72h(包括维修响应时间)。

(六) 可扩展性

系统应具有优良的可扩展性和扩展灵活性,系统扩展时对原有数据采集网络无重大影响。

(七) 安全性

系统在任何手动或自动操作、信息传输通信以及硬件、软件和固件等方面都设置较严密的安全性措施。

(八) 响应性

具有快速巡检能力,巡检1次时间不大于20min,同时具有快速反馈构筑物的工作结构性态。

第三节 数据采集装置

数据采集装置又称测控单元(MCU),通过电缆、光纤或无线连接到各个传感器,并量测、放大、测量调整比例,处理、A/D转换、显示及存储传感器信号。它主要由采集模块、A/D模块、防雷模块、电源模块、蓄电池、通信接口及机箱等部件组成。

安全监测自动化系统中数据采集装置数量的多少,布置的部位,应根据工程具体情况,结合所选采集装置的要求决定。并且应以采集装置性能好、管理方便、性价比高的原则,对采集装置性能、数量和布置位置进行优选。

一、数据采集装置的主要技术指标及要求

(1)通信接口:RS485/RS232/CANBUS/Lonworks/USB或其中部分接口。

(2)应能接入大坝变形、渗流、应力应变、温度、环境量等监测仪器,仪器型号包括差动电阻式、振弦式、电容式、电位器式、光电式、标准量或数字信号等。

(3)8~32个通道、8~40个通道、10~30个通道。

(4)环境要求。

温度一般条件:−10~50℃,特殊条件:−25~70℃。

相对湿度:≤95%(40℃)。

大气压力:53~106kPa。

(5)数据传输:1200~9600bps。

(6)无故障工作时间:MTBF≥6300h,采样时间≤2~5s/点。

(7)完成1次巡检时间≤20min。

(8)具有人工测量接口,人工测量仪器应独立于自动数据采集装置,通过电缆直接与监测仪器连接,以方便人工比测或在采集装置发生故障时人工测读数据。

二、采样模块的类型及特性

(一) 差阻式数据采集模块

差阻式数据采集模块主要参数如下:

测点容量:一般为8~16通道、有些采用10~30通道。

测量范围：电阻比 0.8000～1.200，电阻 40～120Ω。

测量精度：电阻值≤0.02Ω；电阻比≤0.0002。

分辨率：电阻值为 0.01Ω；电阻比为 0.0001。

测量时间：每通道 3～5s。

（二）振弦式数据采集模块

振弦式数据采集模块主要参数如下：

测点容量：8～32 通道。

测量范围：频率 400～5000Hz；温度－20～80℃。

测量精度：频率≤0.2Hz；温度≤0.5℃。

分辨率：频率 0.1Hz；温度 0.1℃。

测量时间：每通道 3～5s。

（三）电容式数据采集模块

电容式数据采集模块主要参数如下：

测点容量：8～32 通道。

测量范围：匹配传感器。

测量精度：0.1％FS±传感器精度。

分辨率：≤0.05％FS。

测量时间：每通道 3～5s。

（四）电感式数据采集模块

电感式数据采集模块主要参数如下：

测点容量：8 通道。

测量范围：10～99kHz。

测量精度：≤2Hz。

分辨率：1Hz。

测量时间：每通道 3～5s。

（五）电位器式数据采集模块

电位器式数据采集模块主要参数如下：

测点容量：8～32 通道。

测量范围：0.0001～1.0000。

测量时间：每通道 3～5s。

基本误差：0.05％FS。

分辨率：0.01％FS。

（六）标准量仪器数据采集模块

标准量仪器数据采集模块主要技术参数如下（主要采集固定测斜仪和压阻式）：

测点容量：8～32 通道、20～60 通道。

测量范围：0.000～20.000mA，－5.000～＋5.000V，－10.000～＋10.000V。

测量精度：0.05％FS。

分辨率：≤0.01％FS。

测量时间：每通道3～5s。

（七）智能型传感器数据采集模块

智能型传感器数据采集模块主要技术参数如下：

测点容量：8～32通道。

测量范围：匹配智能传感器。

测量精度：0.05%FS。

分辨率：0.01%FS。

测量时间：每通道3～5s。

（八）环境量采集模块

环境量传感器数据采集模块主要技术决定于所采用的传感器类型。

三、采集装置的功能特点及配置

目前，国内使用的采集装置主要有：南瑞的DAMS-Ⅳ型采集系统、南京水文所DG-2000系统、南自厂FWC2010数据采集系统、木联能LN1018-Ⅱ测量单元、北京基康BGK-micro-40测量单元、澳大利亚Datataker系统。这些采集装置配置及结构各不相同，有的采集装置中每个模块均有独立的CPU时钟、通信功能，例如南瑞的DAMS-Ⅳ型和南京水文所的DG型数据采集系统，有的厂家采集单元中有1块主模块，该模块具有智能装置模块，是自动化采集装置的核心设备，其余模块为扩展模块，与其配套使用。各个厂家具有相同的基本功能，又有各自的特点。

（一）基本功能特点

1. 电源及功率

电源应能采用220V交流电、太阳能蓄电池、自备电池等多种形式，一般要求在断电情况下将自动借用蓄电池能工作7d（视采集密度而变）。

2. 通信协议及通信介质

DAU与外界的数据通信协议基本上都是RS-485，通信速率与距离成反比，1km以内为9600bps，也有用CANBUS总线协议，有些单位也在开发LONWORKS总线协议。

常用的通信介质有双绞线、电话线，传输距离较远时采用光纤，个别受地理条件限制无法敷设电缆的采用无线通信，有的还能支持以太网接口、USB/PSTA/GPRS/COMS等通信方式。

3. 测量方式

测量方式均可定时、间断、单检、巡检或任设测点群。

4. 操作系统

操作系统均兼容Windows2000/XP及其以上版本。

5. 工作环境

工作环境：温度－10～50℃，湿度≤95%Rh。

6. 防雷防干扰要求

采集装置一般要求电源系统、通信系统及传感器测量单元上都设有防雷模块，所有进线均内置防过载电压、过电流等多重保护，防护标准功率为500～1500W。

采集装置还应有防潮、抗震及防强电磁干扰，应能通过抗干扰实验强度。

7. 控制与报警功能

能在采集计算机上显示故障部分机类型，为及时维修提供方便，能对监测数据进行自动检验类别，对照测量超限显示偏高时能自动报警。

（二）国内外主要厂家采集装置的配置

1. 南瑞 DAMS -Ⅳ型采集系统

每个数据采集单元（DAU），可接1～3个模块，每个模块均有独立的CPU、时钟、通信等功能，每个模块可接8～16个仪器，对于电介液式和光电式仪器，一般可接4～8个仪器，每个模块只能测量1种型式的传感器。

2. 南京水文所 DG-2000 系统

每个数据采集单元称作MCU，每个MCU可接1～3个模块数，每个模块具有独立的CPU、时钟、通信、数据存储等功能，每个模块可接16个差动式、振弦式仪器，对于特殊型仪器，则视其种类，可能仪器数量不等，有的模块可混接不同类型传感器。

3. 北京基康 BGK-micro-40 测量单元

采集装置又称测量单元，1个测量单元最多可接5个模块，每个模块接8支仪器，1个测量单元最多接40个仪器，1个测量单元中至少有1个是VR测量模块，VR测量模块具有独立的CPU、时钟、通信、A/D转换等功能，其他可带1～4个CH扩展模块，VR测量模块为混合式测量模块，任意通道均可测量振弦式、差阻式、电阻应变式仪器，通过专用的功能扩展转换器，还可接入标准信号传感器。

4. 木联能 LN1018-Ⅱ测量单元

采集装置又称测量单元，分别测量差动式仪器（20～60通道可选）、标准信号测量单元（20～60通道可选）、弦式仪器测量单元（8～16通道可选）、标准数字测量单元（32通道），1个测量单元有独立的CPU、时钟、通信等功能，每个测量单元只能接1种类型仪器。

5. 南自厂 FWC2010 数据采集系统

该厂测量装置称作测量单元，1个测量单元具有独立的CPU、时钟、通信等功能，1个测量单元可接8～40个仪器，其中可包含1个8通道的AMU-8测量模块（可接8支仪器）和1～2个AMU-16型的扩展模块（可接16支仪器），扩展模块必须与测量模块配套使用，测量单元中有8个通道专门作为智能式仪器的测量，如光电式垂线坐标仪，每种模块只能接同一类仪器。

6. 澳大利亚 Datataker 系统

Datataker系统的采集装置数据采集仪，它分为两类，一类编号为DT85G/DT80G智能模块，它具有独立的CPU、时钟、通信接口，可接振弦式或信号仪器5～16个，标准数字信号通道8个，还有数字控制输出信号用来控制自动操作信号；另一类编号为CEM20扩展模块，它可混接20个模拟信号仪器，它必须与智能模块连接才能使用，每个智能模块可接1～15个扩展模块。

第六章

安全监测数据整理与报告

第一节 监测数据采集和整编

仪器监测宜按照“固定测次、固定测时、固定设备、固定人员”的要求，在取得可靠初始值的基础上，做到监测连续、记录真实、注记齐全、整理及时，异常数据及时检查校核，必要时进行复测。必要时可适度增加数据采集频次。

每年可根据监测资料分析评价成果对观测频次进行优化调整。关联的监测项目（如土压力监测与渗流监测、应力应变监测）及成组的测点（如多点位移计、锚索测力计、测斜管、沉降管等）数据采集时间间隔不宜大于1h。

数据采集仪器应定期检验。检验不合格的仪器不得用于数据采集。不满足精度要求且经修复后仍不能满足使用要求的仪器，应及时申请报废和更换。监测数据在记录出错时应以横线画掉后在其上方填上正确数字并加盖名章。有疑问的数字，应在其左上角标上注记号，并在备注栏内说明有关情况。观测资料中断时，应在相应格内填上缺测符号“—”，在备注栏内说明原因。

监测资料整理、整编是指将工程安全监测的竣工图、各种原始数据和有关文字、图表（含影像、图片）等资料，经过收集、统计、考证、审查、综合整理成监测成果，并汇编刊印成册和在计算机磁光载体内存储。

监测资料整理、整编工作包括日常整理和定期整编。监测资料日常整理是每次仪器监测后应进行的一项经常性工作，工作内容包括查证原始监测数据的可靠性和准确性，将其换算成所需的监测物理量，及时存入计算机，并判断测值有无异常，对异常或疑点及时复测、确认，监测成果绘图和监测成果统计等。监测资料定期整编工作内容包括仪器监测资料、巡视检查资料和有关监测设施变动或检验、校测等资料的收集、填表、绘图、初步分析和编印等。监测资料应及时整理、整编与初步分析。当监测资料出现异常应及时分析原因并按程序进行处置。监测数据应使用标准记录表格，认真记录、填写，错误处应由记录人使用杠改法修改并盖名章，原始数据记录不得损坏和遗失。监测资料整理成果应做到项目齐全，考证清楚，数据可靠，方法合理，图表完整，规格统一，说明完备。

第二节 监测数据检验与图形绘制

一、监测数据的检验

监测数据应进行以下内容的检验：①作业方法是否符合规定；②观测记录是否正确、完整、清晰；③各项检验结果是否在限差以内；④是否存在粗差、系统误差；⑤监测仪器性能是否稳定、正常。

粗差通常是由于观测人员的疏忽而产生的错误，如仪器操作错误（仪器不匹配、挡位不对等），记录错误，录入错误（小数点串位、多或漏数字），计算错误，正负号弄反等。得到观测成果后，经分析存在粗差的测值一般应舍去不用，因计算错误而被发现的，可恢复正确测值再使用。

可采用仪器读数范围或可能值进行检验。监测仪器中有些仪器有明确的频模读数范围，超过此范围的测值为错误值。以温度测值为例，各类仪器的温度测值范围是－30～70℃，但还需使用可能值（或经验值）检验，如安装埋设在地面线以下的测点温度一般时段在0℃以上，而渡槽混凝土内测点最低温度不会低于－20℃等。实测温度若明显偏离正常范围即为错误值。以渗压测值为例，将渗压力测值换算为渗压水头（10kPa≈1m）后即可看出测值是否合理，如建筑物基础地下水位常年低于建基面，换算后的渗压水位如达到数米或数十米，则可判断为错误值。填方渠段底板基础测点的渗压水位不可能超过渠内水位，如明显超过（由于仪器安装高程不准确，换算后的渗压水位可能会与渠内水位略有偏差）则可判断为错误值。其他监测仪器可根据仪器量程、材料强度极限进行检验。

系统误差是由于观测设备、仪器、操作方法不完善或外界条件变化所引起的一种有规律的误差。如观测仪表不准引起的测量误差，仪器内部钢弦两端焊点松动引起的示值误差等。通常系统误差对多个测点或多次测值都发生影响，影响值及正负号有一定规律。如垂直位移观测中检查出各测点高程都有一个相同的异常升高或下降值时，可能是工作基点发生了沉陷或拱起。渠堤内部分层沉降观测中检查出同一测孔内各测点沉降都有一个相同的异常增大或减小时，可能是观测时更换了仪表或测尺发生了弯折、拉伸变化。得到观测成果后，经分析存在系统误差应加以改正方能使用。对于应变计组，还可以利用点应变平衡原理进行系统误差检验。此种系统误差不一定是仪器本身所造成，而可能是在埋设安装时，成组仪器偏离规定的角度，或仪器编号弄错，因此在处理时必须采取相应的方法予以更正。

二、监测物理量计算

监测物理量计算应符合以下规定：

（1）应及时将检验合格的原始数据换算成监测物理量。

（2）各类监测仪器设施的基准值应与施工期确定的基准值保持一致，一般不得随意更改。

（3）采用的计算公式要正确反映物理关系。各物理量计算公式应采用出厂合格证上的公式。

（4）计算参数选取，在仪器经率定检验合格时，应使用仪器出厂检测证书上给定的参数。

三、监测成果绘图

监测成果绘图应符合以下规定：

（1）应绘制每个观测项目每个测点的监测物理量随时间变化的过程线图。每批效应量过程线图宜配有主要原因量的过程线。当同一项目在邻近或相关联的范围内有多个测点时，宜绘制同一时间物理量的分布线图或等值线图，也可绘制同一时段内物理量的特征值分布线图或等值线图。当效应量与某一原因量有较明显相关关系时，宜绘制它们之间的相关图。

（2）成果图应表述清楚、含义明了。图上的标注要齐全。图号、图名、坐标名称、单位及标尺（刻度）都应在图上适宜位置标注清楚，必要时附以图例或图注。当一幅图上点据不甚多时，宜尽量将各点据用符号表示在图上。坐标的分度应使图中对象能清楚地表达，坐标值的范围应覆盖物理量的全部变幅略有余地，给出的曲线或点据群应大体在纵横两向均占满图幅而不偏于一隅。相关曲线应大体与横坐标成30°～60°。当一幅图上有多根曲线时，宜用不同线型将各线加以区分。

1. 过程线

过程线是物理量与时间的关系，以时间为水平坐标，以物理量（例如位移、应力等）为纵坐标。

为了解更多信息，可把有关的物理量的过程线放在同一图中，有时把影响所绘物理量变化的其他物理量用相同的时间尺度绘在这个图的上方或下方，以便比较分析。影响因素有：温度、降雨、施工加荷、开挖卸荷、地下水位等。在绘制直接观测值过程线的同时，绘制有实际意义的导出量过程线。例如，相对位移及位移变化速率等。

2. 分布（线）图

分布（线）图主要是物理量沿某一特定方向（线）的分布线。例如多点位移沿钻孔轴向分布、边坡内部水平位移沿测斜孔深度的分布、锚杆应力沿杆轴向的分布、渗透压力沿坡向分布等。物理量在断面上的分布情况利用等值线、投影分量或向量来表示。

分布（线）图中的一条曲线只能表示在一次观测中不同测点数据的分布情况，为了进行比较，把不同时间的测值分别绘在同一个图中，如测斜分布图，在各条线上标注观测时间。经数值分析计算的分布图有：应力、位移在断面上的等值线、等势线、位移向量、主应力的向量图等。

3. 相关图

相关图分为散点相关图和相关线两种，相关图中以两个有关的物理量为横纵坐标。对于不同的相关关系，坐标轴要求等距。绘相关线时主要选择自变量单调变化，或变化不太频繁的区间来绘制。

第三节 安全监测报告

安全监测报告主要是根据监测资料的定性、定量分析成果，对大坝当前的工作状态

（包括整体安全性和局部存在问题）作出综合评估，并进一步分析原因，对下年度加强安全管理和监测，提出采取防范措施的指导性意见。编制内容应包括：①工程概况及其安全监测系统的布置和工作情况简述；②巡视检查情况和主要成果；③工情观测资料情况、分析情况；④大坝工作状态和存在问题的综合评价内容及其结论；⑤对工程的安全管理、监测工作、运行调度以及安全防范措施等方面的建议。

（一）工程概况

（1）本周/月/年工程施工进度，主要是开挖、支护、灌浆、混凝土浇筑等进度情况。

（2）与监测成果相关的地质条件，如地层岩性、围岩类别、结构面的发育情况，及岩爆、涌水等地质现象。

（3）与监测成果相关的施工活动情况，如爆破震动、开挖出渣、锚杆锚索造孔/张拉、固结灌浆、回填灌浆、混凝土浇筑/衬砌、大型施工机械运行加载等影响因素。

（4）与监测成果相关的气温、降水、水位、流量等气象水文环境情况。

（二）安全监测成果综述

（1）按工程部位对每个监测项目的实测最大值进行统计，见表6-1。

表6-1　工程安全监测成果汇总表

<table>
<tr><th colspan="3" rowspan="2">监测项目</th><th colspan="4">实测最大值</th><th rowspan="2">状态评价</th><th rowspan="2">备注</th></tr>
<tr><th>测点编号</th><th>日期</th><th>日期</th><th>变化量</th></tr>
<tr><td rowspan="3">部位</td><td></td><td></td><td></td><td></td><td></td><td></td><td></td><td></td></tr>
<tr><td></td><td></td><td></td><td></td><td></td><td></td><td></td><td></td></tr>
<tr><td></td><td></td><td></td><td></td><td></td><td></td><td></td><td></td></tr>
</table>

（2）根据表中的监测数据对工程安全成果进行综述，语言要精练，对有变化的部位进行重点说明，对监测数据变化较小的部位进行概括简要说明。

（三）监测施工进度

1. 本月完成的情况

（1）仪器到货数量、检验验收数量。

（2）各部位安装埋设数量。

（3）完成监测成果的期数（观测次数、报告）。

（4）本周/月/年计划完成情况：本周/月/年完成的工作量与计划完成工作量的比较，存在的问题，原因和对策。

（5）本周/月/年质量完成情况：单元质量评定；施工质量控制；仪器设备的运行状况；观测过程中出现的异常情况及其处理。

（6）收到的设计图纸、设计通知、联系单。对主要的变更要简要论述。

2. 累计完成的工作量

（1）列表统计截至报告日完成的监测仪器到货数量、安装埋设数量以及安装埋设数量占合同的比例。

（2）质量完成情况：简述施工质量控制、单元质量评定情况。

3. 安全文明、环保工作

对本月安全生产控制、环保工作完成情况简要概括。

(四) 下周/月/年安全监测施工进度计划

根据现场情况制定下周/月/年的施工进度计划，包括采购计划、检验率定计划、施工准备、安装埋设计划、观测计划。计划中包括时间、数量、人员、材料、设备。需要协调的问题、难点，安全文明、环境保护。

(五) 监测成果及分析

1. 了解掌握资料分析的方法

资料分析主要根据《混凝土坝安全监测技术规范》(SL 601—2013) 及《土石坝安全监测技术规范》(SL 551—2012) 等规范要求，采用比较法、作图法、特征值统计法、数学模型法等多种方法，力图寻求各监测物理量的变化规律，为判断各水工建筑物在施工期、蓄水期的工作状态提供科学依据。各种分析方法的要点如下：

(1) 比较法：主要是将相同部分（或相同条件）的监测物理量进行相互对比，以查明各自的变化量的大小、变化规律和趋势是否具有一致性和合理性。

(2) 作图法：通过绘制相应物理量的过程线图、相关图、分布图以及综合过程线图，分析观测值的变化大小及其规律，检查观测值有无异常。

(3) 特征值统计法：通过统计各物理量在分析时段内的最大和最小值、变幅、周期、年变化趋势等，考察各监测物理量之间在数量变化方面是否具有一致性和合理性。

(4) 数学模型法：采用统计模型，建立原因量（上下游水位、气温、降雨、时效等）与效应量（测压管水位、位移、扬压力等）之间的数学关系式，据此分离各种荷载的影响，了解各原因量对效应量的影响程度和规律。

2. 资料分析的过程

(1) 在监测数据的整理分析中，应按单位工程→分部工程→断面→仪器类型的顺序进行整编分析。

(2) 每个断面或分部工程应对该断面（或分部工程）的工程结构特征、地质情况、施工开挖支护、混凝土浇筑、监测仪器的布置情况等内容进行描述，以便进行监测资料分析；每类仪器应附监测成果表、每支仪器的实测测值过程线，对典型断面应附测值分布图，对监测成果的数据异常应在监测成果表、测值过程线中予以说明，见表 6-2、图 6-1、图 6-2。

表 6-2　××××监测成果表

<table>
<tr><th rowspan="2">仪器编号</th><th rowspan="2">埋设位置</th><th rowspan="2">测点</th><th rowspan="2">测点深度/m</th><th colspan="2">累计位移/mm</th><th rowspan="2">本周/月/年位移变化量/mm</th><th rowspan="2">平均变化速率/(mm/d)</th><th rowspan="2">变形状态</th></tr>
<tr><th>××××-××-××</th><th>××××-××-××</th></tr>
<tr><td rowspan="4">×××</td><td rowspan="4">×××</td><td>孔口</td><td></td><td></td><td></td><td></td><td></td><td rowspan="4"></td></tr>
<tr><td>1号</td><td></td><td></td><td></td><td></td><td></td></tr>
<tr><td>2号</td><td></td><td></td><td></td><td></td><td></td></tr>
<tr><td>3号</td><td></td><td></td><td></td><td></td><td></td></tr>
</table>

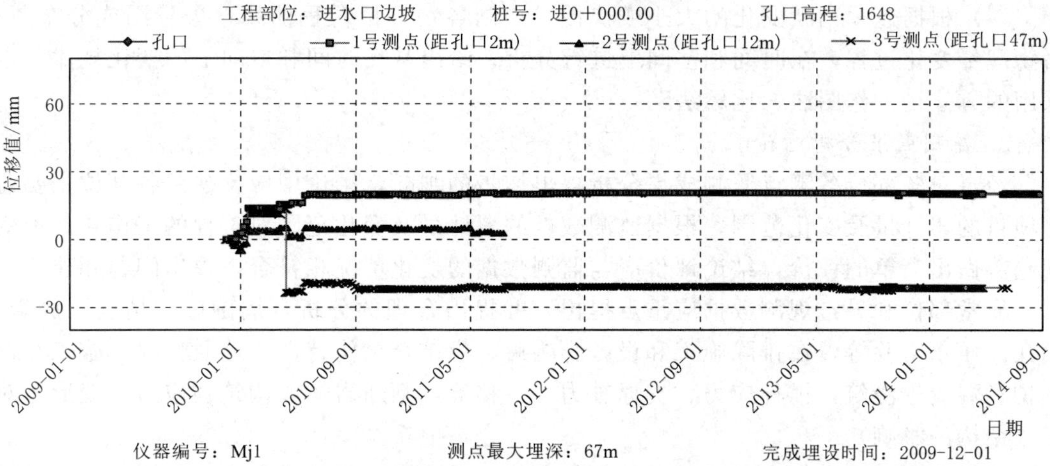

图 6-1　多点位移计实测位移过程线

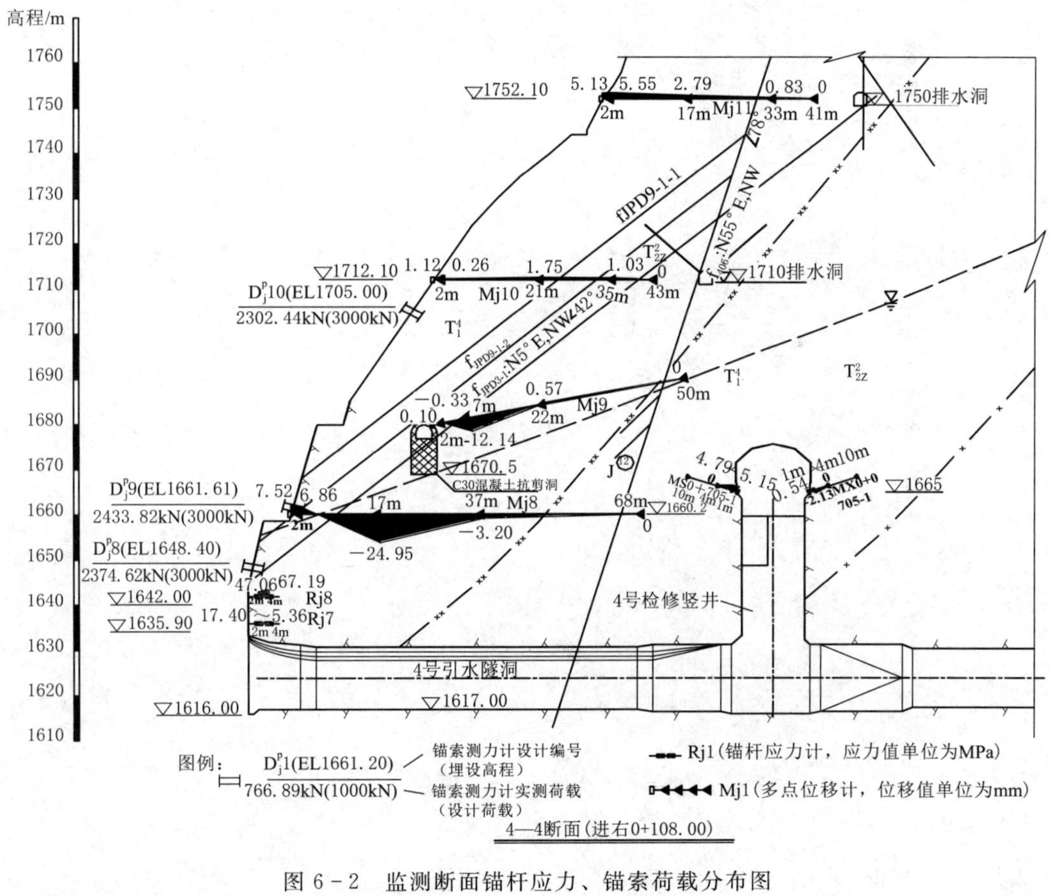

图 6-2　监测断面锚杆应力、锚索荷载分布图

(3) 对各部位监测成果进行初步分析，分析主要的内容包括：累计位移（应力、裂缝开度等）值的大小与预警值的比较，或与常规概念的比较；采用的方法是“比较法、特征值统计法”。

(4) 根据速率判断变化的大小或快慢；绘制各物理量时程曲线、矢量图或分布图；对物理量变化过程，在时间和空间上进行分析，给出其在时间和空间上的变化规律。常采用的方法是“作图法、比较法”。

3. 监测成果分析结论

经过对各部位各测点监测成果分析得出初步的判断，结论中应反映出各部位主要监测项目的累计量及变化范围，根据监测数据的累计量及变化范围对工程的工作状态和变化趋势做出简单的评价，结论评价应与监测数据的变化情况相符合，提出问题和建议。

异常部位和异常观测数据应重点提出，并提出合理的分析（周围施工情况、放炮、钻孔、压水实验等，在排除施工和设备影响后，应结合结构特征、地质情况、施工开挖支护、混凝土浇筑，锚杆应力、支撑轴力、位移等，判断岩体或构筑物应力、变形等对工程结构的影响）。

结论要明确，通常有要求的必须分析原因；对成因不清的或资料不足说明的可只做分析和推测，但不应下结论；对“不稳定”等结论性用语使用时应慎重。

第七章

安全监测测量仪表维护

一、一般维护方法

由于部分安全监测测量仪表结构形式基本相同，包括振弦式仪器测量仪表、差动电阻式仪器测量仪表、电感式调频式仪器测量仪表、压阻式仪器测量仪表、电容式仪器测量仪表、电位器式仪器测量仪表等，因此，仪表的维护方法大体相同。注重日常维护，可以使仪表达到最好的使用效果和最佳的可靠性，日常维护包括以下内容。

（1）仪表的机壳和面板宜采用沾了肥皂和水的软抹布定期清洁，在清洁仪表的面板的时候，不要使用任何类型的溶剂，清洁时注意防止水等液体进入仪器内部。

（2）防止水等液体进入读数仪面板上各插座端子内，勿将任何类型的碎屑沾到面板上。

（3）使用时应防止仪器落地或与硬物碰撞，仪表提示“电池欠压请充电”时，应对仪表实施充电。

（4）在潮湿环境中，测量完毕应立即将上盖合上扣紧，以防潮湿空气进入仪器内部。若仪器内部已受潮，读数不稳定，可关掉电源开关，把整个仪器置入小于50℃干燥箱内干燥6h以恢复稳定。

（5）仪表应在通风干燥的室内存放。

（6）若仪表长期不用，应打开后盖，取出蓄电池，将电充足后单独保存，并3～6个月充电1次，并检查仪表是否正常。

（7）为保证测量精度，应每年将仪表送具备资质的单位检验。

二、全站仪

全站型电子速测仪简称全站仪，它是一种可以同时进行角度（水平角、竖直角）测量、距离（斜距、平距、高差）测量和数据处理，由机械、光学、电子元件组合而成的测量仪器。由于只需一次安置，仪器便可以完成测站上所有的测量工作，故被称为全站仪。

全站仪兼具经纬仪与测距仪的功能，这里仅对全站仪的维护方法进行介绍。

（一）仪器保管

（1）仪器的保管由专人负责，每天现场使用完毕带回办公室；不得放在现场工具箱内。

（2）仪器箱内应保持干燥，要防潮防水并及时更换干燥剂。仪器必须放置专门架上或固定位置。

（3）仪器长期不用时，应以 1 个月左右定期取出通风防霉并通电驱潮，以保持仪器良好的工作状态。

（4）仪器放置要整齐，不得倒置。

（二）仪器使用

（1）外出现场测量前应检查仪器箱背带及提手是否牢固。

（2）开箱后提取仪器前，要看准仪器在箱内放置的方式和位置，装卸仪器时，必须握住提手，将仪器从仪器箱取出或装入仪器箱时，请握住仪器提手和底座，不可握住显示单元的下部。切不可拿仪器的镜筒，否则会影响内部固定部件，从而降低仪器的精度。应握住仪器的基座部分，或双手握住望远镜支架的下部。仪器用毕，先盖上物镜罩，并擦去表面的灰尘。装箱时各部位要放置妥帖，合上箱盖时应无障碍。

（3）在太阳光照射下观测仪器，应给仪器打伞，并戴上遮阳罩，以免影响观测精度。在杂乱环境下测量，仪器要有专人守护。当仪器架设在光滑的表面时，要用细绳（或细铅丝）将三脚架三个脚连起来，以防滑倒。

（4）当架设仪器在三脚架上时，尽可能用木制三脚架，因为使用金属三脚架可能会产生振动，从而影响测量精度。

（5）当测站之间距离较远，搬站时应将仪器卸下，装箱后背着走。行走前要检查仪器箱是否锁好，检查安全带是否系好。当测站之间距离较近，搬站时可将仪器连同三脚架一起靠在肩上，但仪器要尽量保持直立放置。

（6）搬站之前，应检查仪器与脚架的连接是否牢固，搬运时，应把制动螺旋略微关住，使仪器在搬站过程中不致晃动。

（7）仪器任何部分发生故障，不勉强使用，应立即检修，否则会加剧仪器的损坏程度。

（8）光学元件应保持清洁，如沾染灰沙必须用毛刷或柔软的擦镜纸擦掉。禁止用手指抚摸仪器的任何光学元件表面。清洁仪器透镜表面时，请先用干净的毛刷扫去灰尘，再用干净的无线棉布沾酒精由透镜中心向外一圈圈地轻轻擦拭。除去仪器箱上的灰尘时切不可使用任何稀释剂或汽油，而应用干净的布块沾中性洗涤剂擦洗。

（9）在潮湿环境中工作，作业结束，要用软布擦干仪器表面的水分及灰尘后装箱。回到办公室后立即开箱取出仪器放于干燥处，彻底晾干后再装箱内。

（10）冬天室内、室外温差较大时，仪器搬出室外或搬入室内，应隔一段时间后才能开箱。

（三）仪器转运

（1）首先把仪器装在仪器箱内，再把仪器箱装在专供转运用的木箱内，并在空隙处填以泡沫、海绵、刨花或其他防震物品。装好后将木箱或塑料箱盖子盖好。需要时应用绳子捆扎结实。

（2）无专供转运的木箱或塑料箱的仪器不应托运，应由测量员亲自携带。在整个转运过程中，要做到人不离开仪器，如乘车，应将仪器放在松软物品上面，并用手扶着，在颠簸厉害的道路上行驶时，应将仪器抱在身上。

（3）注意轻拿轻放、放正、不挤不压，无论天气晴雨，均要事先做好防晒、防雨、防震等措施。

（四）电池维护

全站仪的电池是全站仪最重要的部件之一，现在全站仪所配备的电池一般为 Ni - MH（镍氢电池）和 Ni - Cd（镍镉电池），电池的好坏、电量的多少决定了外业时间的长短。

（1）电源打开期间不要将电池取出，因为此时存储数据可能会丢失，须在电源关闭后再装入或取出电池。

（2）可充电池可以反复充电使用，但是如果在电池还存有剩余电量的状态下充电，则会缩短电池的工作时间，此时，电池的电压可通过刷新予以复原，从而改善作业时间，充足电的电池放电时间约需 8h。

（3）不要连续进行充电或放电，否则会损坏电池和充电器，如有必要进行充电或放电，则应在停止充电约 30min 后再使用充电器。

（4）不要在电池刚充电后就进行充电或放电，有时这样会造成电池损坏。

（5）超过规定的充电时间会缩短电池的使用寿命，应尽量避免。

（6）电池剩余容量显示级别与当前的测量模式有关，在角度测量的模式下，电池剩余容量够用，并不能够保证电池在距离测量模式下也能用，因为距离测量模式耗电高于角度测量模式，当从角度模式转换为距离模式时，由于电池容量不足，不时会中止测距。

（7）长时间不使用全站仪时，应定期（3 个月左右）将电池取出进行充放电。

（五）检验与校正

（1）照准部水准轴应垂直于竖轴的检验和校正。检验时先将仪器大致整平，转动照准部使其水准管与任意两个脚螺旋的连线平行，调整脚螺旋使气泡居中，然后将照准部旋转 180°，若气泡仍然居中则说明条件满足，否则应进行校正。

校正的目的是使水准管轴垂直于竖轴。校正时用校正针拨动水准管一端的校正螺钉，使气泡向正中间位置退回一半。为使竖轴竖直，再用脚螺旋使气泡居中即可。此项检验与校正必须反复进行，直到满足条件为止。

（2）十字丝竖丝应垂直于横轴的检验和校正。检验时用十字丝竖丝瞄准一清晰小点，使望远镜绕横轴上下转动，如果小点始终在竖丝上移动则条件满足。否则需要进行校正。

校正时松开四个压环螺钉，装有十字丝环的目镜用压环和四个压环螺钉与望远镜筒相连接。转动目镜筒使小点始终在十字丝竖丝上移动，校好后将压环螺钉旋紧。

（3）视准轴应垂直于横轴的检验和校正。选择一水平位置的目标，盘左盘右观测，取它们的读数。

（4）横轴应垂直于竖轴的检验和校正。选择较高墙壁近处安置仪器。以盘左位置瞄准墙壁高处一点 p（仰角最好大于 30°），放平望远镜在墙上定出一点 m_1。倒转望远镜，盘右再瞄准 p 点，又放平望远镜在墙上定出另一点 m_2。如果 m_1 与 m_2 重合，则条件满足，否则需要校正。校正时，瞄准 m_1、m_2 的中点 m，固定照准部，向上转动望远镜，此时十字丝交点将不对准 p 点。抬高或降低横轴的一端，使十字丝的交点对准 p 点。此项检验也要反复进行，直到条件满足为止。

以上 4 项检验校正，以（1）、（3）、（4）最为重要，在观测期间最好经常进行。每项检验完毕后必须旋紧有关的校正螺钉。

（5）定期检验。除日常使用中的自行校验外，应定期（一般为 1 年）将全站仪送至具有相应检测资质的部门进行检验，并出具检验合格证。

三、水准仪

（一）维护与保养

1. 清洁

清洁仪器时一定要非常小心，尤其是在清洁仪器镜头和反射器的时候，千万不要用粗糙不干净的布和较硬的纸去清洁，建议使用抗静电镜头纸、棉花块或者镜头刷来清洁仪器。

2. 防潮

如果仪器在潮湿的天气中使用过，将仪器放入室内，从仪器箱中取出仪器，自然晾干，如果在仪器镜头上有水滴，让仪器自然蒸发即可。

3. 仪器的运输

在运输仪器时一定要锁好仪器箱，如果长途运输仪器，将仪器放在仪器箱中，并且使用运输集装箱。

4. 使用

（1）施测时，应避免阳光直晒在仪器上，否则将影响测量精度。

（2）转动部分发生阻滞不灵的情况，应立即检查原因，在原因未弄清之前切勿过重用力扭转转板，以防损坏仪器结构或扣件。

（3）出现影响观测的灰尘时，可用软毛刷轻轻拂去，也可用专用擦镜布或丝绒软巾揩擦，切勿用手指接触镜片。

（4）施测完毕后，应将各部分揩擦干净，特别是水汽应妥善擦干，装入仪器箱内的仪器和脚架均应收藏在干燥通风、无酸性和腐蚀性挥发物的房间内。

（5）水准仪在被雨水淋湿后，切勿开机使用，应用干净软布擦拭干后放在通风处存放一段时间。

5. 维修

应到具有相应资质的维修站点进行维修，并且每年进行一次校准。以保证仪器的精度。

6. 电池维护

在充电和使用电池之前，一定要先阅读电池安全和环境信息。不要损坏锂电池，被损坏的电池可能引起爆炸和火灾，可能造成人身伤害和财产损失；为避免不必要的伤害和损坏，请不要使用损坏的电池，损坏的迹象包括，变色、扭曲变形、漏液；不要让电池接触火焰、高温以及阳光直射；不要将电池浸入水中；当天气炎热时请不要将电池在车辆内储存；不要重击或者刺破电池；不要将电池短路；不要接触漏液的锂电池，以免造成人身伤害和财产损失。严格按照说明书对电池进行充电，如果周围温度不在指定范围内不要试图继续对电池进行充电。水准仪长期不用时，应将电池取出，并定期进行充放电，防止损坏电池使用寿命。

（二）检验与校正

1. 圆水准器轴平行于仪器竖轴的检验与校正

（1）检验。调整脚螺旋，使圆水准器气泡居中，则圆水准器轴处于竖直位置。松开制动螺旋，使仪器绕其竖轴旋转180°，若气泡仍然居中，则说明竖轴也处在竖直位置，圆水准器轴与竖轴平行，不需校正。若旋转180°后，气泡不再居中，则说明圆水准器轴与竖轴不平行，两轴必然存在交角δ，需要校正。

（2）校正。校正时应先松开中间的紧固螺丝，然后根据气泡偏移方向用校正针拨动校正螺丝，使气泡向零位置移动偏离量的一半，转动脚螺旋，使圆水准器气泡居中。

校正工作一般需反复进行2～3次才能完成，直到仪器转到任一位置，圆水准器气泡均处在居中位置为止，校正完成后注意拧紧紧固螺丝。

2. 十字丝横丝垂直于仪器竖轴的检验与校正

（1）检验。用十字丝中丝的一端瞄准一目标点M，然后用微动螺旋使望远镜缓慢转动，如果M点不离开中丝，说明中丝与仪器竖轴垂直，不需校正。若M点偏离了中丝，则需要校正。

（2）校正。取下十字丝分划板护盖，放松十字丝分划板座的压环螺丝，微微转动十字丝分划板座，使M点对准中丝即可。检验校正需反复进行数次，直到M点不再偏离中丝为止。最后拧紧压环螺丝。

3. 水准管轴平行于视准轴的检验与校正

（1）检验。在地面上选定相距约80m的A、B两点，并打入木桩或放置尺垫。安置水准仪于AB的中点。若水准管轴LL与视准轴CC平行，仪器精平后，分别读出A、B两点水准尺的读数a、b，根据两读数就可求出两点间的正确高差h。若LL轴与CC轴不平行，也不会影响该高差值的正确性，这是因为仪器到A、B点的距离相等，在所得读数a_1、b_1中，因两轴不平行所产生的偏差Δ是相同的，在计算高差时可以抵消。再将仪器安置于A（或B）点附近，如距离A点约3m处，精平后又分别读得A、B点水准尺读数为a_2、b'_2。因仪器到A点的距离很近，两轴不平行引起的读数误差很小，可忽略不计，即认为a_2为准确读数。由a_2、b'_2又求得两点的高差h'，即

$$h'=a_2-b'_2$$

若$h'\neq h$，说明LL轴与CC轴不平行，需要校正。

（2）校正。根据读数a_2和高差h，计算视线水平时B点水准尺上的正确读数b_2，即

$$b_2=a_2-h$$

转动微倾螺旋，用中丝对准B点水准尺上的读数b_2，此时视准轴CC处于水平位置，而水准管气泡却不再居中。用校正针先松水准管一端的左（或右）校正螺丝，再分别拨动上、下两个校正螺丝，将水准管的一端升高或降低，使气泡居中。该项校正工作

需反复进行，直到 B 点水准尺的实际读数 b_2' 与正确读数 b_2 的差值不大于 3mm 为止。最后拧紧左（或右）侧的校正螺丝。

4. 定期检验

除日常使用中的自行校验外，应定期（一般为 1 年）将水准仪送至具有相应检测资质的部门进行检验，并出具检验合格证。

四、GPS

GPS 在使用过程中，应注意以下事项：

（1）GPS 属于精密测量仪器设备，平时应指定专人负责保养和维护。

（2）GPS 设备应在常温、干燥、通风、阴凉的环境中存放，以防止设备长时间不使用时被腐蚀，从而影响 GPS 的定位精度和使用寿命。

（3）GPS 设备在运输时应对接收机及其附件装箱，并采取防振、防摔措施，在进行长途运输时，应先把仪器装在仪器箱内，再把仪器箱装在专供运输用的木箱内，并在空隙处填以泡沫、海绵、刨花或其他防震物品，必要时用绳子捆扎结实。

（4）在使用 GPS 接收机及其附件时，力求小心，轻拿轻放，勿磕勿碰，确保仪器使用安全。

（5）作业结束后，仪器使用人应负责及时擦净接收机上的水汽和尘埃，并装箱。

（6）在雨雪天使用 GPS 接收机时，应及时清理仪器表面的水、雪，以防止流入仪器内部，腐蚀其内部结构，影响使用寿命；回到室内后应及时用干净的软布将仪器及箱子内的水分擦净，并放在阴凉、通风的地方晾干。

（7）打雷时应尽量关闭电源，停止观测，防止损坏仪器。

（8）在导完 GPS 接收机内的数据后，应及时拔出连接数据线，以防止数据线长期在电脑上通电，使其内部结构老化，影响使用寿命。

（9）GPS 电池是较为昂贵的附件，不能连续进行充电，否则会损坏充电器，缩短电池的使用寿命。

五、觇牌

（一）维护与保管

觇牌是精密仪器，必须注意保护，以免影响量测精度。

（1）手轮旋转如不灵活或传动过紧，应检查原因。如传动轴间隙过大或过紧，可将手轮止动螺丝松开，调试合适后再固定。

（2）觇标使用完毕后，应将各部分擦拭干净，罩上塑料套，装入箱中。

（3）定期对活动觇标进行检查，如发现有不合格项，应及时进行校正，并作好校正记录。

（二）检验与校正

（1）照准牌水准管轴应垂直于竖轴的检验与校正。

1）检验。先粗略整平仪器，然后转动照准牌使照准牌水准管平行于一对脚螺旋的连线，并转动该对螺旋使水准管的气泡居中，将照准牌旋转 180°，此时，水准管也调协动了 180°，若气泡偏离中央，则表明照准牌水准管轴不垂直于竖轴，需要校正。

2）校正。用脚螺旋调节气泡偏离的一半，另一半用水准管校正螺旋校正之。该项检校应反复进行，直至照准牌转到任何位置时气泡仍然居中为止（最多不超过1格）。

（2）圆水准器检验与校正。将长水准器整置平后，观察圆水准器是否居中，如果不居中，则需要进行校正。校正时用圆水准下部的校正螺丝进行校正即可。

（3）照准牌检验与校正。在相距 30m 的地方各安设 1 台经纬仪和活动式觇牌，整置平后，用经纬仪望远镜纵线照准觇牌中心线，观察觇牌中心线是否竖直，如不竖直，则应进行校正。

校正时，可松开照准牌固定止动螺丝，将照准牌中心线调整竖直，并将中心线移动到首次测定的零位上，然后固定螺丝。

六、收敛计

（一）钢尺维护

（1）应经常对仪器进行定期的保养，使其清洁。为防腐蚀，定期地给钢尺涂油并擦拭干净。用石墨润滑保持卷尺曲柄系统。

（2）任何时候都应避免沿地面拖拉钢尺，最大的危险是钢尺的扭结和交通工具的碾压。当收回钢尺的时候，用清洁的软布来擦拭钢尺以除去上面的污物和水分。

（3）不要润滑张力套筒的螺丝。工厂中已经使用了高质量的润滑剂，如果再用其他类润滑剂会稀释原有润滑效果，同时会带进一些灰尘或脏物。

（4）如需更换卷尺时，新卷尺可向仪器生产商订购。新卷尺最可能引起数据零漂，而且由此产生的漂移不能通过量测检测或调节挂钩来克服，因为卷尺中的尺孔并不处在完全相同的位置。可以通过测读稳定参考测点来比较新旧读数，以此算出某尺孔的零漂值。

（二）仪器的维护

如果经常维护以保持仪器的清洁，仪器的使用寿命将延长。只要仪器暴露于尘土或潮湿环境中，在当天工作结束时，都应该用软布将仪器擦拭干净，尤其是滑动杆部分。保存仪器时应使滑动杆缩回，读数仪显示 3～5mm。

（三）电池的维护

1. 电池

电池为指示灯提供动力，如果仪器需要保存一段时间，则电池应该取下。

2. 数显百分表电池

数显百分表由内装电池提供动力，该电池的正常使用寿命是一年。当电池能量不足时，会显示一个小的字母 B。若非每天都需使用仪器，在用完之后，应将开关关闭以保持数显百分表的使用寿命。

开关数显百分表的步骤如下：开关按钮位于钢尺张紧/摇柄旁边，通过按压并保持几秒钟，使数显百分表处于开或关状态。数显百分表由关转换到开，数显百分表将要求重置零点。

当钢尺张紧/摇柄完全顺时针转动，则数显百分表显示的读数应为 0.00mm。如果不是这种情况，则轻按开关钮两次，则现在的读数应该是零。如果显示仍然不是零，重复以上步骤，确信在按钮前，钢尺张紧/摇柄完全停止。再次强调：不要强行旋绕手柄。

更换数显百分表的电池需要特殊的工具。如果操作不当，可能导致数显百分表的损坏或率定数据的丢失。因此，如需更换数显百分表电池，建议将仪器返回厂商。仪器按照常规返回厂商维护时，将被换上一节新的电池。

（四）仪器校正

如果收敛计螺母锁得不紧，仪器底端的挂钩就会变位，产生零漂。则须按下述操作步骤重新定位挂钩：

（1）用一可调扳钳夹住挂钩环，然后用 7/16 开口扳手拧紧螺母。

（2）检查零漂。

（3）如需要，松开螺母，将挂钩旋转 180°（方向随意），然后再拧紧螺母。

（4）重复量测检测，继续调节直到挂钩回到原位为止。

（五）技术维护

应将仪器至少每年一次返回厂商，以便进行技术服务和率定。

七、电测水位计

电测水位计的维护事项如下：

（1）因电池容量有限，每次测量完毕后，应立即关闭电源开关。

（2）测量后必须将探头及钢尺电缆等擦拭干净，并把钢尺电缆整齐地绕在绕线盘上，然后放置于箱柜内。

（3）探头工作时要求密封，绝对禁止拆卸，以免损坏。

（4）发现探头故障时，请及时送修。

（5）钢尺电缆切忌弯折，特别是靠近探头端部，以免损坏和断裂。

（6）探头应轻拿轻放，切忌剧烈震动。

八、振弦式仪器测量仪表

以 BGK-408 振弦式读数仪为例介绍振弦式仪器测量仪表的维护方法。

（一）清洁

（1）用沾了肥皂和水的软抹布对读数仪的机壳和面板作定期的清洁。

（2）在清洁读数仪的面板的时候，请不要使用任何类型的溶剂。

（3）请勿将任何类型的碎屑沾到面板上。

（4）防止水等液体进入读数仪面板上各插座端子内。

（二）充电

BGK-408 读数仪内置高容量锂离子电池，尽管内部设有完善的充放电保护电路，若不按照正常的操作程序使用，将会大大缩短电池的使用寿命。

（1）新出厂时的电池是未被充满的，其电量约为电池额定容量的 20%左右，收到读数仪后不必充电可立即投入使用，待在开机或使用过程中提示“电池欠压请充电”时再进行初次充电，以激活电池容量；

（2）初次充电的时间应控制在 48h 以上。以后每次充电的时间不少于 24h，电池的充电时间为 24h 充满容量的 80%，48h 完全充满。

（3）使用过程中应使用过程中提示“电池欠压请充电”时再进行充电。

（4）允许在读数仪开机状态进行充电及使用，但充电的时间应比额定时间长。

（5）读数仪长期不使用时应将电池放空后储藏，尽管如此，建议每隔半年对读数仪进行一次完全充放电。

（三）率定

读数仪需要定期（每年）送回生产厂家或法定计量机构进行检验和率定。

（四）故障处理

（1）读数仪不能正常开机可能是内置电池没电了，使用外接电源，如果读数仪仍不能正常开机，需送回生产厂家检修。若使用外接电源，读数仪能正常开机工作了，请对内置电池充电 8～12h，后撤销外接电源，若读数仪能正常工作，则故障解除，若仍不能正常工作，则需更换内置电池。

（2）充电后，电池坚持工作的时间太短可能是内置电池到使用寿命了，向读数仪生产厂家询问或预订同类电池以便更换。

（3）读数仪不能显示被测仪器的测量结果。检查鳄鱼夹与被测仪器导线的连接是否可靠，如果正常，用欧姆表检查被测仪器的阻值，若在 90～180Ω 之间，基本上说明连接正常，请更换激励类型，依照 D→E→F→A→B→C 的次序逐个试验，若在某个激励类型下能测到稳定的数据，故障排除。若在所有激励类型下均不能获得正确的测值，需另外选择一支仪器，按照上述方法再做一次，若能获取稳定的测值，则说明第一支被测仪器已经损坏，若仍不能获得正确的测值，则可能是读数仪出现电路故障了，请及时返回生产厂家以便检修。

（4）读数仪测值不稳定或无读数可能选择了不正确的激励类型，请更换激励类型，依照 D→E→F→A→B→C 的秩序逐个试验，若在某个激励类型下能测到稳定的数据，就结束激励类型变更操作。

九、差动电阻式仪器测量仪表

以 SQ－5 数字式电桥为例介绍差动电阻式仪器测量仪表的维护方法。

（一）仪表精度的检查

（1）首先将随仪表提供的五芯测量线插入仪表输入插座，将五芯测量线的鳄鱼夹按黑、蓝、红、绿、白五色夹住电桥率定器相对应的五接线柱。

（2）用电桥率定器的各档标准输出检查仪表工作是否正常，测值是否准确。如测值误差超出本使用说明产品技术指标的规定，请及时送工厂修理。

（二）仪表使用注意事项

（1）数字式电桥是专用精密电子仪器，不能承受强烈撞击，使用时要细心，要存放在清洁干燥室内。

（2）数字式电桥不能用兆欧表测绝缘电阻，也不能用于测量其他仪器特别是有源器件。

（3）不要打开仪表后盖，有故障送回工厂修理。

（4）更换电池时必须关断电源，旋出仪表后面小后盖的螺钉，掀起小后盖向后推出，按电池极性更换电池。

十、钻孔倾斜仪

（一）保养维护

（1）擦净探头：完成测量时，擦干探头上的湿气并盖好保护盖。需要的话，如地下水含盐度高或有化学剂时，用清水冲洗或用实验室清洁剂刷洗。

（2）清洁接头：保持接头干净，如有必要用棉花团沾酒精轻轻擦拭，注意仅用少许酒精。不要向接头喷射润滑剂清洁接头或用电动接触清洁器清洁接头，这些产品中的溶剂将会腐蚀接头内的氯丁橡胶。

（3）干燥探头：在放回办公室时，从控制电缆、探头和读数仪上拿下保护盖，允许接头完全放在空气中自然风干几个小时，然后盖上保护盖。

（4）探头的保管：探头、控制电缆和读数仪都应放在干燥的地方。长时间储藏，探头应当放在一个垂直的地方。

（5）测轮润滑：定期润滑测轮，喷少量的润滑剂或者滴少量的油在轮轴的两侧，检查轮子使其光滑转动。

（6）O 形圈保护：定期清洗和润滑测斜仪探头末端接头上的 O 形圈，用 O 形圈润滑剂。

（二）注意事项

（1）连接探头和控制电缆时，避免将螺母过于拧紧，这样会压扁 O 形圈而降低其密封效果。

（2）尽管控制电缆有保护层，但也应小心操作，严禁磨耗、切割或者内部损坏电缆。每次用后都要擦干电缆，让接头在空气中风干。正确盘绕电缆防止电缆扭转（参考下面“电缆的盘绕），定期检查刻痕，避免电缆标志带减少，特别是接头附近。

（3）当要求很高的测量精度且测斜管的安装显示弯曲形状，应定期精确量测校验电缆长度。

（三）电缆维护

1. 清洁电缆

必要时用清水清洗电缆或用实验室用清洁剂涮洗电缆。不要用溶剂清洁电缆。电缆的末端浸入水中之前确保盖好保护盖。不要将电缆接头浸入水中。

2. 清洁接头

保持接头干净，如有必要用棉花团沾酒精轻轻擦拭，注意仅用少许酒精。不要向接头喷射润滑剂清洁接头或用电动接触清洁器清洁接头，这些产品中的溶剂将腐蚀接头内的氯丁橡胶。

3. 干燥接头

回到办公室后，从控制电缆、探头和读数仪上拿下保护盖，使这些接头部位放在空气中自然风干，几个小时后再盖上保护盖。

在潮湿气候地区，为提高仪器的可靠性，需确保仪器接头在办公室或储藏室自然风干。

保持接头的干燥对有空调的办公室特别重要。当湿热空气捂在接头内时，接头冷却下来后，接头内会产生冷凝作用，影响接头正常工作。需打开接头盖，待接头完全干燥后再盖上护盖。

4. 保存

控制电缆与测斜仪其他部件应放在干燥的地方，设备入库前，确保所有接头都是干燥的。

附录

水利工程安全监测实例

某水电站安全监测资料分析报告

1. 工程及地质概况

水电站是一个以发电为主，兼顾航运等综合利用的水利水电枢纽工程。枢纽建筑物主要包括大坝、电站厂房、船闸和护岸工程四部分。水库正常蓄水位 139m，电站装机容量 128MW。大坝为河床溢流坝，坝顶高程 154.5m，最大坝高 37.50m。溢流坝位于河床中部，堰顶高程 124.0m，共设 13 孔 20m×15m 弧形闸门。电站厂房位于河床左岸，为低水头河床式电站，装有 4×32MW 灯泡贯流式水轮发电机组。船闸位于河床右岸，为Ⅳ级船闸，设计吨位 500t。

水电站坝址位于峡谷出口河段，河谷为对称 U 形谷，两岸山体较宽厚，岸坡角 35°～43°，山顶高程 194.2～230.0m。坝区河流流向 N20°W，平水位 128.3m 时，河面宽 370m，水深 0～4.1m，河床高程 124.0～128.0m，当设计蓄水位 139m 时，河谷宽 400m。河床右侧为主河道，最大水深 4.1m。左侧河床为宽度 150～200m 的岩石裸露礁滩，枯水期多露出水面。

坝区岩组有：南沱冰碛岩组、黄龙组、第四系松散堆积层。岩层倾向下游偏左岸。对枢纽建筑物有影响的断层共有 8 条，断层集中于左河床礁滩，除 F10、F14、F16 断层规模较大，破碎带宽 2～6m，其他断层规模较小，断层破碎带宽度多小于 1m。

坝基岩性含砾砂质板岩，属中硬岩，层理不明显，岩体结构大类为块状结构，节理裂隙中等～轻度发育。其总体特征和性状表现为：岩体较完整，有一定的强度，抗滑、抗变形性能受结构面和岩石强度控制。

2. 监测概况

大坝、厂房、左岸、右岸边坡均设有相应的安全监测项目，监测建筑物的变形、应力应变、渗流扬压力等。

3. 监测成果符号含义

多点位移计位移：张拉为正，反之为负。

应变：应变计拉为正，压为负。

钢筋计应力、锚杆应力：拉为正，反之为负。

渗压计：渗压增大为正，反之为负。

测缝计开合度：张开为正，闭合为负。

水平位移：水平位移 X 向两岸山体位移为负，向河床位移为正；水平位移 Y 向下游为正，反之为负；垂直位移沉降为正，上抬为负。

4. 监测资料分析

4.1 大坝监测

4.1.1 监测布置

大坝安全监测包括外部变形监测、温度监测、钢筋应力和混凝土应力监测，接缝监测，坝基扬压力监测。大坝内部监测项目见附表1。

附表1　　大坝内部监测项目一览表

<table>
<tr><th>监测项目</th><th>监测部位</th><th>仪器设备</th><th>测点编号</th><th>仪器数量</th></tr>
<tr><td>温度</td><td>2号、5号、8号、12号闸墩</td><td>温度计</td><td>W9～W12</td><td>4</td></tr>
<tr><td rowspan="9">坝体应力、应变</td><td rowspan="3">3号闸墩</td><td>振弦式钢筋计</td><td>R-5～R-14</td><td>10</td></tr>
<tr><td>振弦式三向应变计组</td><td>S3-1、S3-2</td><td>3×2=6</td></tr>
<tr><td>振弦式无应力计</td><td>N-5、N-6</td><td>2</td></tr>
<tr><td rowspan="3">6号闸墩</td><td>振弦式钢筋计</td><td>R-15～R-24</td><td>10</td></tr>
<tr><td>振弦式三向应变计组</td><td>S3-3、S3-4</td><td>3×2=6</td></tr>
<tr><td>振弦式无应力计</td><td>N-7、N-8</td><td>2</td></tr>
<tr><td rowspan="3">11号闸墩</td><td>振弦式钢筋计</td><td>R-25～R-34</td><td>10</td></tr>
<tr><td>振弦式三向应变计组</td><td>S3-5、S3-6</td><td>3×2=6</td></tr>
<tr><td>振弦式无应力计</td><td>N-9、N-10</td><td>2</td></tr>
<tr><td rowspan="3">闸墩底部上游面接缝</td><td>3号闸墩</td><td rowspan="3">振弦式测缝计</td><td>K-1</td><td>1</td></tr>
<tr><td>6号闸墩</td><td>K-2</td><td>1</td></tr>
<tr><td>11号闸墩</td><td>K-3</td><td>1</td></tr>
<tr><td>扬压力</td><td>1～14号闸墩</td><td>振弦式渗压计</td><td>UP9～UP28</td><td>20</td></tr>
</table>

4.1.2 温度监测

溢流坝段在2号、5号、8号、12号闸墩各布置温度计1支，测值过程线如附图1和附图2所示。闸墩温度随气温呈年周期性变化，埋设初期混凝土最高温升约16℃，目前温度变化在5～28℃。2008年年平均温度18.7～28.1℃。

4.1.3 钢筋应力监测资料分析

钢筋应力监测采用振弦式钢筋计，分别在3号、6号、11号闸墩左右各布置5支，共30支，过程线如附图3～附图8所示。闸墩钢筋应力特征值见附表2。

附表 2　　闸墩钢筋应力特征值表　　单位：MPa

部位	测点编号	最大值	最大值时间	最小值	最小值时间	变幅
3号闸墩右侧	R-5	7.72	2007-05-28	−32.05	2007-08-26	39.77
	R-6	10.06	2007-05-28	−39.96	2007-06-28	50.02
	R-7	14.79	2009-01-11	−3.67	2007-06-21	18.46
	R-8	12.20	2009-01-11	−1.42	2007-09-01	13.61
	R-9	6.10	2009-01-11	−10.33	2008-07-05	16.44
3号闸墩左侧	R-10	3.50	2007-05-28	−36.51	2007-09-21	40.01
	R-11	9.58	2007-05-28	−42.98	2007-08-26	52.56
	R-12	7.76	2007-10-23	−6.60	2007-07-03	14.36
	R-13	20.32	2009-02-20	0.00	2007-07-09	20.32
	R-14	1.21	2007-07-03	−7.70	2007-09-21	8.91
6号闸墩右侧	R-15	0	2007-04-05	−52.85	2008-05-12	52.85
	R-16	1.69	2007-04-05	−55.14	2008-05-12	56.83
	R-17	0.00	2007-04-30	−46.23	2008-05-12	46.23
	R-18	0.00	2007-04-30	−37.34	2008-05-12	37.34
	R-19	0.44	2007-04-27	−40.36	2009-03-18	40.80
6号闸墩左侧	R-20	8.87	2007-04-05	−51.57	2007-09-21	60.44
	R-21	5.11	2007-04-05	−61.24	2007-09-21	66.35
	R-22	0	2007-04-30	−29.83	2007-06-23	29.83
	R-23	0.00	2007-04-30	−37.41	2008-07-05	37.41
	R-24	7.86	2007-04-24	−50.07	2008-08-20	57.93
11号闸墩右侧	R-25	19.82	2008-08-19	−15.43	2008-09-20	35.25
	R-26	18.83	2008-08-19	−23.91	2008-09-19	42.74
	R-27	8.34	2008-09-09	−12.63	2009-06-20	20.97
	R-28	7.67	2008-10-11	−14.01	2009-03-18	21.68
11号闸墩左侧	R-29	5.63	2008-10-11	−5.64	2008-09-19	11.26
	R-30	16.44	2008-08-19	−17.72	2008-12-03	34.16
	R-31	16.33	2008-08-19	−25.89	2009-03-18	42.22
	R-32	8.86	2008-10-11	−8.02	2009-06-20	16.88
	R-33	11.84	2008-10-11	−5.58	2008-09-20	17.42
	R-34	8.58	2009-01-11	−4.59	2009-06-20	13.17

由图表可知，大坝闸墩钢筋应力在－61.24～20.32MPa之间，最大变幅60.44MPa；温度基本在5～30℃呈年周期性变化。6号闸墩钢筋多以受压为主，3号、11号闸墩钢筋应力则多在零值上下波动，变幅较小。

钢筋应力随温度变化有一定的周期性规律，但基本保持稳定。

4.1.4 应变计组监测资料分析

分别在3号、6号、11号闸墩左右侧各埋设1组振弦式三向应变计组及无应力计（S3-1～S3-6，N-5～N-10）监测闸墩混凝土应力。测值过程线如附图9～附图13所示。闸墩应变计组特征值见附表3。

由图、表可知，闸墩应力应变在-160.2～87.1$\mu\varepsilon$变化，最大拉应变出现在6号闸墩左侧，应力应变过程线表现出良好的周期性规律，与温度基本呈正相关变化。

附表3 闸墩应变计组特征值表（应力应变） 单位：$\mu\varepsilon$

部位	测点编号	最大值	最大值时间	最小值	最小值时间	变幅	平均值
3号闸墩右侧	S3-1-1	0.000	2007-07-09	-160.194	2009-07-22	160.194	-105.926
	S3-1-2	43.078	2009-01-11	-2.742	2007-11-15	45.819	15.377
	S3-1-3	1.550	2007-07-11	-36.156	2008-01-09	37.706	-23.869
6号闸墩右侧	S3-3-1	25.517	2007-06-02	-77.930	2008-02-17	103.448	-26.376
	S3-3-2	13.393	2009-06-27	-66.035	2007-10-04	79.429	-18.953
	S3-3-3	0.000	2007-04-29	-99.819	2009-02-05	99.819	-65.801
6号闸墩左侧	S3-4-1	87.076	2008-10-01	-11.349	2007-04-30	98.425	49.098
	S3-4-2	32.102	2008-12-10	-48.771	2008-02-17	80.873	-1.890
	S3-4-3	30.811	2009-07-22	-56.256	2008-02-17	87.067	-2.821
11号闸墩右侧	S3-5-1	23.660	2008-10-13	-43.551	2008-12-10	67.211	-22.737
	S3-5-2	0.000	2008-10-01	-82.419	2008-12-10	82.419	-52.722
	S3-5-3	1.081	2008-10-07	-106.187	2009-05-06	107.268	-83.369
11号闸墩左侧	S3-6-1	57.119	2008-10-20	-16.081	2009-06-14	73.200	2.776
	S3-6-2	0.000	2008-10-01	-66.543	2009-04-19	66.543	-50.973
	S3-6-3	6.038	2008-10-03	-61.378	2009-04-19	67.416	-45.081

4.1.5 测缝计监测资料分析

分别在3号、6号、11号闸墩上游坝踵贴脚各埋设1支振弦式测缝计（K-1～K-3）监测坝体与基岩结合情况，测值过程线如附图14所示。

3号闸墩基础裂缝计K-1埋后最大开合度为0.4mm（2009-03-12），当前开合度为0.3mm（2009-06-20），2009-06-20测值中断；6号闸墩基础裂缝计K-2埋后最大开合度为0.4mm（2008-04-12），当前开合度为-0.1mm（2009-07-22）；11号闸墩基础裂缝计K-3埋后最大开合度为-0.06mm（2008-07-05），2008-07-25电缆在混凝土施工过程中被拉断，测值中断。目前6号闸墩测缝计测值平稳，缝面结合情况良好。

4.1.6 闸墩基础扬压力监测资料分析

在厂房坝段帷幕后布置8个扬压力监测孔（UP1～UP8），溢流坝段帷幕后布置20个扬压力监测孔（UP9～UP28），孔内埋设渗压计。其中3号闸墩、6号闸墩、沿上下游方向各布置 3 个孔，厂房 3 号坝段布置 4 个孔，监测横向扬压力分布，其余坝段每坝段一个孔。扬压力测值过程线如附图 15 所示。

溢流坝段幕后扬压水位最大值 141.27m，出现在 6 号闸墩下游侧，高于上游水位，该支仪器自埋设以来测值一直较大，这是由于预埋管道密封较好，施工用水进入管道后，无法排出所致。

溢流坝段平均扬压水位约 131.29m，蓄水后平均变幅约 6.45m，其变化主要受上游水位影响。

4.1.7 小结

根据大坝典型坝段的监测资料来看，各监测项目测值连续稳定，规律性较好，应力应变在正常范围、扬压力测值与上游水位相关性明显，坝基混凝土与缝面结合情况良好，未见异常。

4.2 厂房监测

4.2.1 监测布置

厂房监测包括基岩变位监测、混凝土及钢筋应力、应变监测。厂房监测项目见附表 4。

附表 4　　厂房监测项目一览表

监测项目	监测部位	仪器设备	测点编号	仪器数量
温度	—	温度计	W1～W8	8
基岩变位	3 号机组	4 点式多点位移计	M4-1～M4-3	4×3=12
应力、应变	3 号机组	振弦式钢筋计	R-1～R-4	4
	3 号机组	振弦式五向应变计组	S5-1～S5-4	5×4=20
	3 号机组	振弦式无应力计	N-1～N-4	4
基础扬压力	厂房 1～4 号坝段基础	振弦式渗压计	UP1～UP8	8
施工缝开合度	1 号纵缝	振弦式测缝计	C1～C10	10
	2 号纵缝		C11～C18	8
	3 号纵缝		C19～C27	9
	1 号横缝		C28～C31	4
	2 号横缝		C32～C35	4

4.2.2 温度监测

厂房温度计实测过程线如附图 16 所示。

厂房混凝土温度随气温呈年周期性变化，埋设初期混凝土最高温升约 13℃，目前温度变化在 9～22℃。2008 年年平均温度 17.2～19.3℃。

4.2.3 厂房基岩变位监测

在厂房 3 号机组基础布置 3 组 4 点式多点位移计（M4-1～M4-3），孔深 15m，监测基岩变位。测值过程线如附图 17 所示。厂房 3 号机基岩变位计特征值见附表 5。

附表5　　厂房3号机基岩变位计特征值表　　单位：mm

测点编号	测量部位	最大值	最大值时间	最小值	最小值时间	变幅
M4-1	孔口	0.99	2008-02-29	-1.30	2007-07-20	2.29
	1m	2.25	2009-03-18	-0.77	2007-07-20	3.02
	3m	0.94	2008-03-30	-0.64	2007-07-20	1.58
	7m	1.21	2009-05-17	-0.67	2007-07-20	1.87
M4-2	孔口	0.48	2007-04-25	-1.98	2009-06-20	2.46
	1m	0.16	2007-05-21	-1.88	2009-06-20	2.03
	3m	0.15	2007-07-04	-5.28	2008-03-30	5.44
M4-3	孔口	0.14	2007-04-18	-1.90	2008-12-03	2.04
	1m	0.61	2008-05-10	-0.93	2009-03-18	1.54
	3m	0.25	2008-05-10	-1.33	2009-03-18	1.57

注　M4-2、M4-3最深点埋设后不久失效，故绝对位移改用次深点计算。

由过程线可以看出，三组多点位移计测值较平稳，绝对位移在零值附近波动。厂房上游侧基础略有上抬趋势，孔口最大上抬量约1mm。

M4-2-2在2008年2月测值突降3.8mm，但之后保持平稳，目前测值在-4.32mm（2009-07-22）。

4.2.4　厂房应力应变监测

在厂房3号机组下部混凝土内布置4组5向应变计组和钢筋计，监测混凝土应变及钢筋应力。测值过程线如附图18～附图22所示。厂房3号机应变计组特征值见附表6，厂房3号机钢筋应力特征值见附表7。

附表6　　厂房3号机应变计组特征值表　　单位：με

部位	测点编号	最大值	最大值时间	最小值	最小值时间	变幅
底部	S5-1-1	2.27	2009-03-12	-21.62	2009-07-22	23.89
	S5-1-2	19.73	2009-04-30	-19.78	2009-07-22	39.51
	S5-1-3	12.62	2009-06-14	-20.57	2009-03-12	33.19
	S5-1-4	19.93	2009-03-18	-51.24	2009-05-17	71.17
	S5-1-5	19.89	2009-05-23	-37.86	2009-07-22	57.75
右侧	S5-2-1	24.89	2009-06-07	-18.10	2009-05-12	42.99
	S5-2-2	19.38	2009-06-07	-23.09	2009-05-23	42.47
	S5-2-3	0	2009-03-05	-40.28	2009-05-30	40.28
	S5-2-4	28.65	2009-06-07	-8.19	2009-07-22	36.84
	S5-2-5	43.26	2009-06-07	0.00	2009-03-05	43.26
顶部	S5-3-1	20.39	2009-06-20	-1.78	2009-03-25	22.17
	S5-3-2	10.18	2009-04-13	-18.67	2009-07-22	28.85
	S5-3-3	0	2009-03-15	-36.01	2009-06-27	36.01
	S5-3-4	26.96	2009-07-22	-2.82	2009-04-13	29.79
	S5-3-5	42.24	2009-06-07	0.00	2009-03-15	42.24

续表

部位	测点编号	最大值	最大值时间	最小值	最小值时间	变幅
左侧	S5-4-1	11.18	2009-04-19	-2.35	2009-07-22	13.53
	S5-4-2	11.82	2009-06-14	-15.26	2009-07-22	27.08
	S5-4-3	8.32	2009-03-18	-20.77	2009-05-30	29.10
	S5-4-4	23.70	2009-06-14	0.00	2009-03-05	23.70
	S5-04-5	28.36	2009-06-14	-9.68	2009-07-22	38.04

附表 7　　厂房 3 号机钢筋应力特征值表　　单位：MPa

部位	测点编号	最大值	最大值时间	最小值	最小值时间	变幅
底部	R-1	8.14	2009-03-05	-2.72	2009-07-22	10.86
右侧	R-2	1.02	2009-07-05	-5.13	2009-04-25	6.15
顶部	R-3	36.71	2009-04-01	0.00	2009-03-14	36.71
左侧	R-4	4.75	2009-03-18	0.00	2009-03-05	4.75

由图、表可知，厂房 3 号机混凝土应力应变基本在±50με之间，测值较平稳，最大变幅 71.17με。

钢筋应力与温度负相关变化，左右侧、底部钢筋应力均较小，在±10MPa 以内；顶部稍大，最大拉应力 36.71MPa。

4.2.5　厂房坝段基础扬压力监测

在厂房坝段帷幕后布置 8 个扬压力监测孔（UP1～UP8），其中 UP4～UP7 为横向扬压力监测孔。

基础扬压力于 2007 年 4 月开始监测，历年最大扬压水位为 136.17m，出现在 1 号机基础。蓄水后平均变幅 6.48m，平均扬压水位 125.51m，如附图 0 所示。

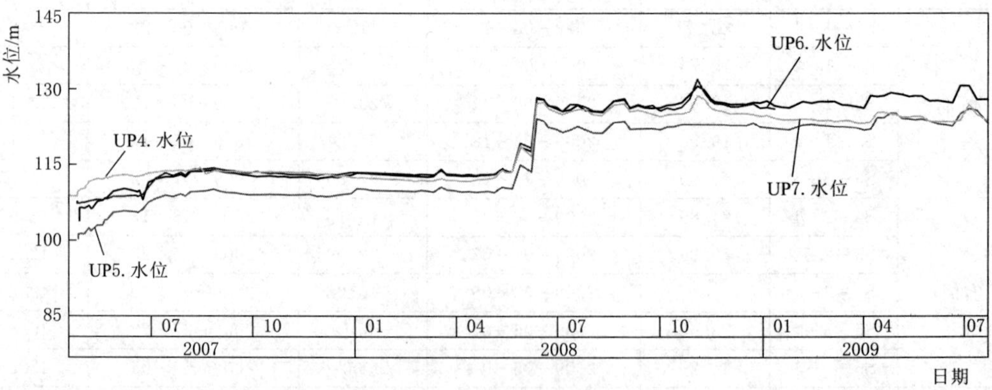

附图 0　厂房坝段 3 号机基础横向扬压力过程线

4.2.6　施工缝开合度监测

主厂房 1～3 号纵缝共埋设测缝计 27 支（C1～C27），1 号、2 号横缝布置测缝计 8 支（C28～C35），其中 C30、C31、C34、C35 取消监测。测值过程线见附图 23～附

图 29。施工缝开合度特征值见附表 8。

附表 8 施工缝开合度特征值表 单位：mm

部位	测点编号	最大值	最大值时间	最小值	最小值时间	变幅	平均值
1号纵缝	C1	6.11	2008-03-30	0.00	2007-07-28	6.11	4.60
	C2	0.05	2009-07-12	0.00	2009-05-12	0.05	0.03
	C3	0.66	2008-02-23	0.00	2007-07-27	0.66	0.26
	C4	0.02	2009-04-25	0.00	2009-04-01	0.02	0.01
	C5	0.47	2008-03-18	−0.18	2007-09-14	0.65	0.11
	C6	0.43	2008-03-18	−0.02	2007-09-05	0.46	0.20
	C7	0.08	2009-02-28	0.00	2008-10-27	0.08	0.05
	C8	0.44	2008-03-06	−0.05	2007-08-31	0.49	0.27
	C9	0.17	2009-05-17	−0.02	2008-06-07	0.19	0.06
	C10	1.41	2009-02-05	0.00	2007-08-11	1.41	1.21
2号纵缝	C11	1.49	2009-04-01	−0.09	2007-10-15	1.59	1.21
	C12	1.72	2008-02-17	0.00	2007-10-07	1.72	0.98
	C13	1.19	2008-02-17	0.00	2007-10-07	1.19	0.74
	C14	0.82	2008-03-18	−0.02	2007-08-27	0.84	0.55
	C15	0.58	2008-03-18	−0.01	2007-10-31	0.59	0.30
	C16	0.08	2008-03-06	−0.04	2008-12-17	0.12	0.04
	C17	1.08	2008-02-17	−0.00	2007-11-02	1.08	0.43
	C18	0.77	2008-02-17	−1.27	2007-08-24	2.04	−0.00
3号纵缝	C19	2.77	2009-03-25	0.00	2007-07-27	2.77	2.22
	C20	0.10	2008-05-21	−0.06	2009-07-22	0.16	−0.01
	C21	0.74	2008-04-18	−0.05	2007-10-11	0.78	0.39
	C22	0.05	2007-12-22	−0.07	2008-07-26	0.12	−0.01
	C23	0.13	2008-07-12	−0.03	2007-10-31	0.16	0.05
	C24	0.23	2009-02-13	−0.01	2007-11-12	0.24	0.16
	C25	0.97	2008-04-18	0.00	2007-08-28	0.97	0.56
	C26	0.37	2008-02-17	0.00	2007-11-13	0.37	0.13
	C27	1.83	2009-05-17	−0.38	2007-08-18	2.21	1.37
1号横缝	C28	0.80	2007-05-20	0.00	2007-04-25	0.80	0.68
	C29	0.28	2008-06-07	0.00	2007-04-26	0.28	0.19
2号横缝	C32	0.75	2008-02-23	−0.03	2007-05-11	0.78	0.55
	C33	1.16	2008-03-18	0.00	2007-05-30	1.16	0.62

由图、表知，施工缝开合度与温度呈负相关变化，温度升高，缝隙闭合；温度降低，缝隙张开。纵缝内部开合变化平稳，变幅基本在 1mm 以内，变化较大的主要在两

侧，由于两侧约束较小，且受温度影响，最大张开量达 6.11mm。

1 号、2 号横缝开合度变幅在 0.28～1.16mm 之间。

4.2.7 小结

厂房 3 号机基础埋设的 3 组多点位移计测值平稳，上游侧基础略有上抬趋势，孔口最大上抬量约 1mm。钢筋应力和混凝土应力均较小，测值变化平稳。纵缝内部开合变化较平稳，变幅基本在 1mm 以内，两侧有所张开，与温度负相关变化，最大张开量达 6.11mm。

4.3 边坡监测

4.3.1 监测布置

为监测边坡岩体稳定性，在厂房边坡和右岸边坡各设置 3 个监测断面，布置了振弦式多点位移计、锚杆应力计、锚索测力计及渗压计。边坡监测项目见附表 9。

附表 9 边坡监测项目一览表

监测项目	监测部位	仪器设备	测点编号	仪器数量
边坡岩体位移	左边坡 1—1、2—2、3—3 断面	4 点式多点位移计	M4-4～M4-8	4×5=20
	右边坡 4—4、5—5、6—6 断面	4 点式多点位移计	M4-9～M4-12	4×4=16
锚杆应力	左边坡 1—1、2—2、3—3 断面	锚杆应力计	PR-1～PR-8	8
	右边坡 4—4、5—5、6—6 断面		PR-9～PR-16	8
锚索	左边坡 1—1、2—2、3—3 断面	锚索测力计	RB-1～RB-4	4
	右边坡 4—4、5—5、6—6 断面		RB-5～RB-8	4
渗透压力	左边坡 1—1、2—2、3—3 断面	振弦式渗压计	P-1～P-5	5
	右边坡 4—4、5—5、6—6 断面		P-6～P-9	4

4.3.2 边坡岩体变位

左岸边坡岩体位移测值过程线如附图 30 所示。位移测值大多变化平稳，各孔最大位移量一般不超过 2mm，只有 M4-5-3 测值有持续增大现象，目前接近 4mm，结合该孔其他测点的监测成果可以断定，M4-5-3 测值可信度不高。

右岸边坡岩体位移测值过程线如附图 31 所示。位移测值大多微小且变化平稳，最大位移量仅 0.4mm。M4-10-2 测值在 2008 年 8 月至 9 月间测值发生持续变化，最终达－4mm 左右，并一直保持至今，结合该孔其他测点的监测成果可以断定，M4-10-2 测值可信度不高。

左、右岸边坡相比较而言，左岸岩体位移较大，部分位移量在 1mm 以上，最大者接近 2mm，而右岸最大为 0.4mm。

4.3.3 边坡锚杆应力

左岸边坡各断面锚杆应力测值过程线如附图 32～附图 34 所示。锚杆应力呈年周期性变化，和温度负相关，最大值发生在温度较低的 2 月，符合一般规律。各断面锚杆应力最大值均发生在最高处，如 1 号断面最大锚杆应力发生在 PR-1，为 35.54MPa，2 号断面发生在 PR-4，为 33.45MPa，3 号断面 PR-1，为 21.75MPa。1 号断面锚杆应力存在趋势性增大现象，特别是 PR-1 较为明显，应多加关注。

右岸边坡各断面锚杆应力测值过程线如附图 35～附图 37 所示。右岸锚杆应力的年周期性特征没有左岸明显，这是由于右岸锚杆应力变化幅度相对较小，并且，和左岸相比，右岸边坡锚杆应力量值也普遍较小，最大值为 20MPa。

4.3.4 边坡锚索测力计

左、右岸边坡锚索测力计测值过程线分别如附图 38 和附图 39 所示。边坡锚索计测值见附表 10。

附表 10 边坡锚索计测值统计

测点	最大值/kN	最小值/kN	荷载损失率/%	平均荷载损失率/%	备注
RB-1	2103.71	1937.63	7.9	8.9	左岸边坡
RB-2	2147.38	1956.07	8.9		
RB-3	2094.25	1955.00	6.6		
RB-4	2071.46	1820.39	12.1		
RB-5	2327.14	2143.60	7.9	7.8	右岸边坡
RB-6	2071.83	1924.52	7.1		
RB-7	2146.09	1948.63	9.2		
RB-8	2073.95	1927.24	7.1		

从过程线看出，锚索张拉达到满载以后，测值至今均基本保持稳定，荷载损失总体较小。

表中数据说明，边坡 8 台锚索测力计中，有 7 台最大荷载损失率小于 10%，左边坡 RB-4 荷载损失率相对较大，为 12.1%。左岸平均荷载损失率大于右岸。

4.3.5 边坡渗透压力

左岸边坡渗透压力测值过程线如附图 40 所示。监测成果表明：左边坡 1 号断面渗流相对比较活跃，渗透压力测值起伏较大，P-1 和 P-2 测值一致性良好，能够互相印证，可信度高。两处实测最大渗压值分别为 50.5kPa 和 47.5kPa。2 号、3 号断面渗压测值相对较小，最大值分别为 40kPa 和 24kPa，起伏变化也较 1 号断面为小。

右岸边坡渗透压力测值过程线如附图 41 所示。监测成果表明：右边坡各断面渗流均很活跃，渗透压力测值起伏较大，渗压计测值一致性良好，监测成果可信度高。右边坡渗压值大于左边坡，三个断面最大测值分别为 55kPa、70kPa 和 49kPa，明显大于左边坡。此外，右边坡渗透压力还存在趋势性增大现象，应加强关注。

边坡渗流应结合降雨情况进行进一步分析。

4.3.6 小结

边坡岩体位移变化大多平稳，个别趋势性变化的测值可信度不高。左岸岩体位移大于右岸，部分在 1mm 以上，最大者接近 2mm，而右岸最大仅为 0.4mm。

左岸边坡锚杆应力大于右岸，季节性变化也比右岸明显。最大锚杆应力发生在温度较低的 2 月，为 35.54MPa。左岸 1 号断面还存在锚杆应力趋势性增大现象，应予关注。

边坡锚索测值稳定性较好，除左岸 RB-4 荷载损失率为 12.1%外，其余均不到 10%。左岸平均荷载损失率大于右岸。

渗压计监测结果表明，两岸边坡渗流均有起伏变化，估计和降雨有关。右边坡渗压值大于左边坡，最大为70kPa，存在增大趋势，应加强关注。

4.4 外部变形监测

4.4.1 监测布置

左岸边坡外观监测网布置有20个表面变形测点（其中TP28在施工中被掩埋），右岸边坡外观监测网布置有17个表面变形测点，分布在6条马道上；另在上游边坡增加3个表面变形测点，坝顶增加6个表面变形测点，如附图42所示。

外部变形观测测点布置与埋设情况见附表11。

附表11 外部变形观测测点布置与埋设情况表

部位	测点编号	高程/m	埋设日期	首次观测时间	备注
左岸1号边坡	TP-11	165	2007-05-01	2007-12-11	
	TP-12	140	2007-05-01	2007-12-11	
	TP-13	195	2007-05-01	2007-12-11	
	TP-14	180	2007-05-01	2007-12-11	
	TP-15	165	2007-05-01	2007-12-11	
	TP-16	140	2007-05-01	2007-12-11	
	TP-17	195	2007-05-01	2007-12-11	
	TP-18	180	2007-05-01	2007-12-11	
	TP-19	165	2007-05-01	2007-12-11	
	TP-20	140	2007-05-01	2007-12-11	
左岸2号边坡	TP-21	210	2007-05-01	2007-12-11	
	TP-22	195	2007-05-01	2007-12-11	
	TP-23	180	2007-05-01	2007-12-11	
	TP-24	165	2007-05-01	2007-12-11	
	TP-25	195	2007-05-01	2007-12-11	
	TP-26	180	2007-05-01	2007-12-11	
	TP-27	165	2007-05-01	2007-12-11	
	TP-28	140	2007-05-01	无观测数据	施工中掩埋
左岸3号边坡	TP-29	165	2007-05-01	2007-12-11	
	TP-30	165	2007-05-01	2007-12-11	
左岸进水口边坡	TP-45	195	2008-01-01	2008-04-25	新增
	TP-46	175	2008-01-01	2008-04-25	新增
	TP-47	160	2008-01-01	2008-04-25	新增
右岸4号边坡	TB-10	171	2008-08-01	2008-09-06	
	TP-31	171	2008-08-01	2008-09-07	
	TP-32	156	2008-08-01	2008-09-08	
	TP-33	141	2008-10-01	2008-11-19	
	TP-34	156	2008-08-01	2008-09-09	
	TP-35	141	2008-10-01	2008-11-19	

续表

部位	测点编号	高程/m	埋设日期	首次观测时间	备注
右岸5号边坡	TP-36	141	2008-10-01	2008-11-19	
	TP-37	180	2008-01-01	2008-09-06	
	TP-38	165	2008-01-01	2008-09-06	
	TP-39	152.5	2008-10-01	2008-09-06	
	TP-40	141	2008-10-01	2008-11-19	
	TP-44	141	2008-10-01	2008-11-19	
右岸6号边坡	TP-41	180	2008-01-01	2008-09-06	
	TP-42	165	2008-01-01	2008-09-06	
	TP-43	152.5	2008-10-01	2008-09-06	
	TB-9	185	2008-01-01	2008-09-06	
安装场	LTP-1	152.5	2008-08-01	2008-08-21	新增
1号、2号机组间	LTP-2	152.5	2008-08-01	2008-08-21	新增
3号、4号机组间	LTP-3	152.5	2008-08-01	2008-08-21	新增
1号闸墩	LTP-4	154.5	2008-08-01	2008-08-21	新增
3号闸墩	LTP-5	154.5	2008-08-01	2008-08-21	新增
6号闸墩	LTP-6	154.5	2008-08-01	2008-08-21	新增

4.4.2 左岸边坡监测

左岸边坡监测采用施工控制网的CO6-2点为站点，对左岸边坡观测墩进行单点测量，以4月份观测结果为初始值做比较和分析。

从总体来看左岸边坡各测点位移没有明显的趋势性，基本在零值上下波动。左岸边坡向上游位移最大为19.79mm（TP46），竖直方向最大沉降为17.05mm（TP30），河床方向变化相对较小，基本在5mm左右，最大向河床位移12.76mm（TP30）。

4.4.3 右岸边坡监测

右岸边坡总体趋势为向下游、向河床、向下沉位移。向下游最大位移27.34mm（TB-9），向河床最大位移10.91mm（TP33），竖直方向最大沉降17.62mm（TP31）。

4.4.4 坝顶变形监测

坝顶竖向累计最大沉降量16.81mm，发生在2009-01-14，位于3号闸墩。竖向位移总体规律表现为冬季下沉，夏季上抬，符合一般规律。

4.4.5 小结

外部变形监测成果表明，右岸边坡变形量较左岸稍大，两岸边坡顺河向最大向下游位移27.34mm，竖直向最大沉降量17.62mm，左右岸向最大向河床位移10.91mm。

坝顶竖向位移冬季下沉，夏季上抬，最大沉降16.81mm。

5. 总结

根据大坝典型坝段的监测资料来看，各监测项目测值连续稳定，规律性较好，应力应变在正常范围、扬压力测值与上游水位相关性明显，坝基混凝土与缝面结合情况良好，未见异常。

厂房 3 号机基础埋设的 3 组多点位移计测值平稳，上游侧基础略有上抬趋势，孔口最大上抬量约 1mm。钢筋应力和混凝土应力均较小，测值变化平稳。纵缝内部开合变化较平稳，变幅基本在 1mm 以内，两侧有所张开，与温度负相关变化，最大张开量达 6.11mm。

边坡岩体位移变化大多平稳，个别趋势性变化的测值可信度不高。左岸岩体位移大于右岸，最大者接近 2mm，右岸最大仅为 0.4mm。

左岸边坡锚杆应力大于右岸，季节性变化也比右岸明显。最大锚杆应力发生在温度较低的 2 月份，为 35.54MPa。左岸 1 号断面还存在锚杆应力趋势性增大现象，应予关注。

边坡锚索测值稳定性较好，除左岸 RB-4 荷载损失率为 12.1%外，其余均不到 10%。左岸平均荷载损失率大于右岸。

渗压计监测结果表明，两岸边坡渗流均有起伏变化，估计和降雨有关。右边坡渗压值大于左边坡，最大为 70kPa，存在增大趋势，应加强关注。

外部变形监测成果表明，右岸边坡变形量较左岸稍大，两岸边坡顺河向最大向下游位移 27.34mm，竖直向最大沉降量 17.62mm，左右岸向最大向河床位移 10.91mm。

坝顶竖向位移冬季下沉，夏季上抬，最大沉降 16.81mm。

6. 附图

溢流坝段在 2 号、5 号、8 号、12 号闸墩各布置温度计一支，测值过程线如附图 1 和附图 2 所示。闸墩温度随气温呈年周期性变化，埋设初期混凝土最高温升约 16℃，目前温度变化为 5～28℃。2008 年年平均温度 18.7～28.1℃。

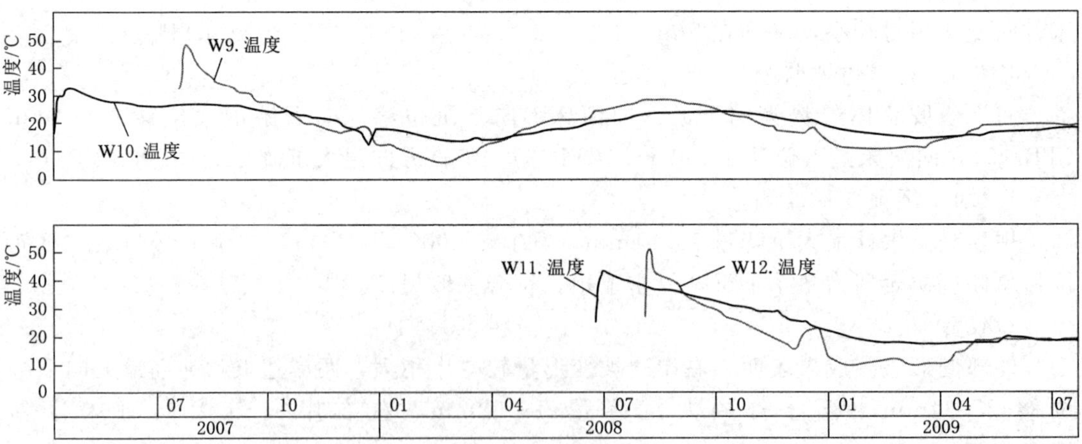

附图 1 溢流坝温度计实测过程线

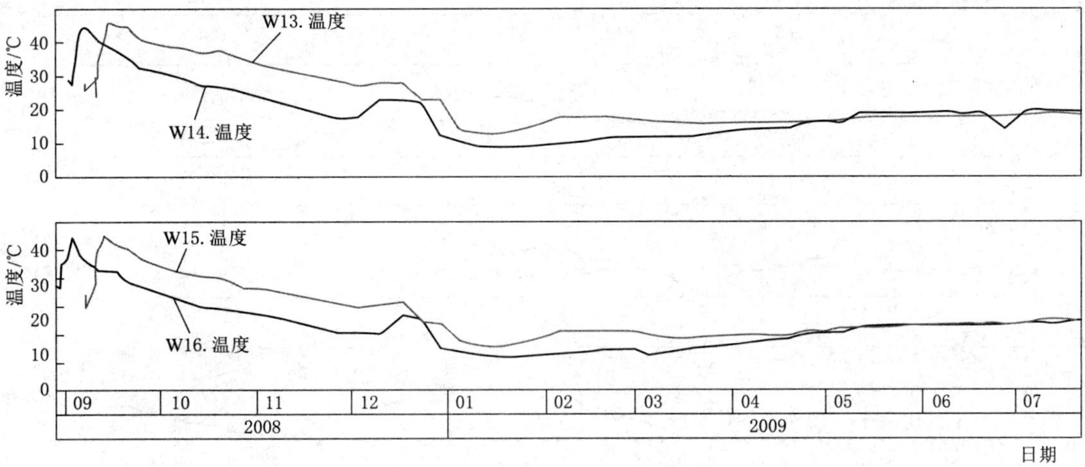

附图 2　船闸温度计实测过程线

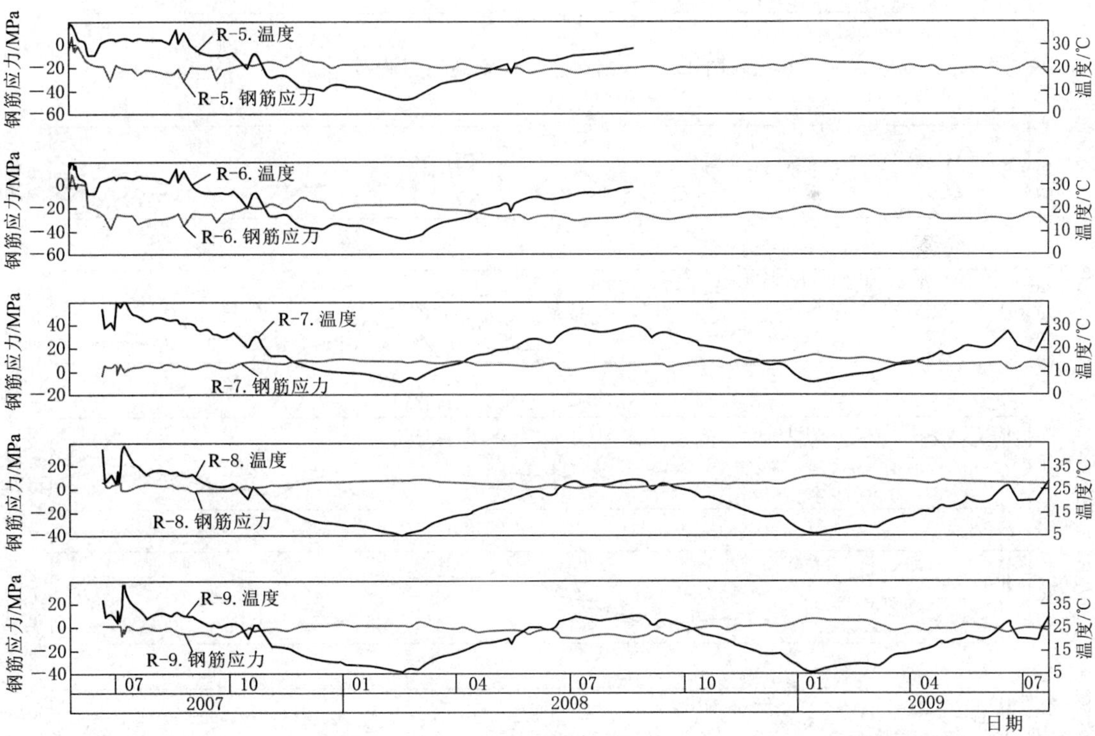

附图 3　3 号闸墩右侧钢筋应力过程线

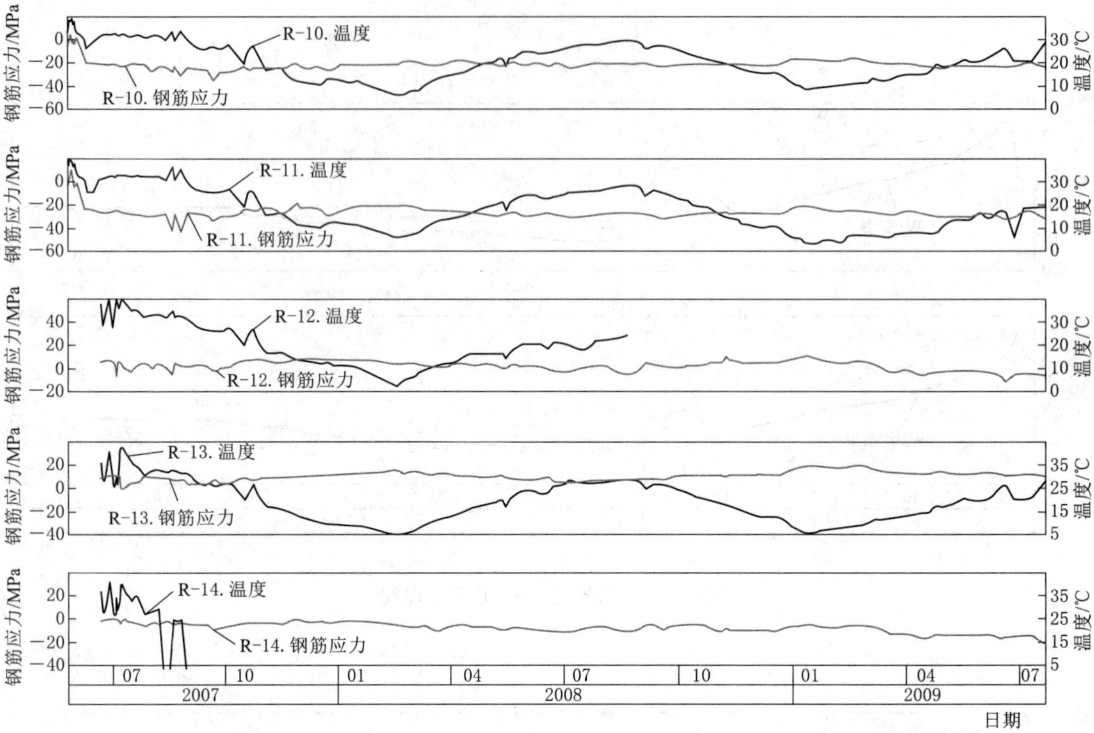

附图 4　3号闸墩左侧钢筋应力过程线

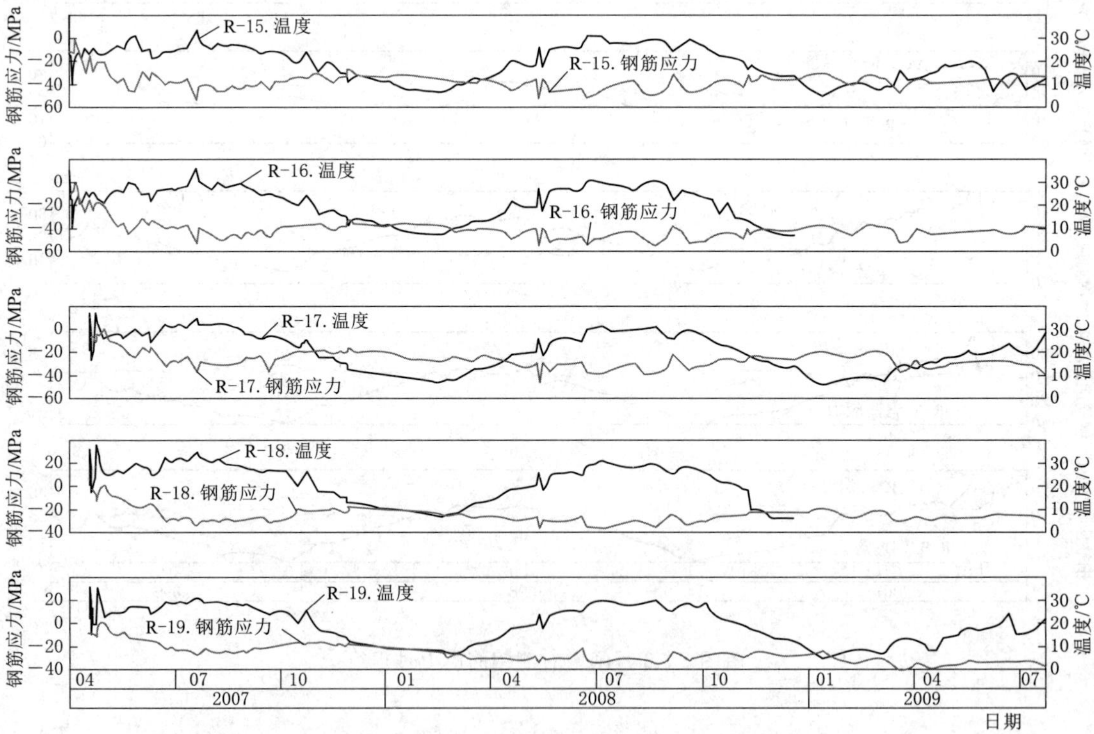

附图 5　6号闸墩右侧钢筋应力过程线

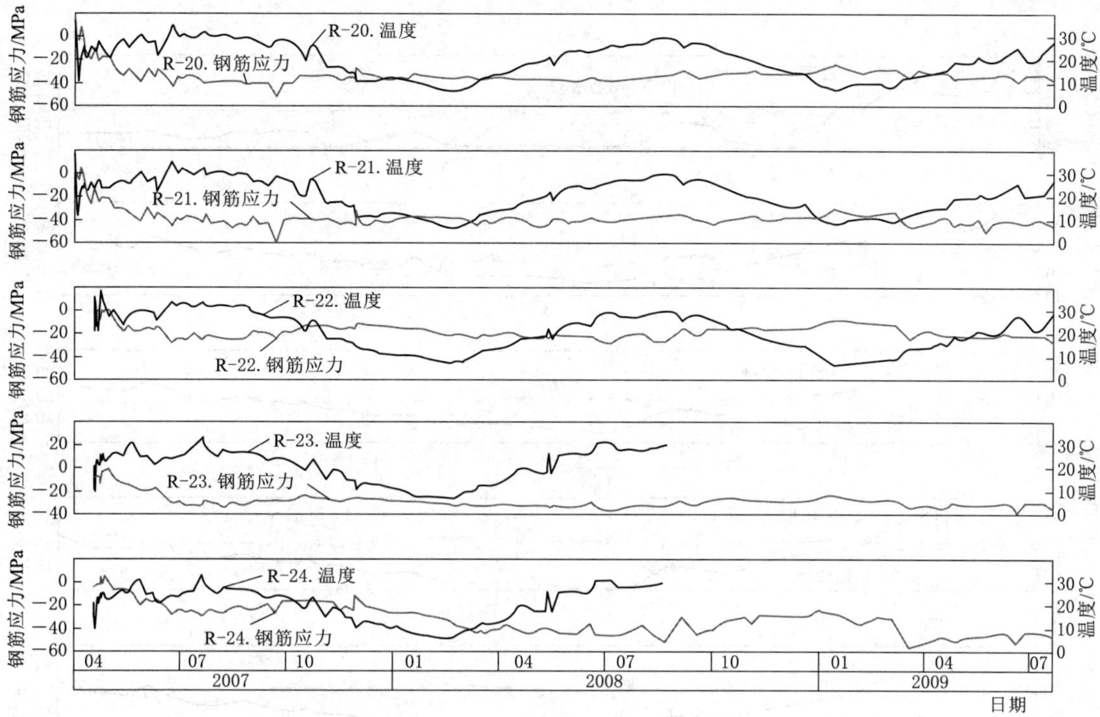

附图 6　6 号闸墩左侧钢筋应力过程线

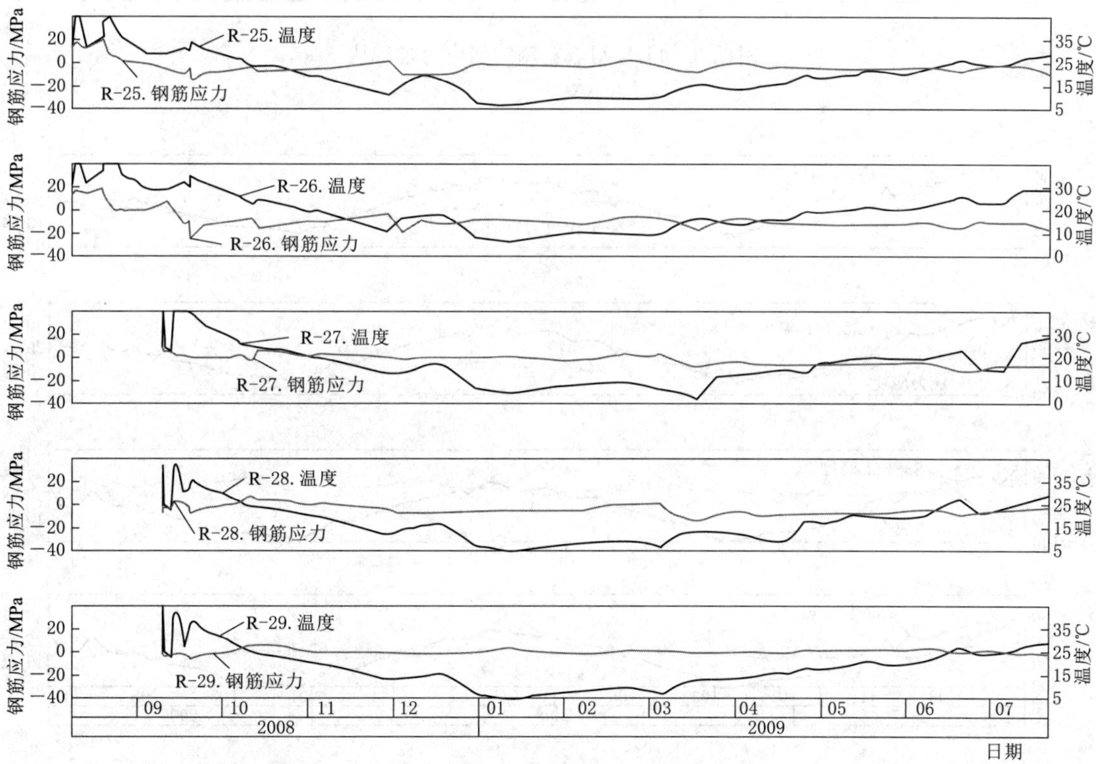

附图 7　11 号闸墩右侧钢筋应力过程线

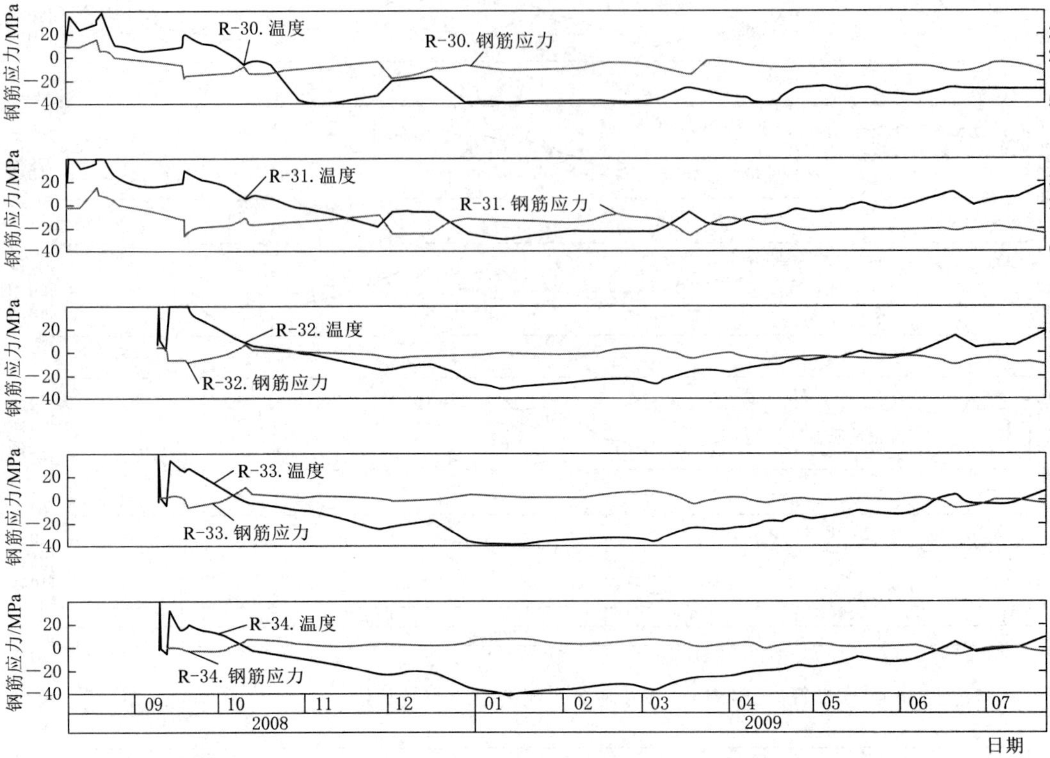

附图 8　11 号闸墩左侧钢筋应力过程线

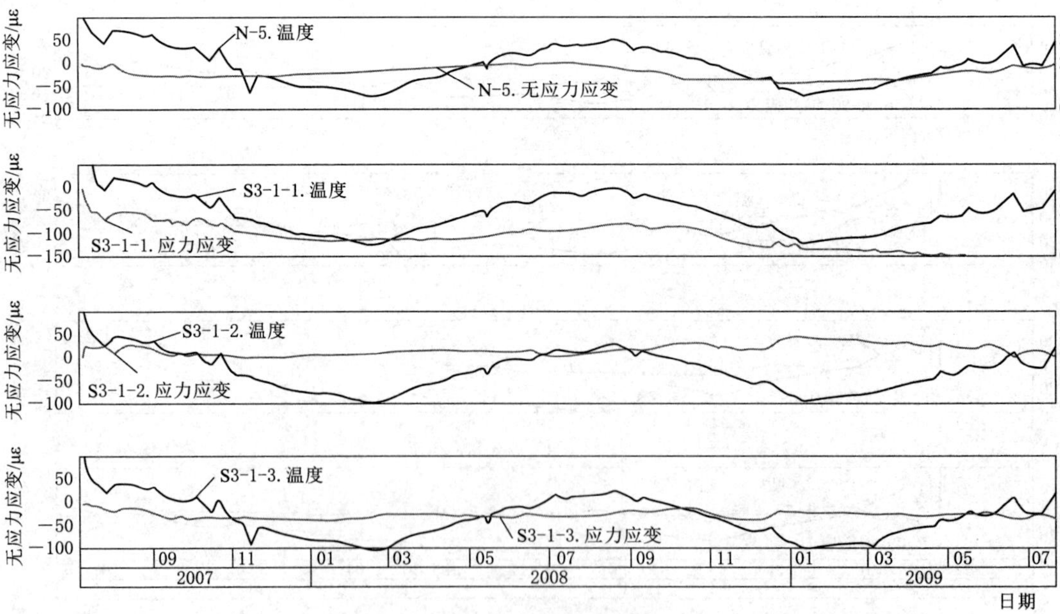

附图 9　3 号闸墩右侧应变计组实测过程线

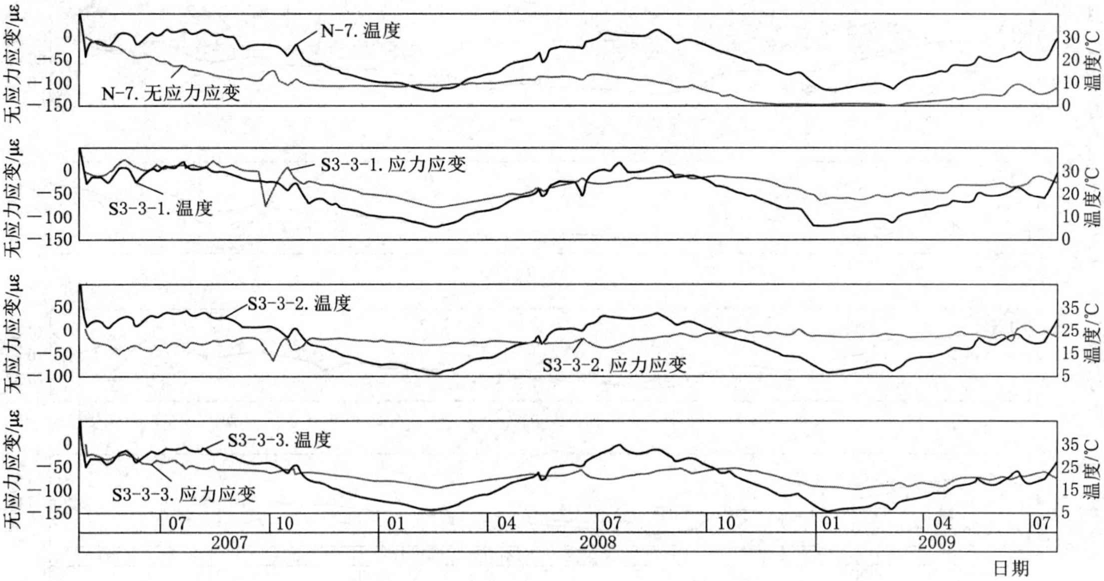

附图 10　6 号闸墩右侧应变计组实测过程线

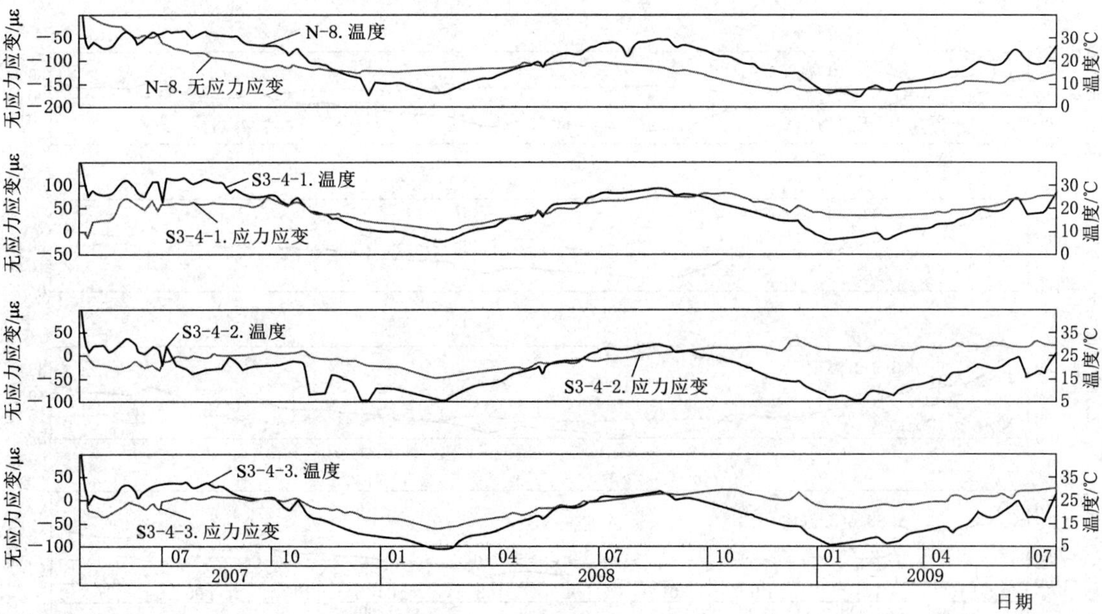

附图 11　6 号闸墩左侧应变计组实测过程线

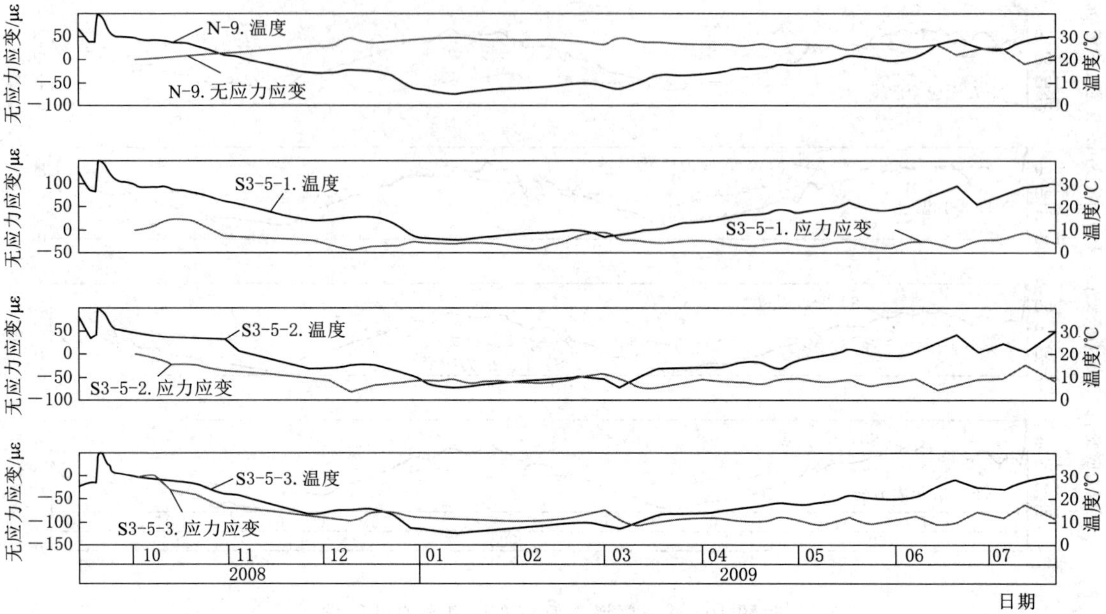

附图 12 11 号闸墩右侧应变计组实测过程线

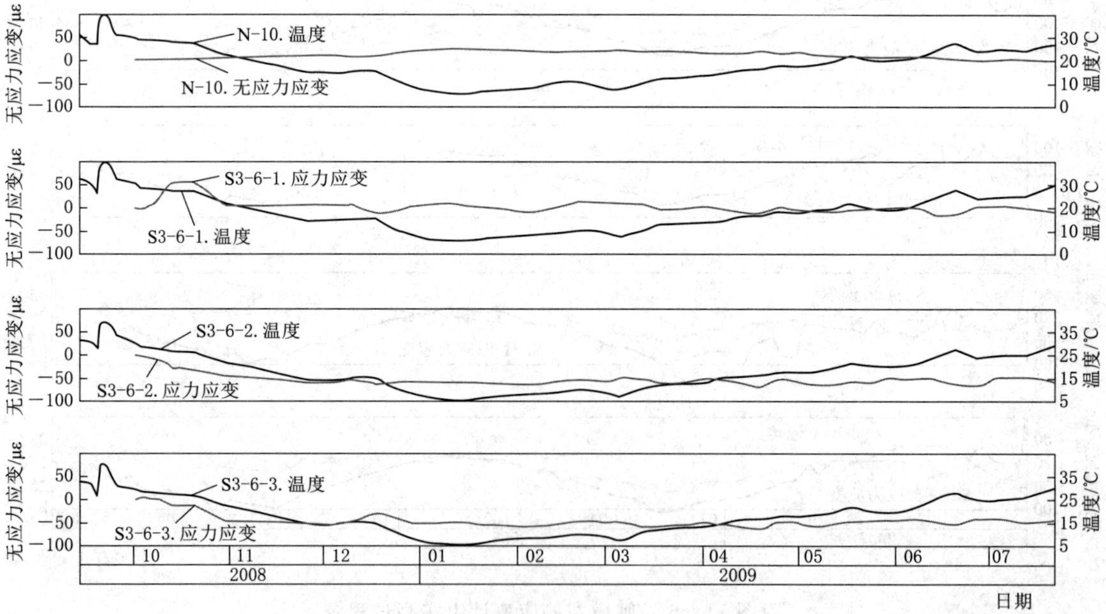

附图 13 11 号闸墩左侧应变计组实测过程线

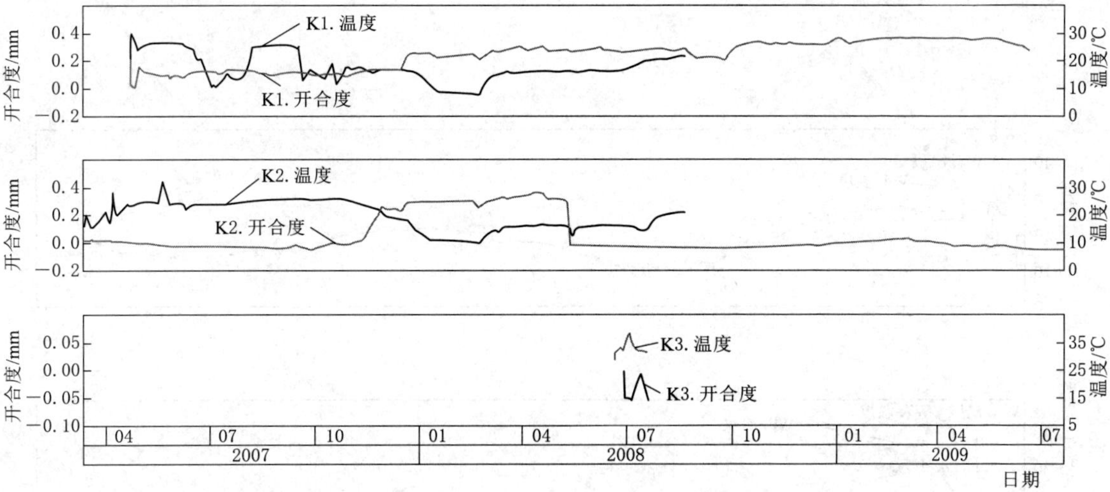

附图 14　坝基测缝计开合变化过程线

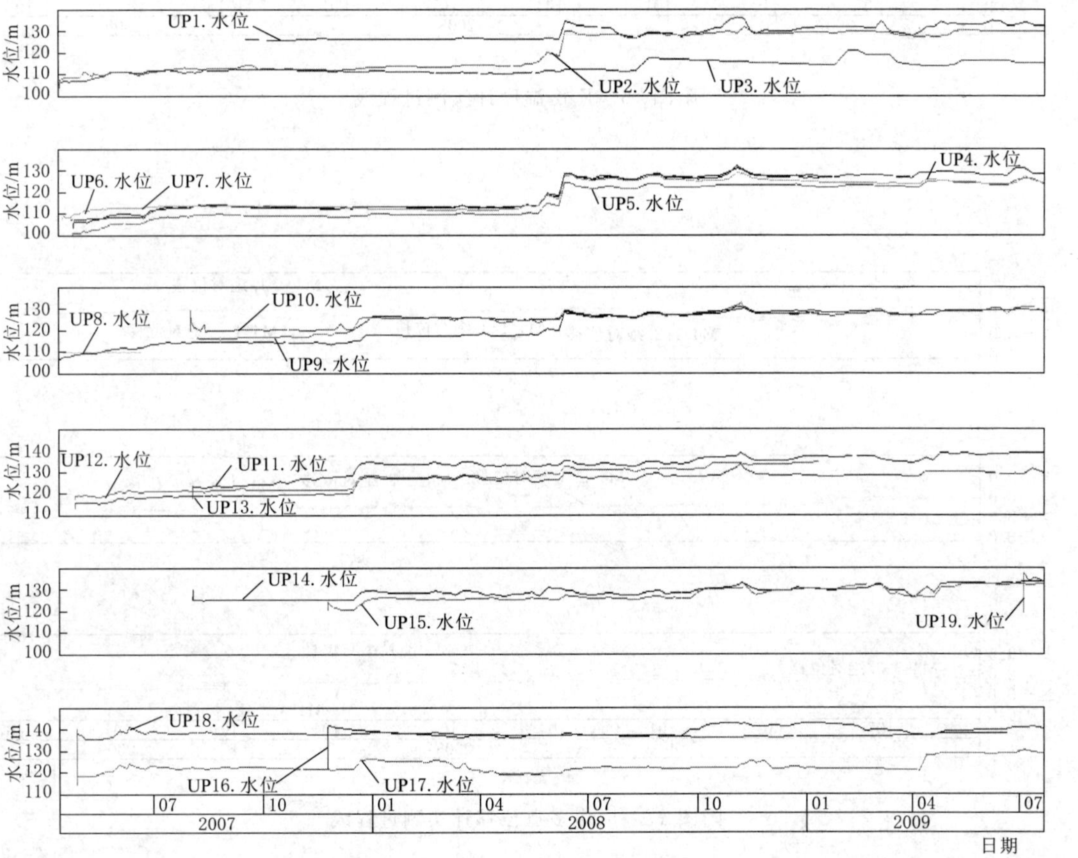

附图 15　坝基扬压力实测过程线

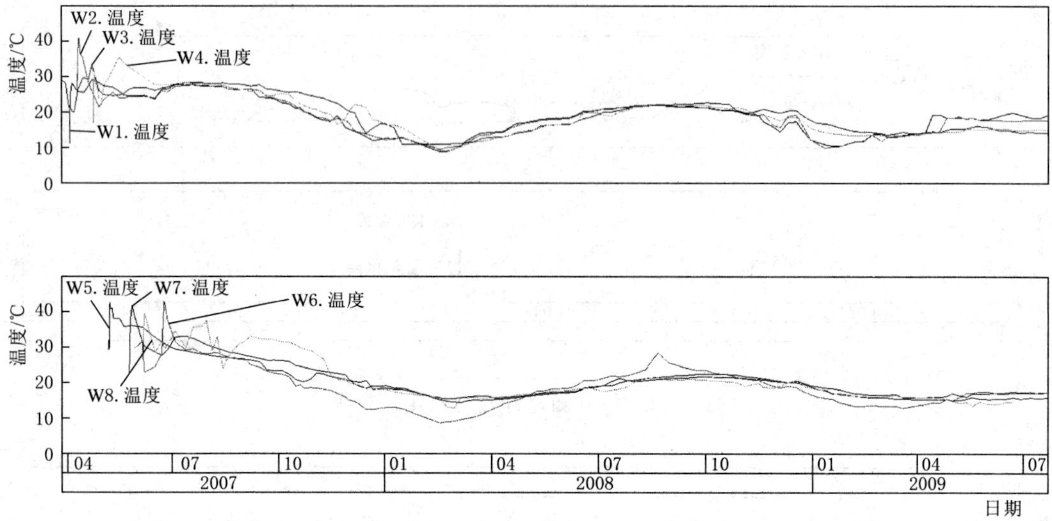

附图 16 厂房温度计实测过程线

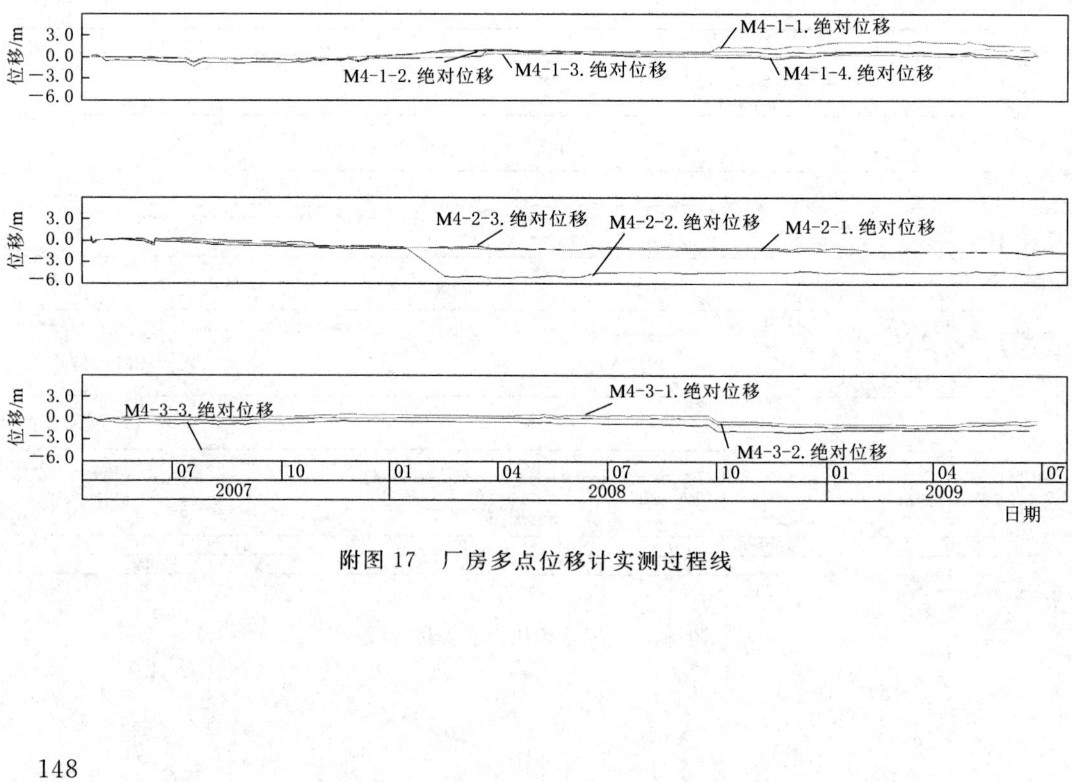

附图 17 厂房多点位移计实测过程线

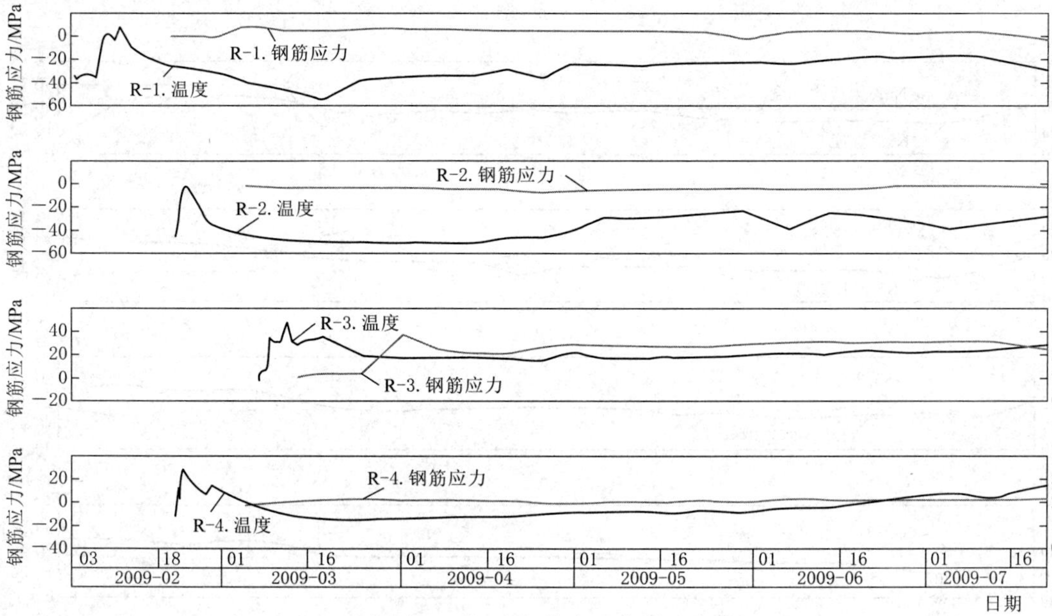

附图 18　厂房钢筋应力实测过程线

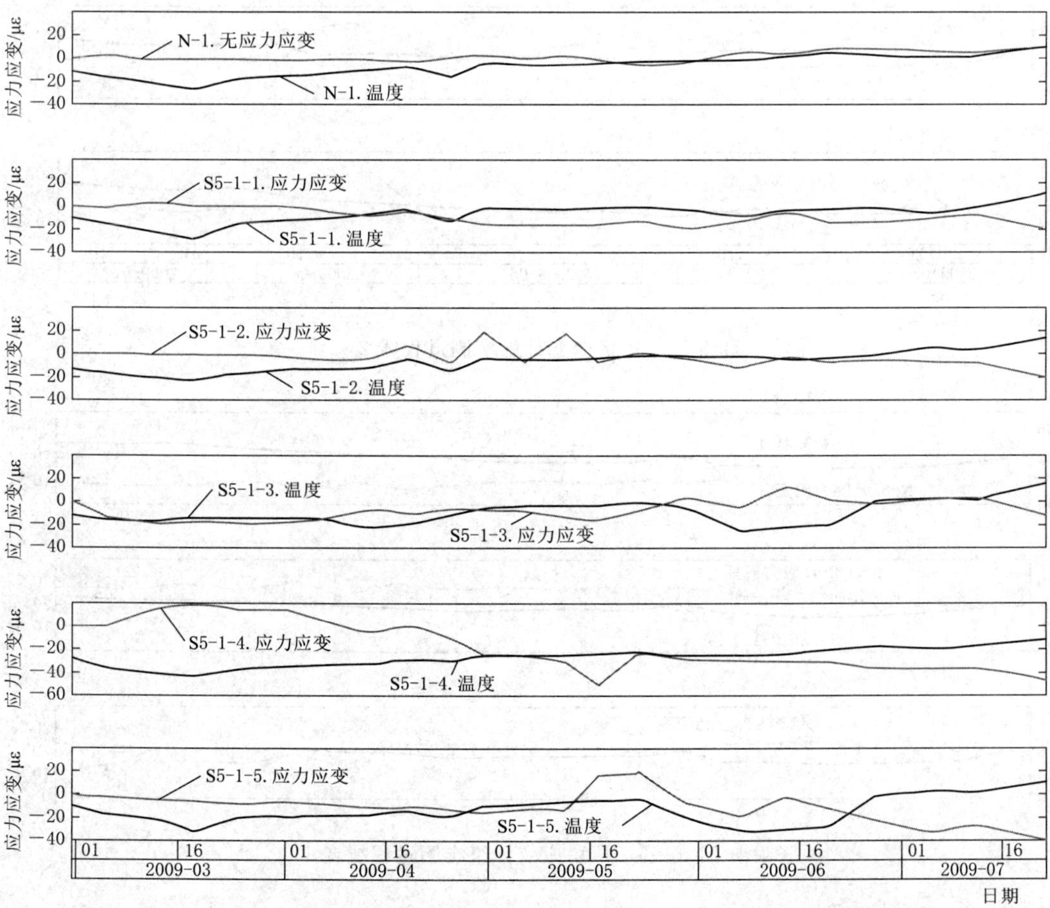

附图 19　厂房应变计组实测过程线 1

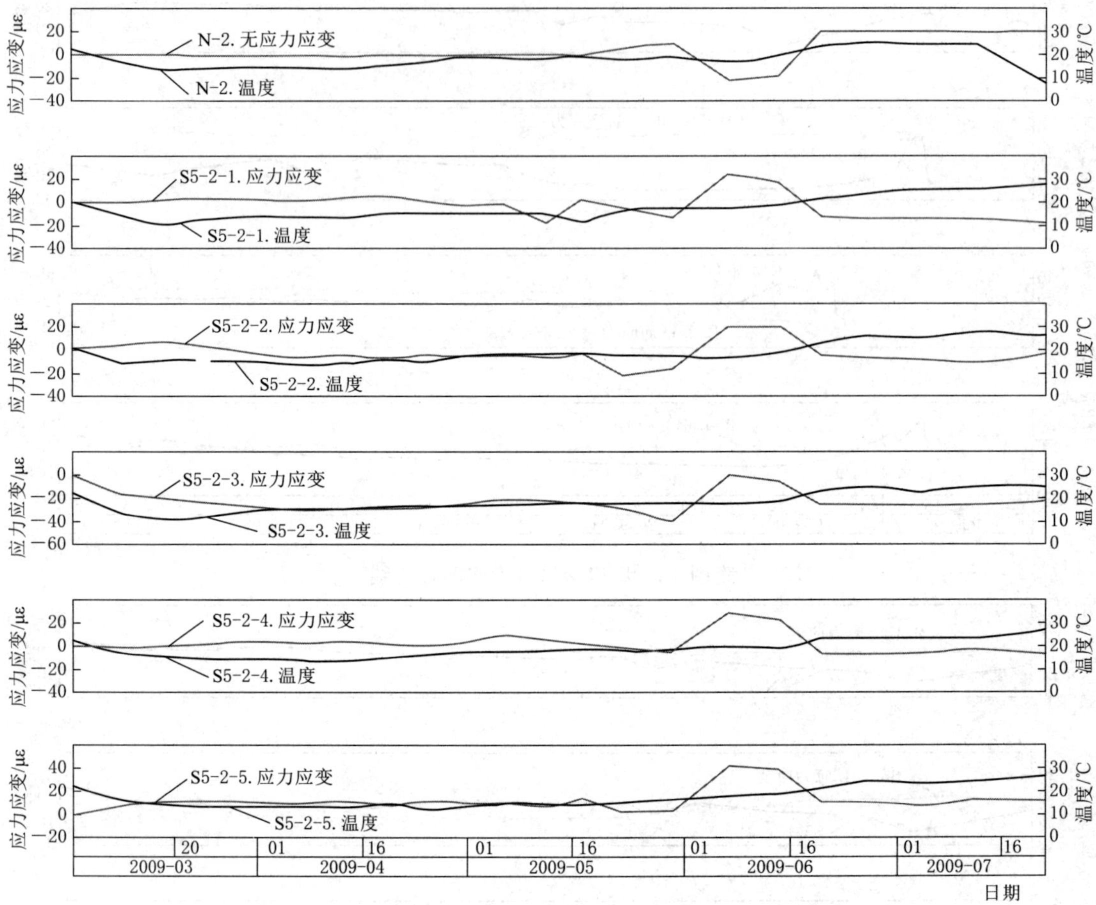

附图 20　厂房应变计组实测过程线 2

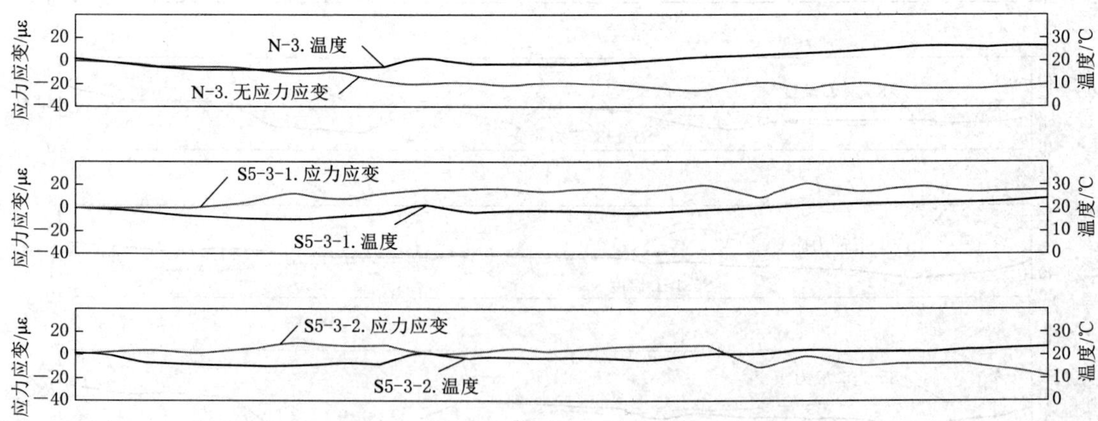

附图 21（一）　厂房应变计组实测过程线 3

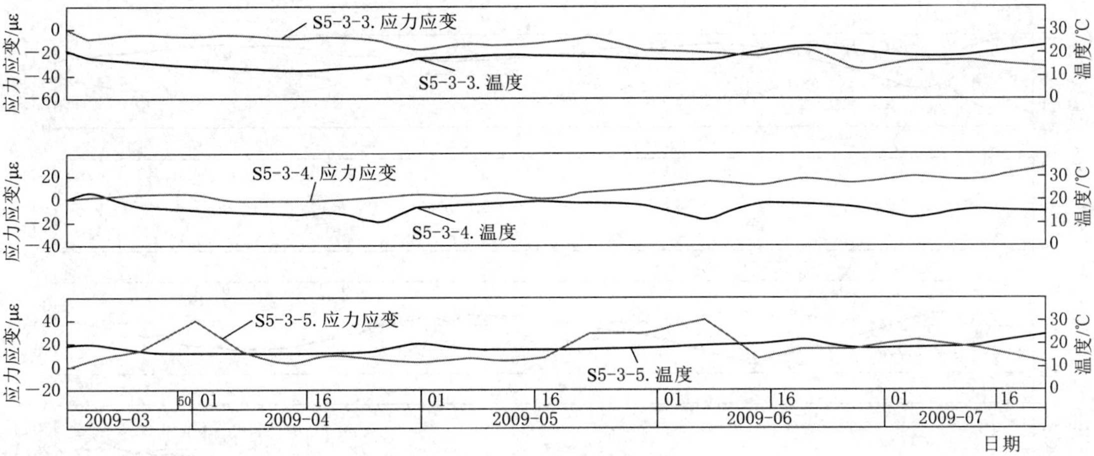

附图 21（二） 厂房应变计组实测过程线 3

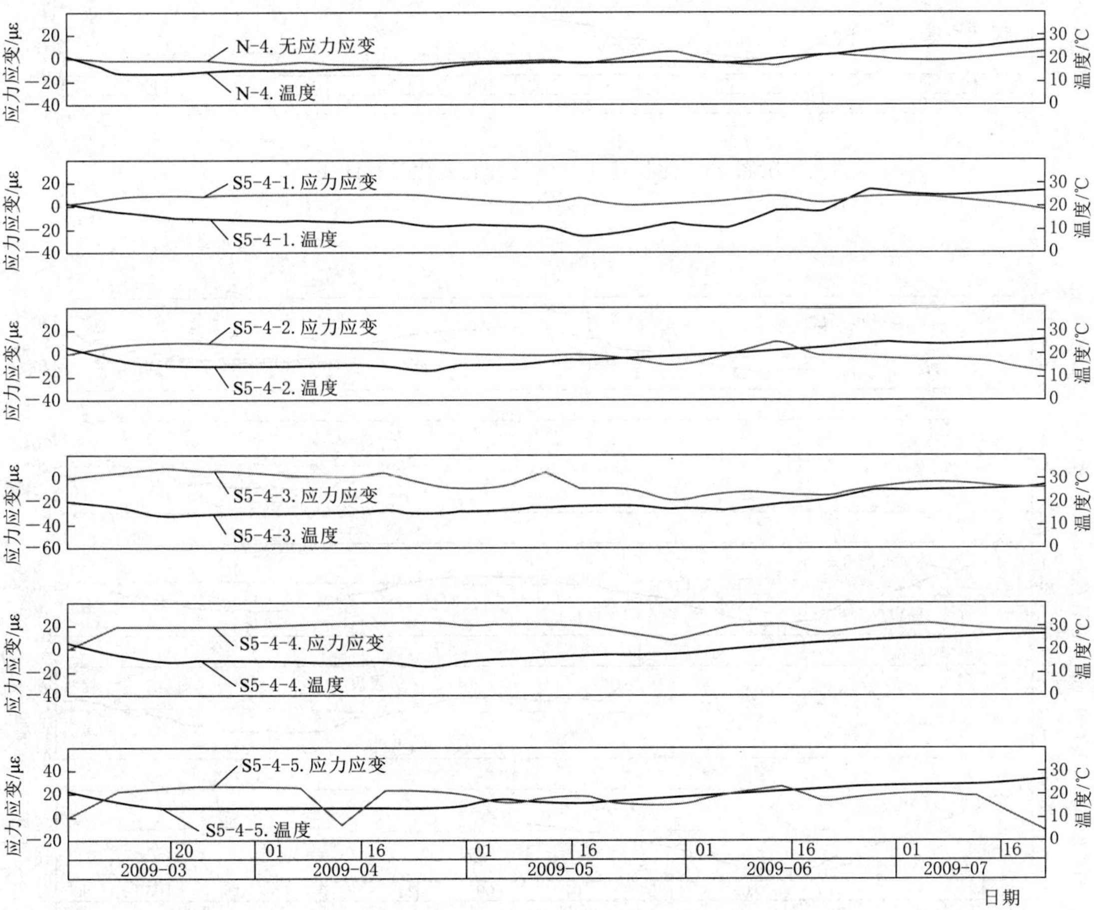

附图 22 厂房应变计组实测过程线 4

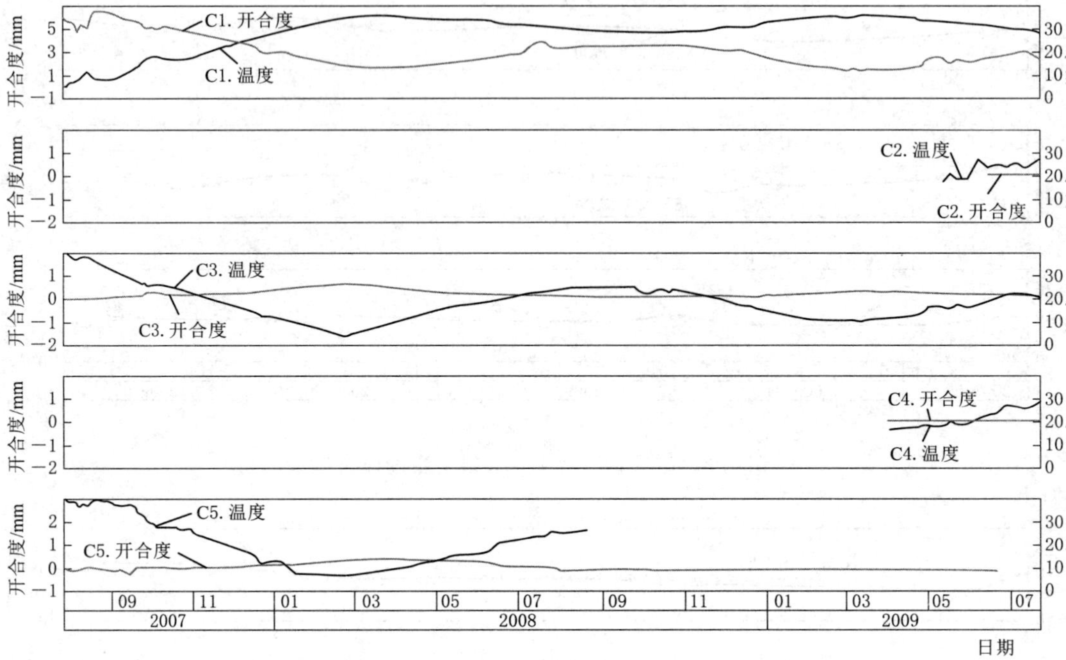

附图 23 主厂房 1 号纵缝开合变化过程线 1

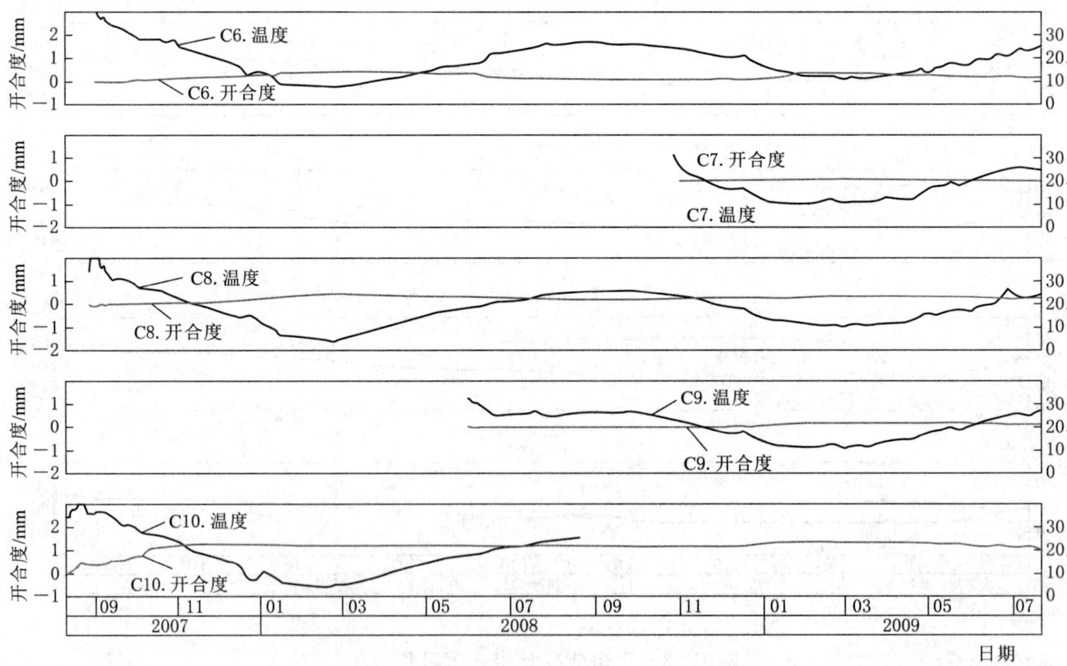

附图 24 主厂房 1 号纵缝开合变化过程线 2

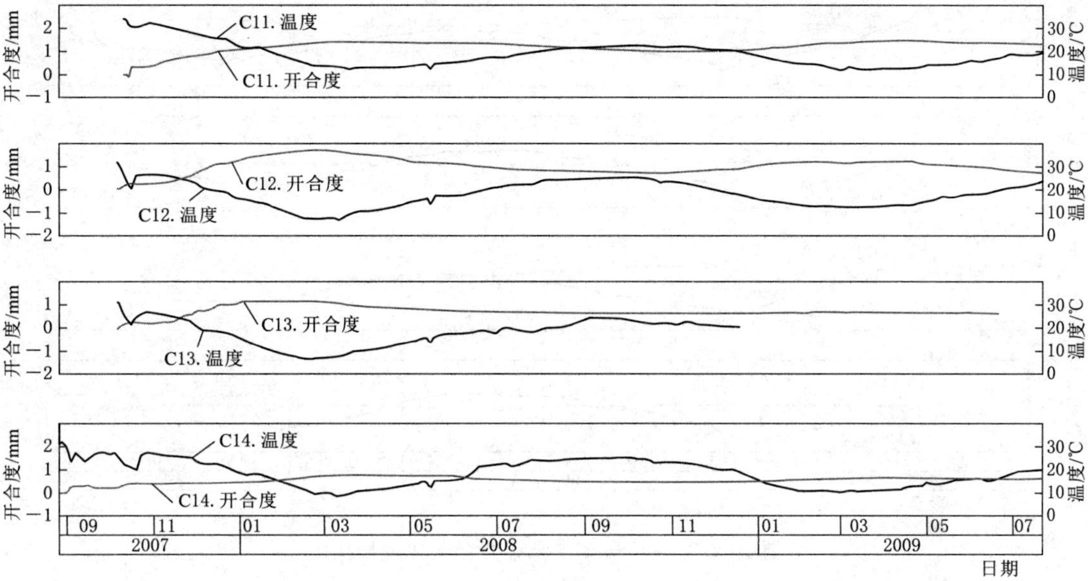

附图 25　主厂房 2 号纵缝开合变化过程线 1

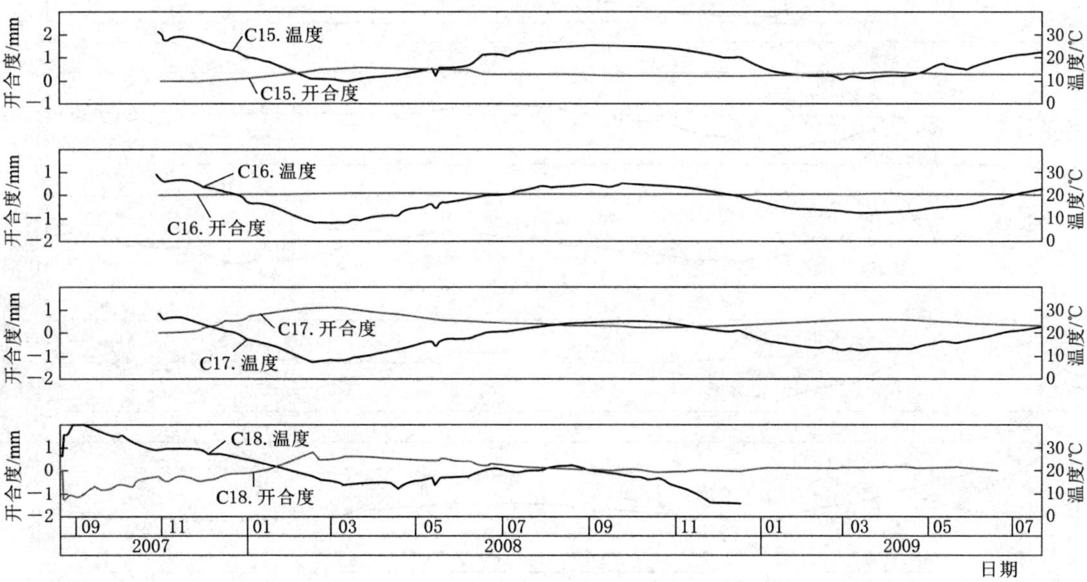

附图 26　主厂房 2 号纵缝开合变化过程线 2

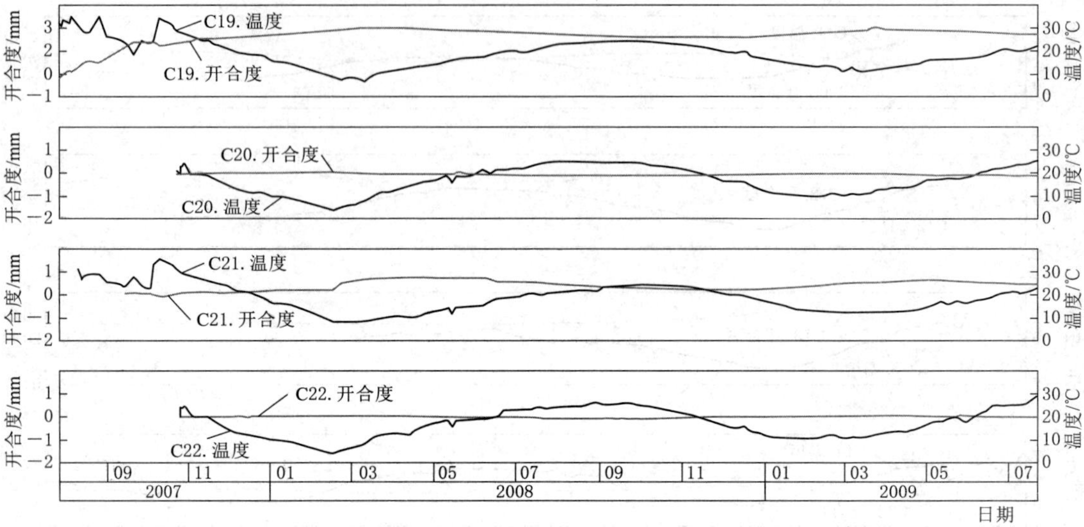

附图 27 主厂房 3 号纵缝开合变化过程线 1

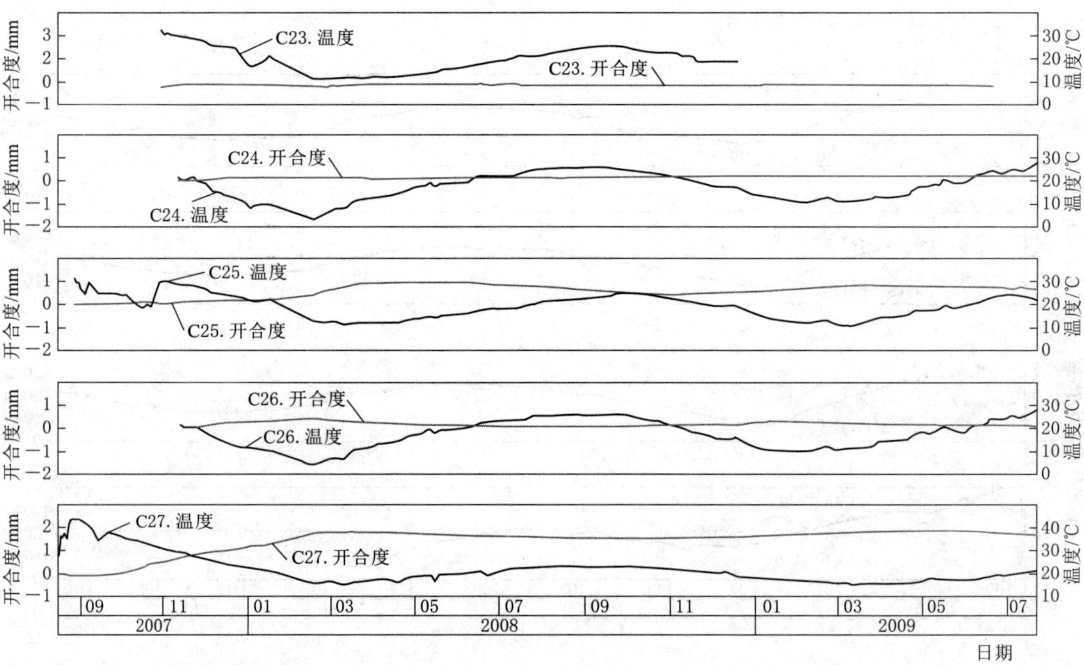

附图 28 主厂房 3 号纵缝开合变化过程线 2

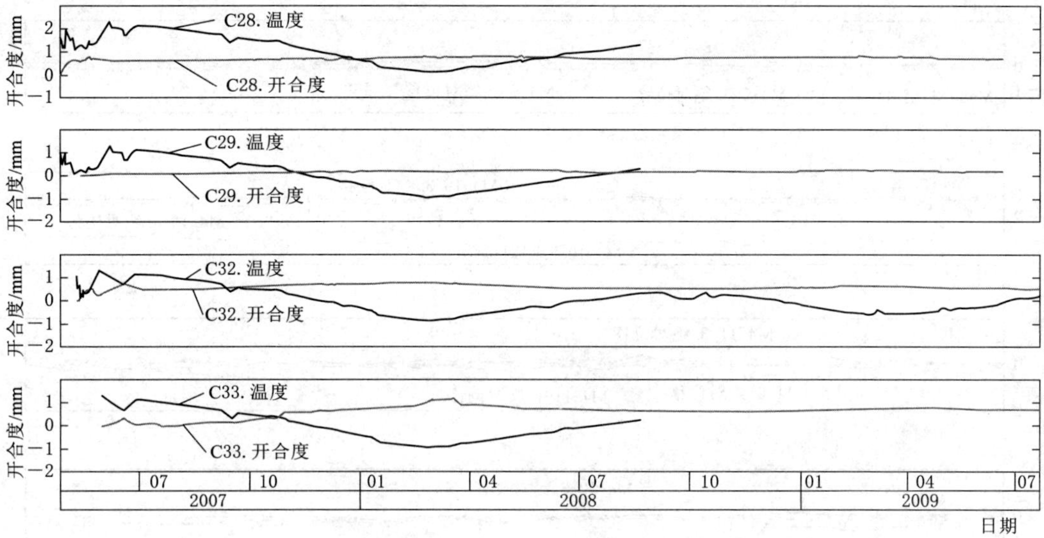

附图 29 主厂房 1 号、2 号横缝开合变化过程线

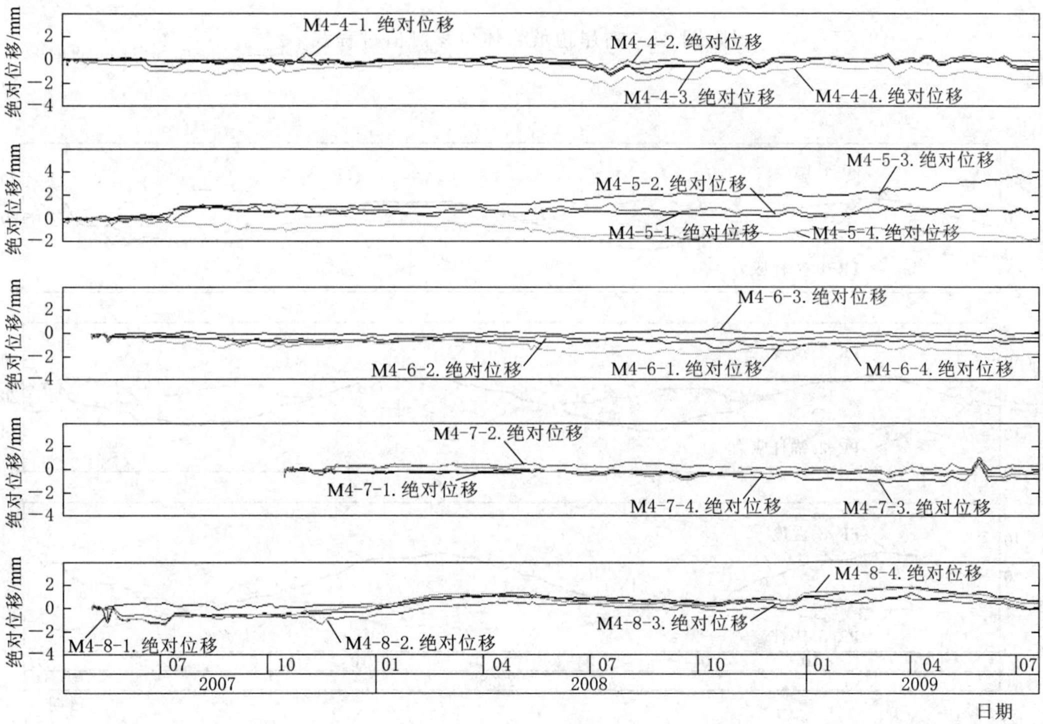

附图 30 左岸边坡岩体位移测值过程线

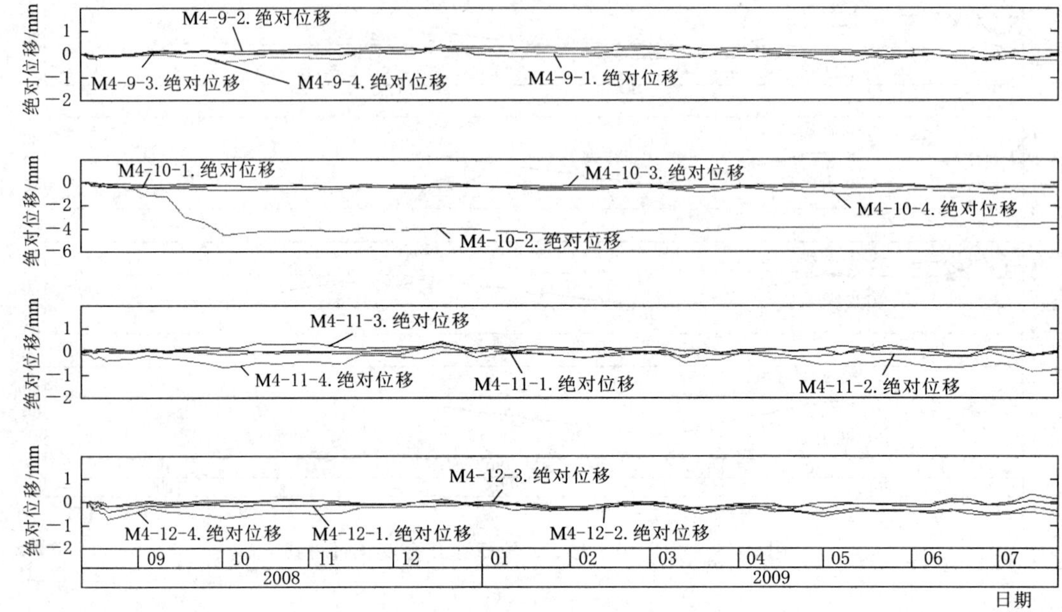

附图 31 右岸边坡岩体位移测值过程线

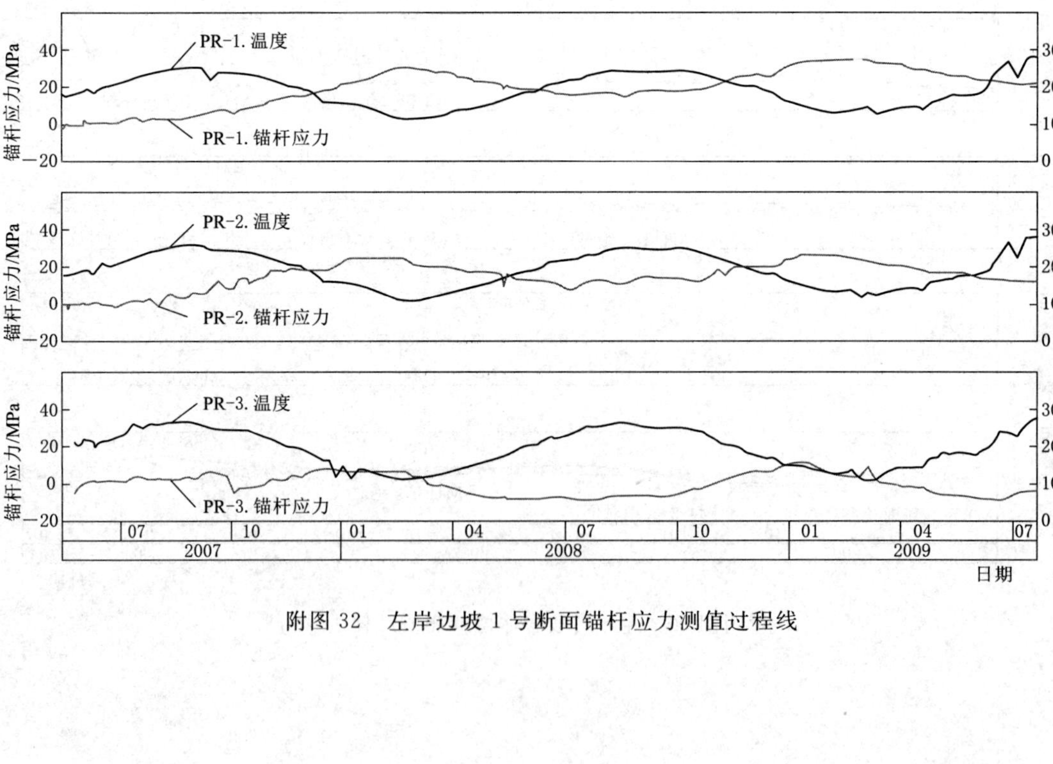

附图 32 左岸边坡 1 号断面锚杆应力测值过程线

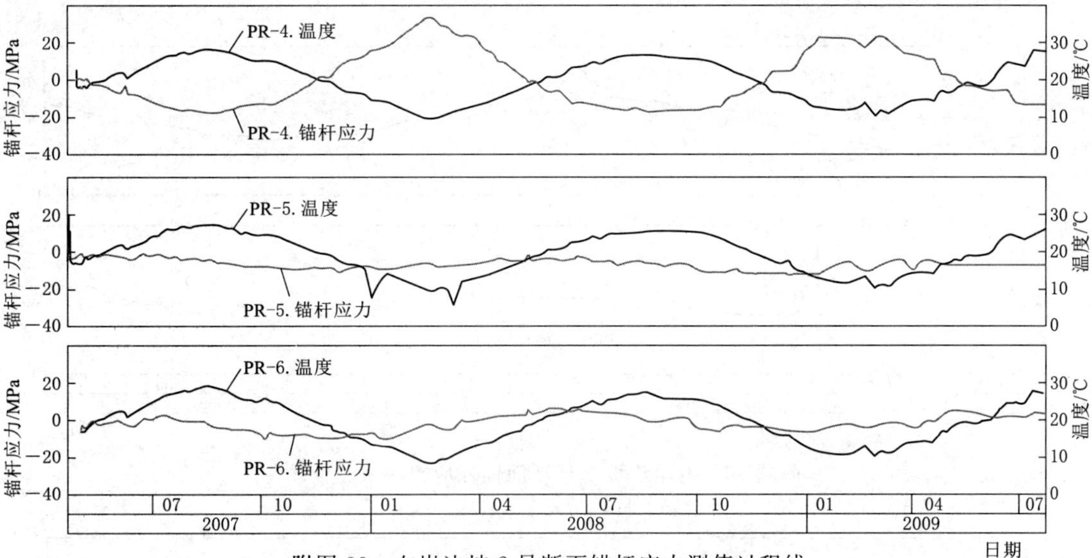

附图 33　左岸边坡 2 号断面锚杆应力测值过程线

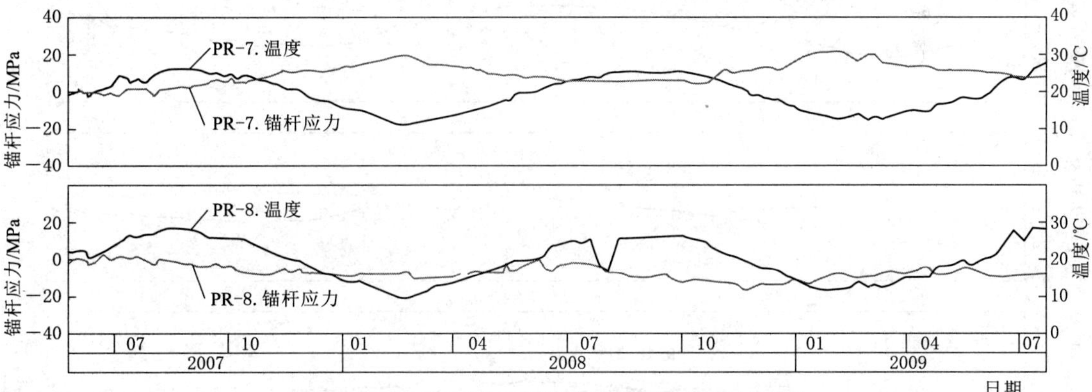

附图 34　左岸边坡 3 号断面锚杆应力测值过程线

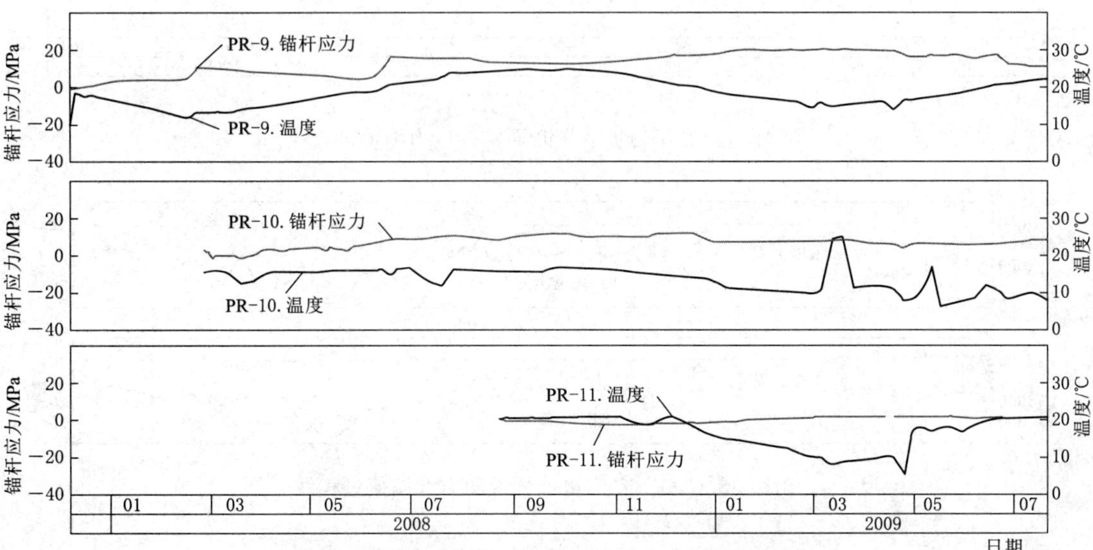

附图 35　右岸边坡 4 号断面锚杆应力测值过程线

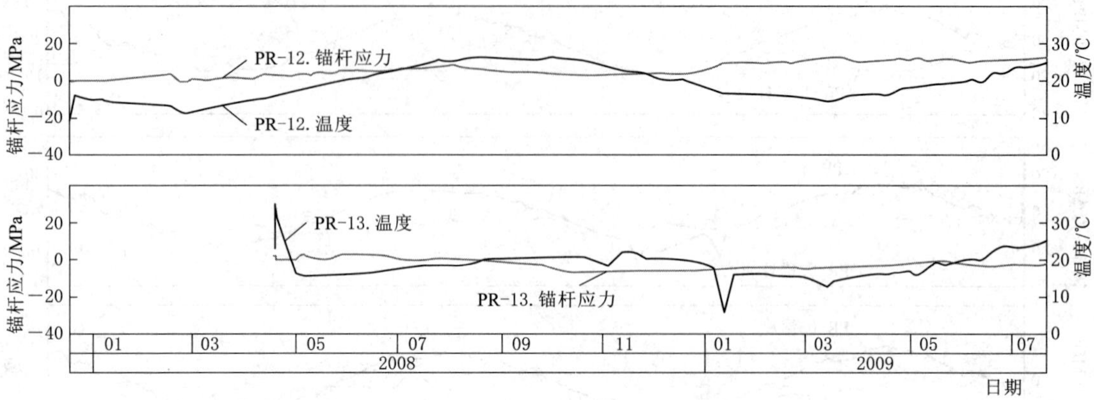

附图 36 右岸边坡 5 号断面锚杆应力测值过程线

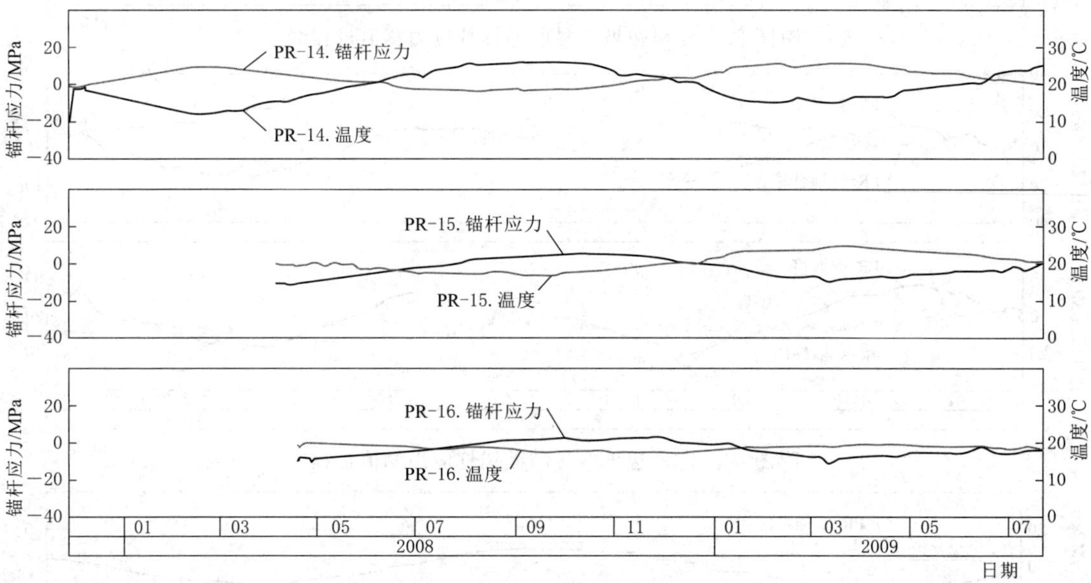

附图 37 右岸边坡 6 号断面锚杆应力测值过程线

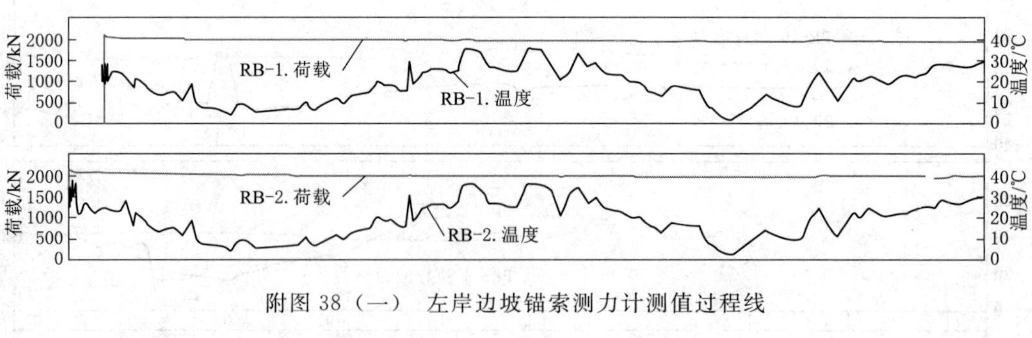

附图 38（一） 左岸边坡锚索测力计测值过程线

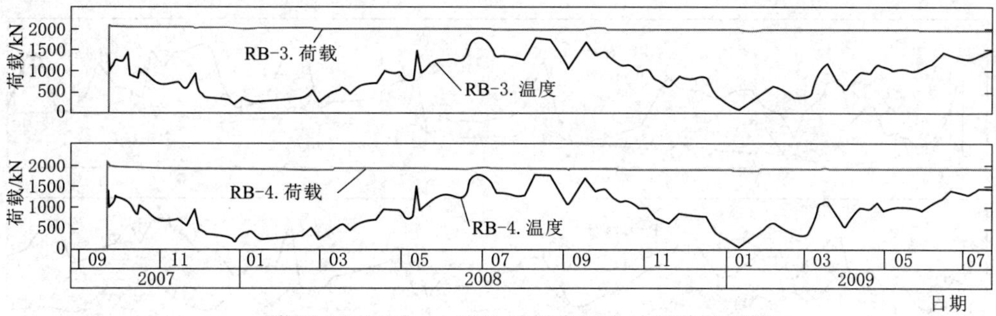

附图 38（二） 左岸边坡锚索测力计测值过程线

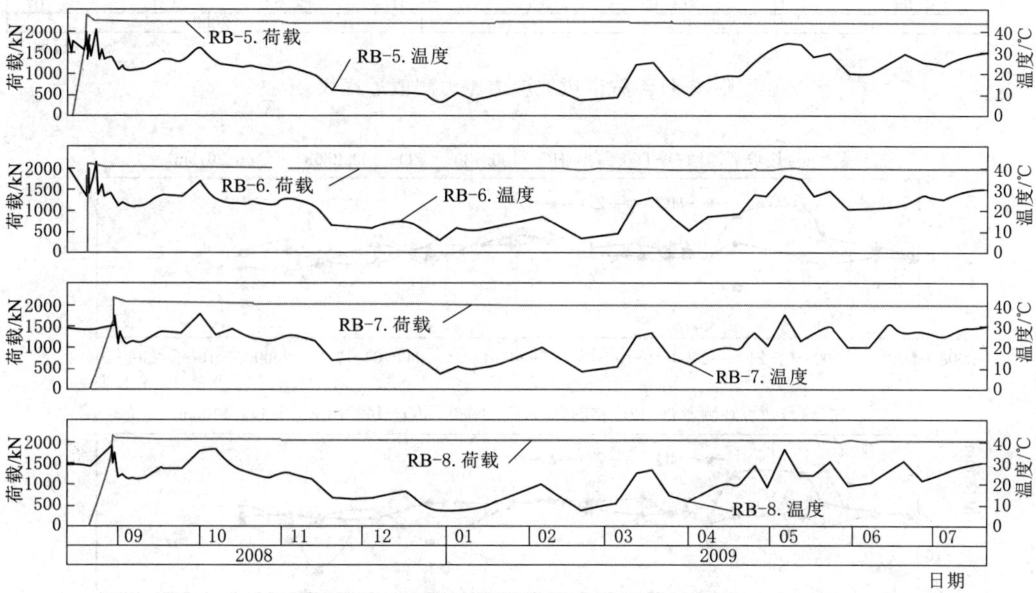

附图 39 右岸边坡锚索测力计测值过程线

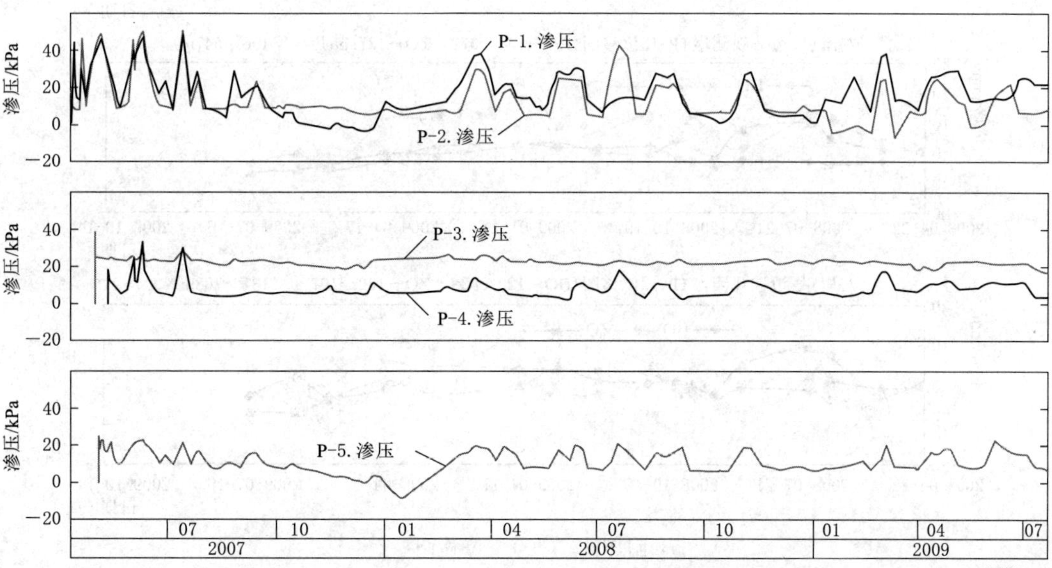

附图 40 左岸边坡渗透压力测值过程线

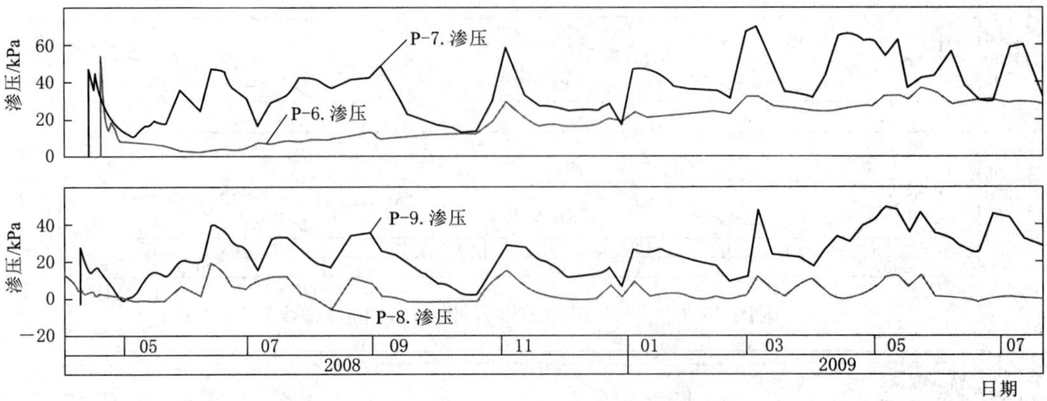

附图 41 右岸边坡渗透压力测值过程线

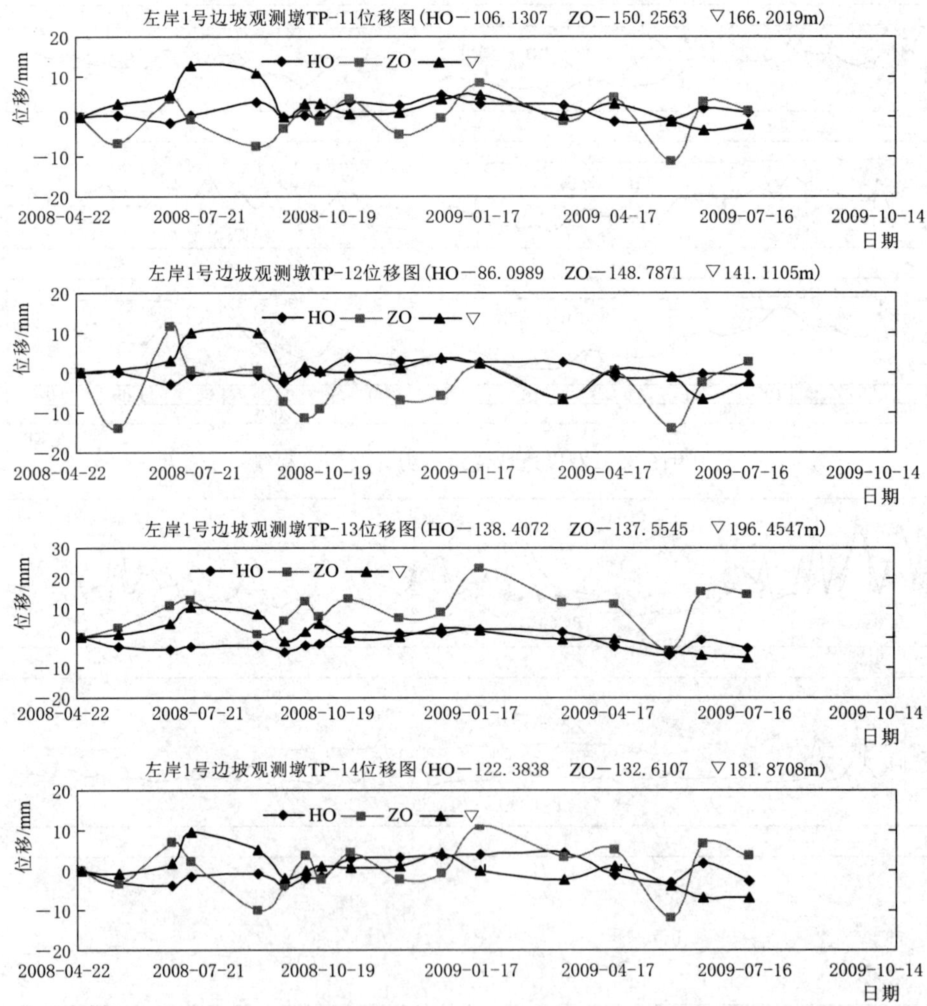

附图 42（一） 位移图

左岸1号边坡观测墩TP-15位移图(HO－109.1038　ZO－128.4375　▽166.4028m)

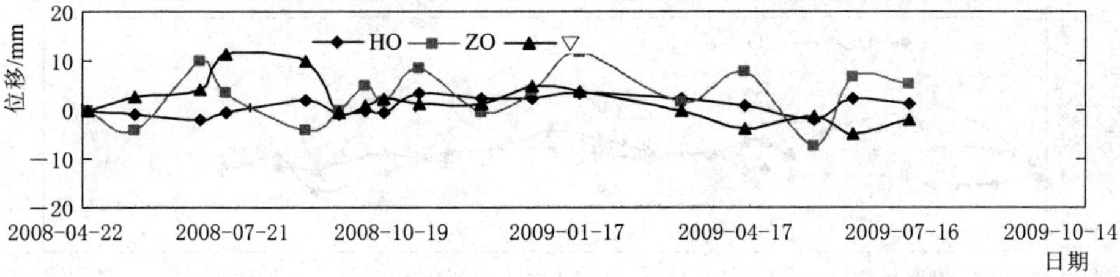

左岸1号边坡观测墩TP-16位移图(HO－89.9567　ZO－122.8611　▽141.1818m)

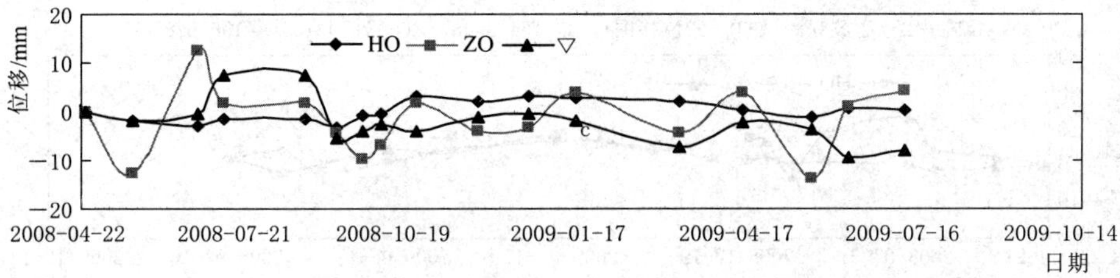

左岸1号边坡观测墩TP-17位移图(HO－142.2334　ZO－113.4665　▽196.5161m)

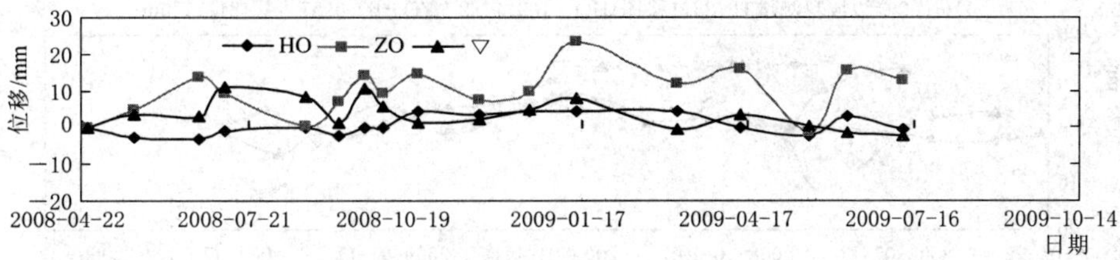

左岸1号边坡观测墩TP-18位移图(HO－125.9433　ZO－107.4569　▽181.6176m)

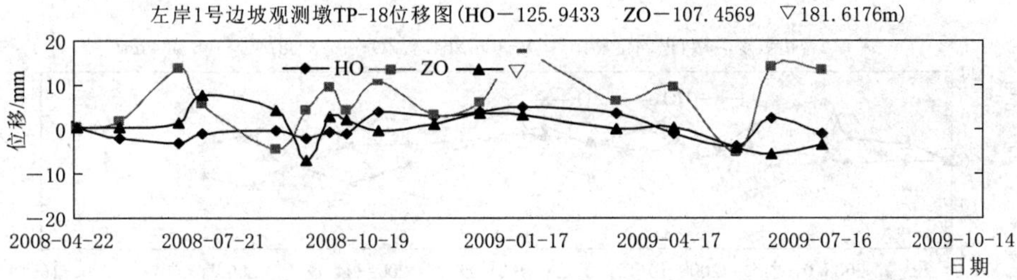

左岸1号边坡观测墩TP-19位移图(HO－113.1915　ZO－102.6349　▽166.7089m)

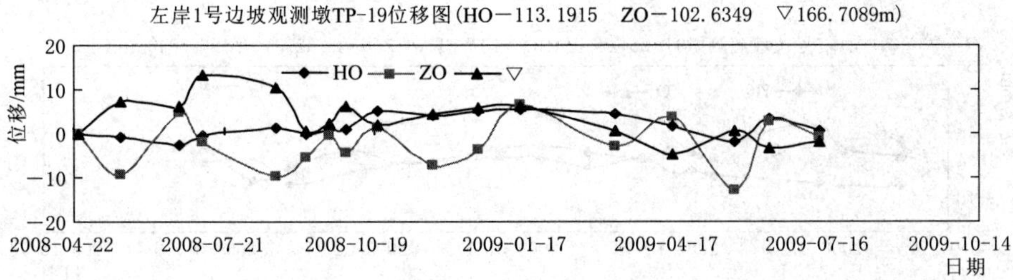

左岸1号边坡观测墩TP-20位移图(HO－94.9381　ZO－94.5935　▽141.2776m)

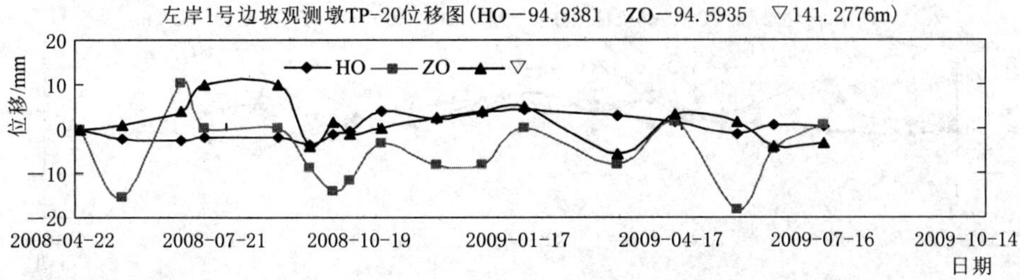

附图 42（二）　位移图

左岸2号边坡观测墩TP-21位移图(HO—169.6986 ZO—83.8081 ▽211.5846m)

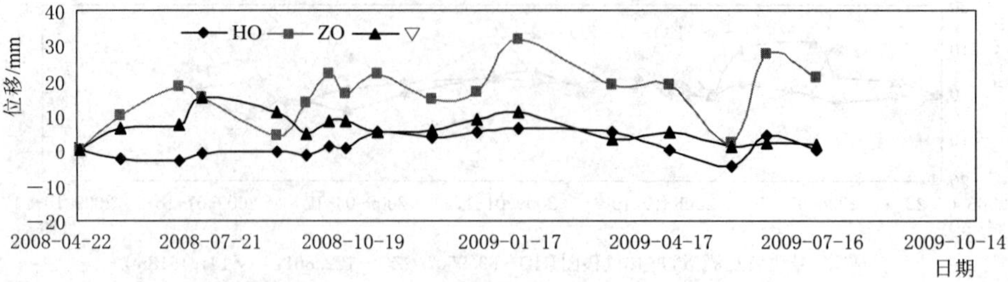

左岸2号边坡观测墩TP—22位移图(HO—154.3348 ZO—76.4315 ▽196.6285m)

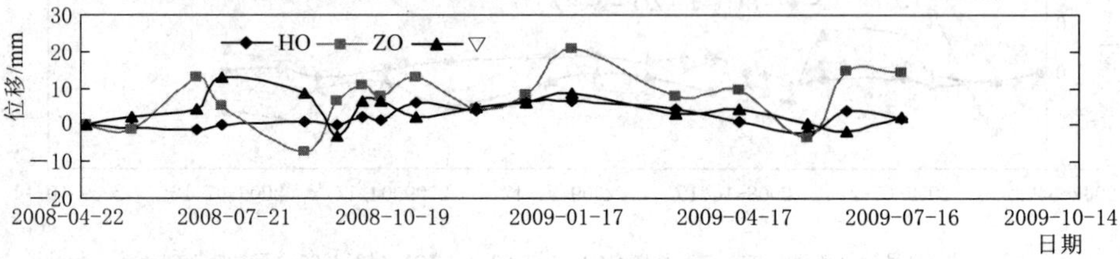

左岸2号边坡观测墩TP-23位移图(HO—139.1422 ZO—69.0957 ▽181.7740m)

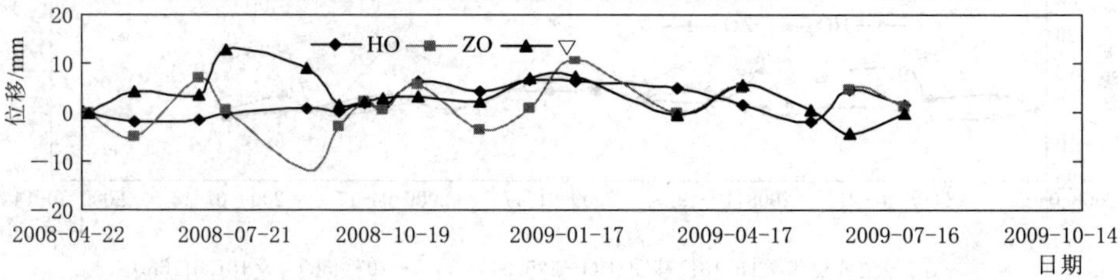

左岸2号边坡观测墩TP-24位移图(HO—126.8647 ZO—162.9387 ▽166.4349m)

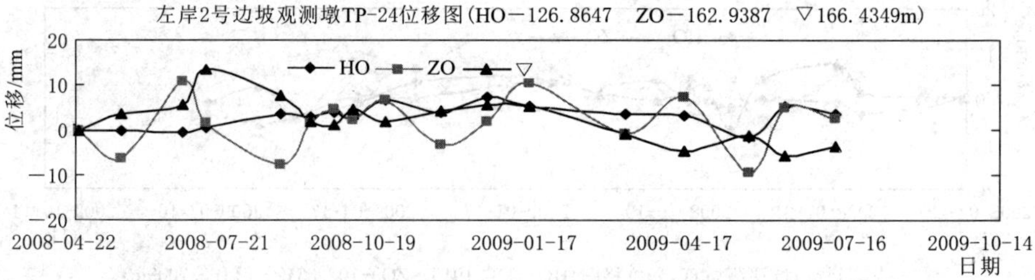

左岸2号边坡观测墩TP-25位移图(HO—167.7354 ZO—49.4290 ▽196.5040m)

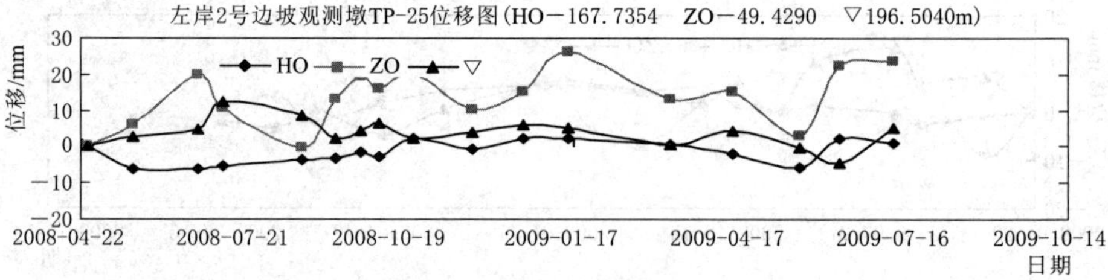

左岸2号边坡观测墩TP-26位移图(HO—152.8893 ZO—39.9173 ▽181.5277m)

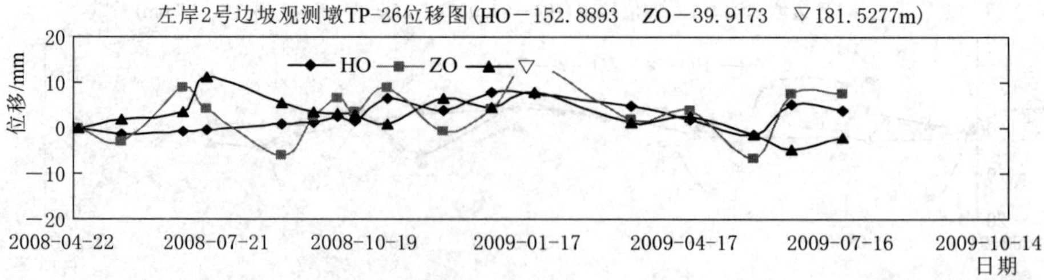

附图 42（三） 位移图

左岸2号边坡观测墩TP-27位移图(HO－142.3020 ZO－32.7215 ▽166.9571m)

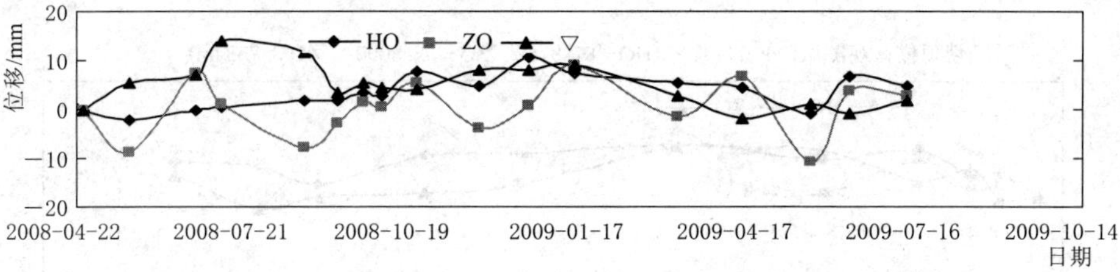

左岸3号边坡观测墩TP-29位移图(HO－152.1502 ZO－1.1228 ▽167.1824m)

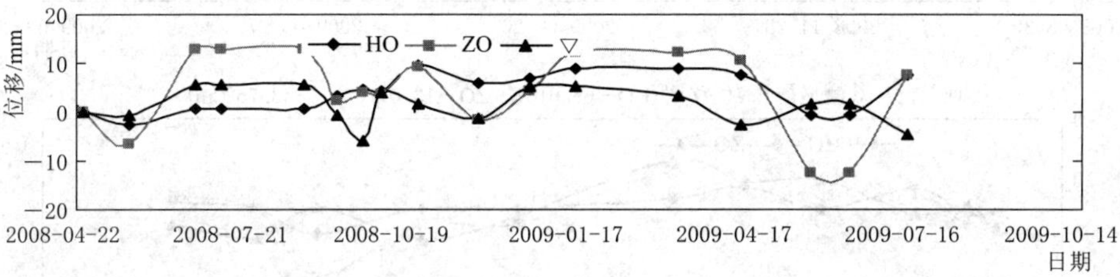

左岸3号边坡观测墩TP-30位移图(HO－157.0014 Z0＋48.6829 ▽166.8597m)

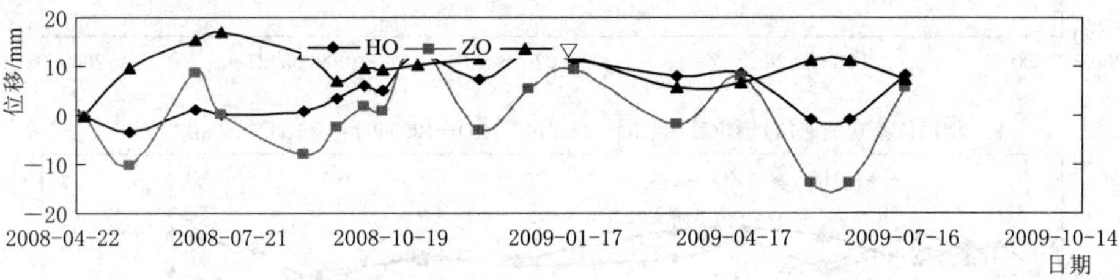

左岸进水口山体观测墩TP-45位移图(HO－163.4538 ZO－260.8310 ▽195.2162m)

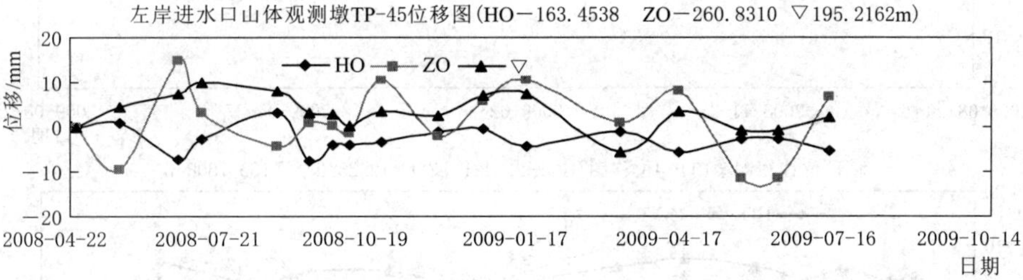

左岸进水口山体观测墩TP-46位移图(HO－125.8853 ZO－271.5184 ▽177.2413m)

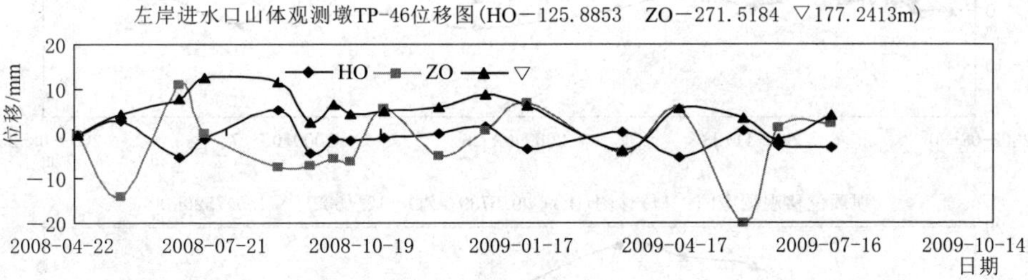

左岸进水口山体观测墩TP-47位移图(HO－110.8234 ZO－295.4735 ▽161.3050m)

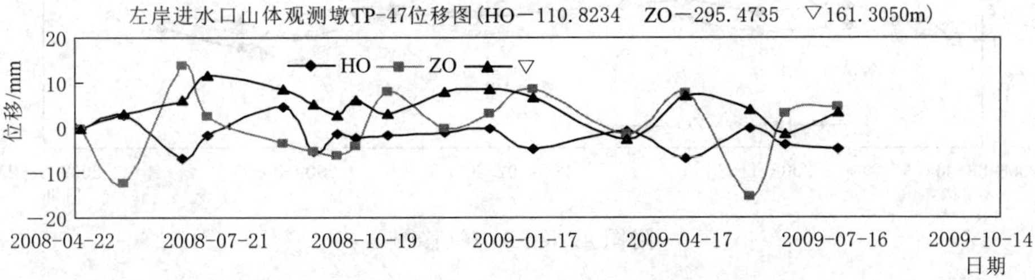

附图 42（四） 位移图

坝顶位移观测墩LTP-1位移图(HO−87.9782　ZO−32.8608　▽153.7584m)

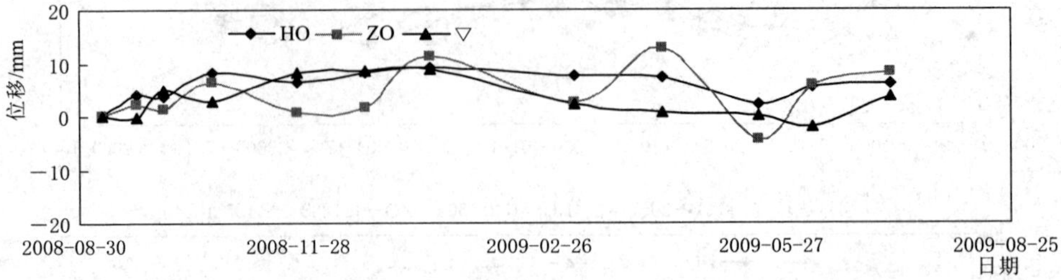

坝顶位移观测墩LTP-2位移图(HO−65.6181　ZO−13.0716　▽153.7622m)

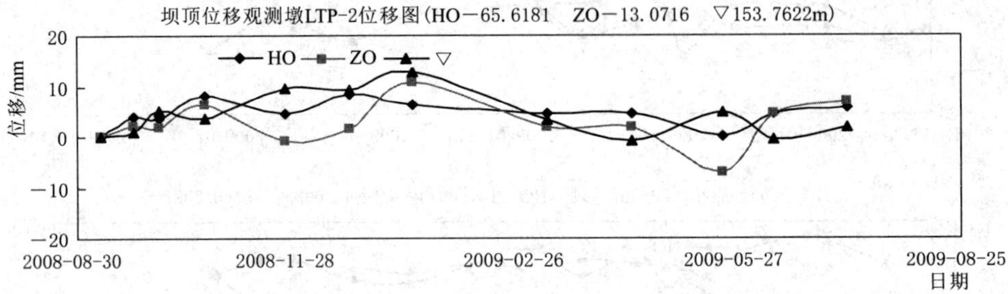

坝顶位移观测墩LTP-3位移图(HO−22.2147　ZO−12.9694　▽153.7460m)

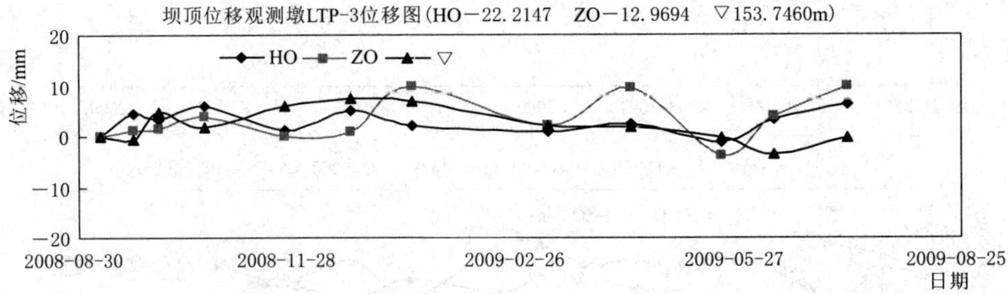

坝顶位移观测墩LTP-4位移图(HO+2.1421　ZO−12.2529　▽155.7608m)

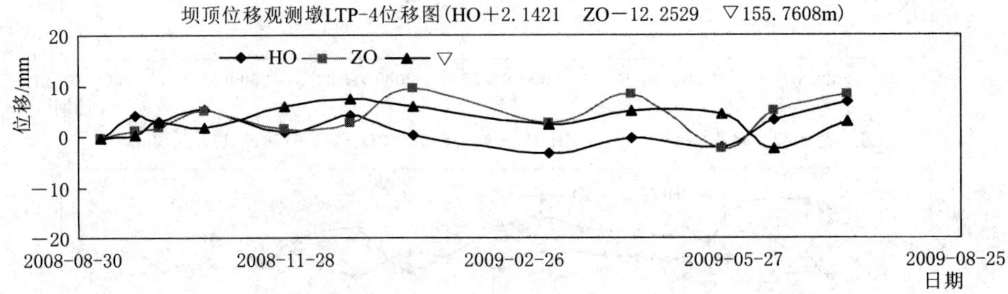

坝顶位移观测墩LTP-5位移图(HO+49.5739　ZO−12.1532　▽155.7520m)

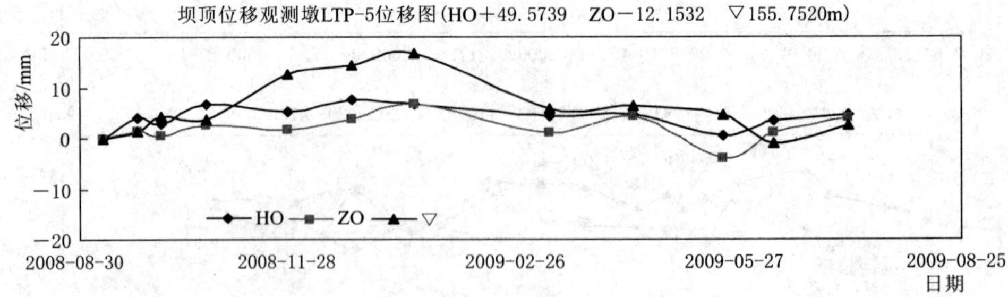

附图 42（五）　位移图

坝顶位移观测墩LTP-6位移图(HO+119.2672　ZO−9.4501　▽155.7417m)

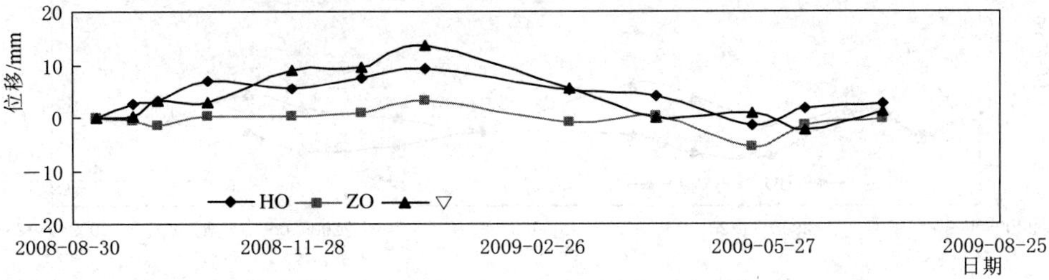

右岸4号边坡观测墩TB-10位移图(HO+337.1937　ZO−237.2129　▽172.9495m)

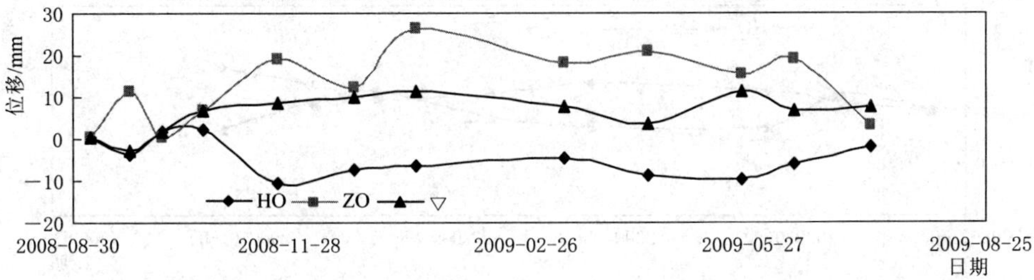

右岸4号边坡观测墩TP-31位移图(HO+342.8096　ZO−225.7593　▽173.1123m)

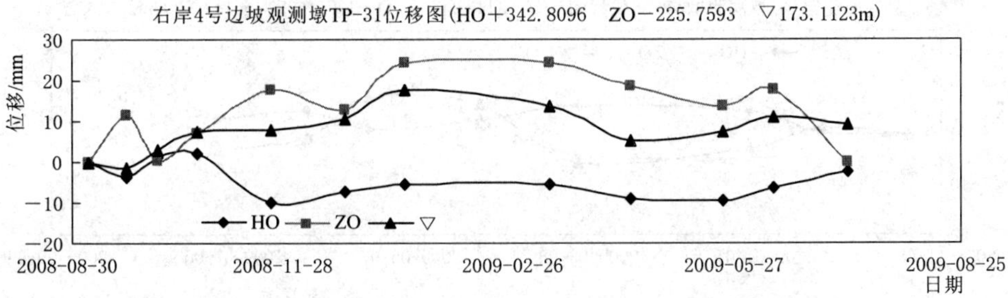

右岸4号边坡观测墩TP-32位移图(HO+325.4560　ZO−231.3001　▽157.6144m)

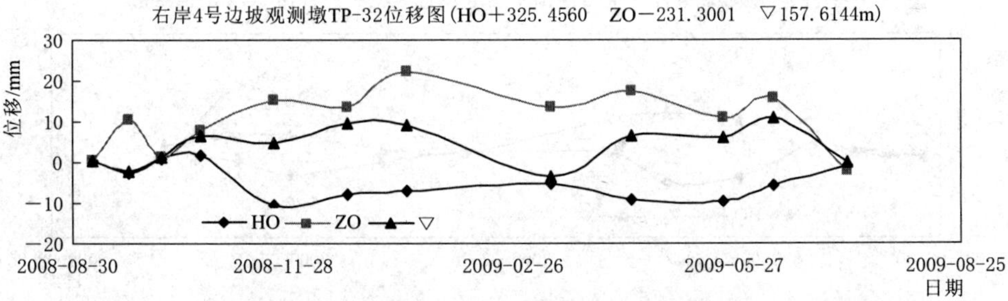

右岸4号边坡观测墩TP-33位移图(HO+316.9475　ZO−225.8197　▽142.4898m)

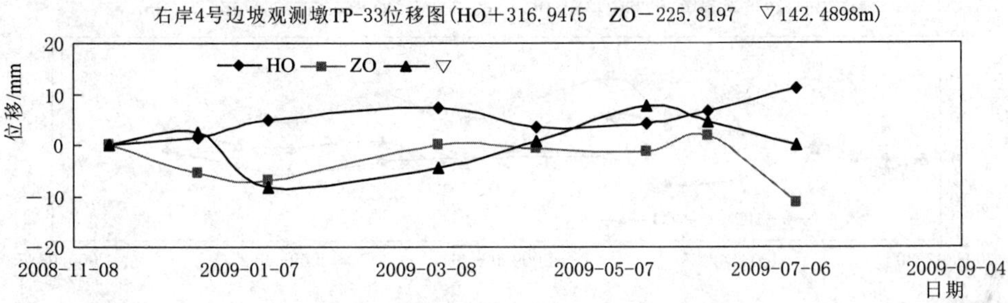

附图 42（六）　位移图

右岸4号边坡观测墩TP-34位移图(HO+337.9269 ZO−207.8412 ▽157.6234m)

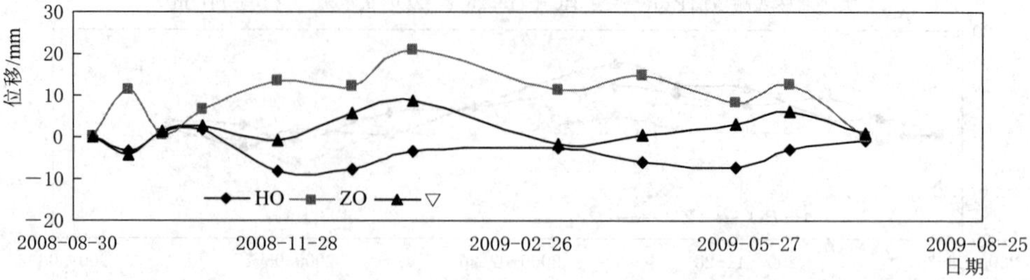

右岸4号边坡观测墩TP-35位移图(HO+326.7204 ZO−204.4422 ▽142.4726m)

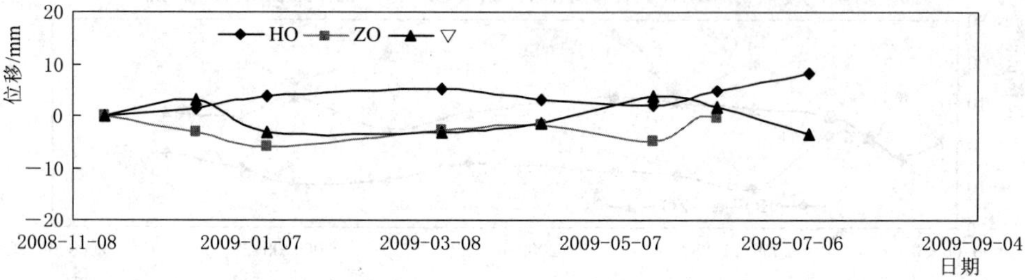

右岸5号边坡观测墩TP-36位移图(HO+344.2205 ZO−135.1692 ▽142.6298m)

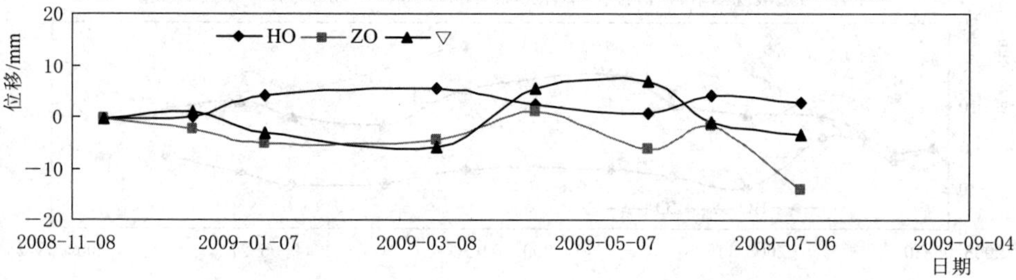

右岸5号边坡观测墩TP-37位移图(HO+379.6411 ZO−62.8075 ▽181.5768m)

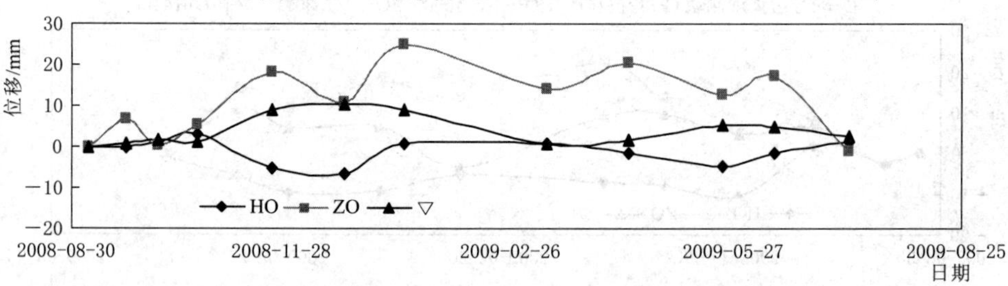

右岸5号边坡观测墩TP-38位移图(HO+363.7638 ZO−61.7666 ▽166.7461m)

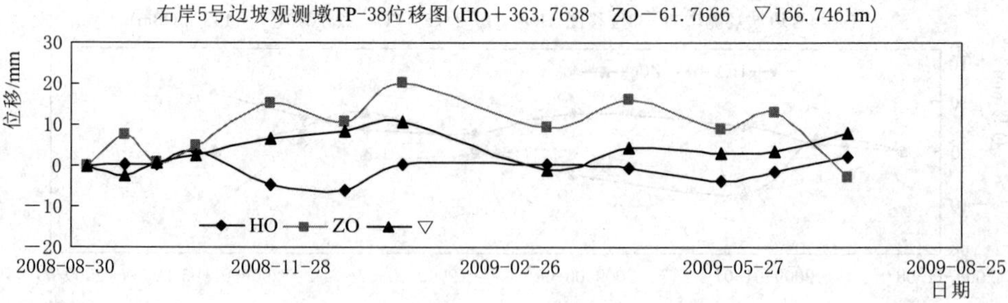

附图 42（七） 位移图

右岸5号边坡观测墩TP-39位移图(HO+351.5872　ZO−64.5039　▽154.1719m)

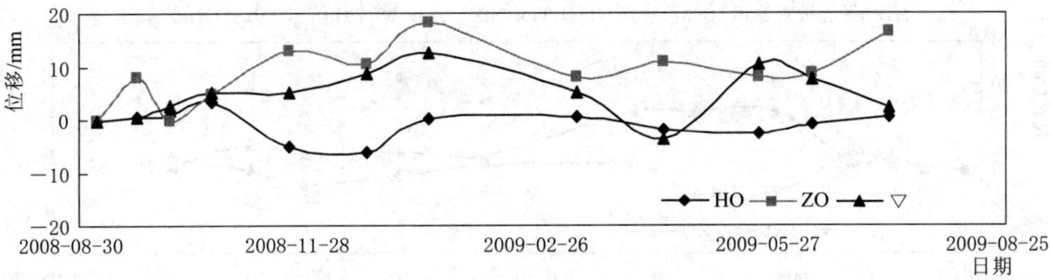

右岸5号边坡观测墩TP-40位移图(HO+344.0052　ZO−63.8156　▽142.7401m)

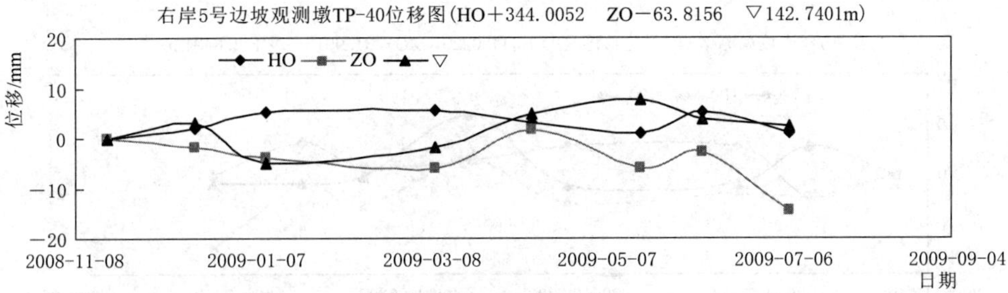

右岸6号边坡观测墩TP-41位移图(HO+388.6651　ZO−19.1598　▽181.5618m)

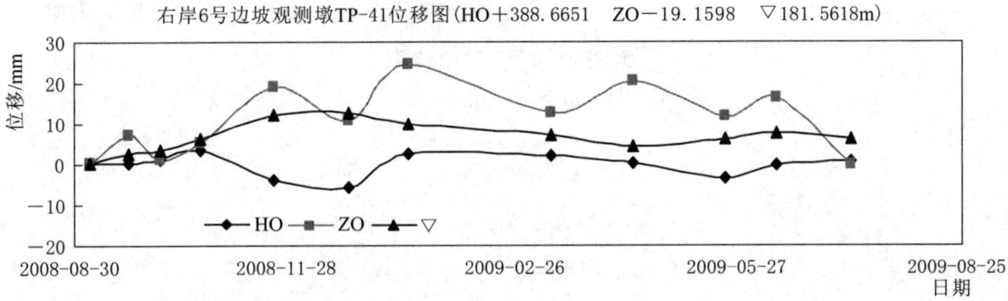

右岸6号边坡观测墩TP-42位移图(HO+372.0025　ZO−22.0110　▽166.6859m)

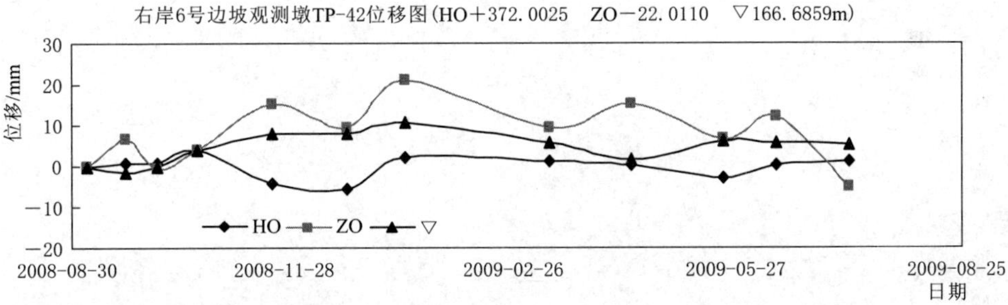

右岸6号边坡观测墩TP-43位移图(HO+361.4434　ZO−14.0249　▽154.4836m)

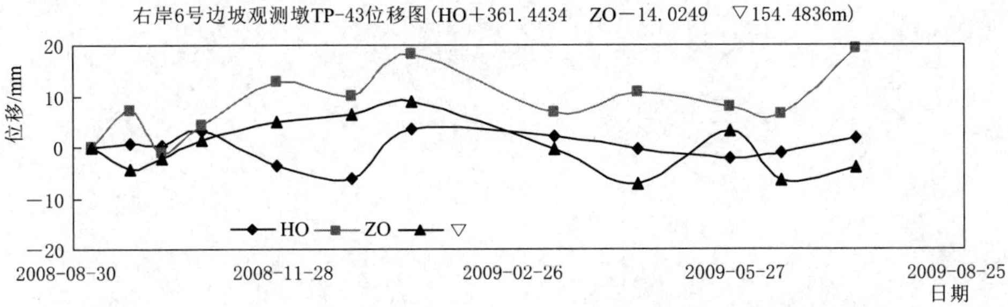

附图 42（八）　位移图

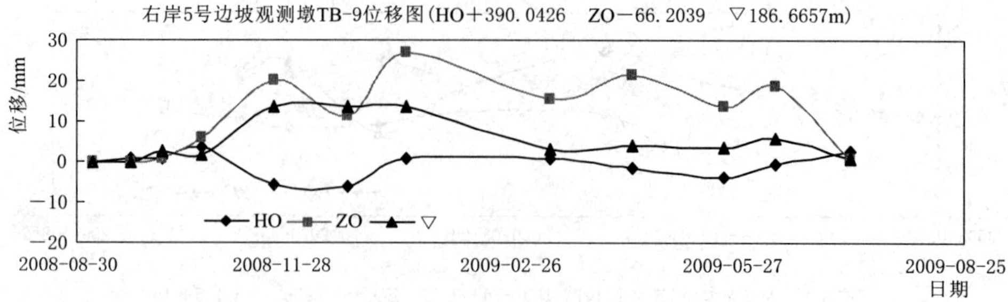
右岸5号边坡观测墩TB-9位移图(HO+390.0426　ZO−66.2039　▽186.6657m)
位移/mm
30
20
10
0
−10
−20
HO
ZO
▽
2008-08-30
2008-11-28
2009-02-26
2009-05-27
2009-08-25
日期

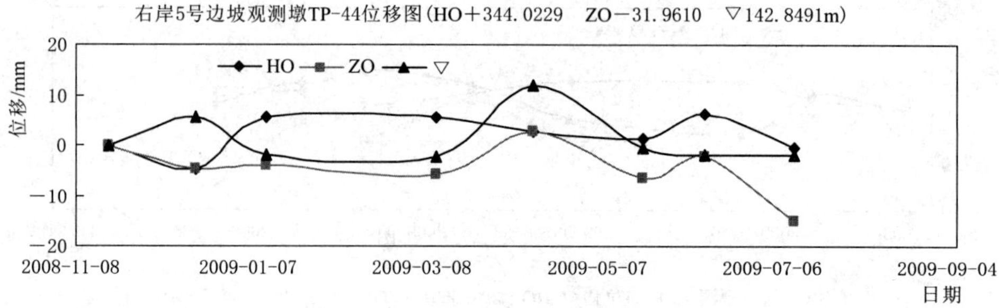
右岸5号边坡观测墩TP-44位移图(HO+344.0229　ZO−31.9610　▽142.8491m)
位移/mm
20
10
0
−10
−20
HO
ZO
▽
2008-11-08
2009-01-07
2009-03-08
2009-05-07
2009-07-06
2009-09-04
日期

附图 42（九）　位移图

参 考 文 献

［1］ 大坝安全监测系统鉴定技术规范：SL 766—2018［S］.

［2］ 大坝安全监测系统运行维护规程：DL/T 1558—2016［S］.

［3］ 王得厚. 大坝安全监测与监控［M］. 北京：中国水利水电出版社，2004.

［4］ 马福恒，李子阳，国龙，等. 大坝安全检测与监测技术标准化及应用［M］. 北京：中国水利水电出版社，2018.

［5］ 何金平. 大坝安全监测理论与应用［M］. 北京：中国水利水电出版社，2010.

［6］ 何勇军，刘成栋，向衍，范光亚. 大坝安全监测与自动化［M］. 北京：中国水利水电出版社，2008.

［7］ 赵志仁. 大坝安全监测设计［M］. 郑州：黄河水利出版社，2003.

［8］ 唐崇钊，陈灿明，黄卫兰. 水工建筑物安全监测分析［M］. 南京：东南大学出版社，2015.

［9］ 杨杰，李宗坤，林志祥，等. 水工建筑物安全监测与控制［M］. 郑州：黄河水利出版社，2012.

［10］ 刘妍，徐立君. 水工建筑物安全监测与维护［M］. 郑州：黄河水利出版社，2017.

［11］ 宗志坚. 工程安全监测设计［M］. 郑州：黄河水利出版社，2005.

［12］ 邹青，谭志伟，于玉贞，等. 安全监测与评价创新技术［M］. 北京：中国水利水电出版社，2021.